Mark T. James

RIDERE CON LE LACRIME AGLI OCCHI

LIBRERIA **pienogiorno**

Pubblicato per
LIBRERIA **pienogiorno**
da FullDay Srl

«Date all'uomo un cane
e la sua anima sarà guarita.»

Ildegarda di Bingen

PROLOGO

Un'altra notte sveglio.

Se sporgo il braccio dal letto posso appoggiare la mano sulla testa di Black.

«Black».

Sente la mia voce. Anche lui sveglio. Scodinzola. La coda batte sorda sul pavimento.

«Black».

Si tira su e appoggia il muso al bordo del letto.

Ci guardiamo nella penombra della stanza. Black mi contempla con uno sguardo non incredulo ma sereno, che conferma il profondo legame tra me, l'essere umano, e lui, parte di quel regno vivente a noi vicino ma misterioso. Un regno in cui la dedizione prende la forma dell'ineffabile: la pantofola riportata, gli scrolloni e i salti di gioia, le musate per svegliarti o pretendere una carezza, l'attesa paziente davanti alla porta. Il gesto più eloquente della parola.

Ne sono sicuro: Black sente la mia emozione come io sento la sua. Chi ha un cane e lo ama come io amo il mio riuscirà a capire davvero che cosa intendo.

La sua presenza mi arriva potente. È la presenza del *daimon* apparso per avere cura, proteggere, ma soprattutto per ridarmi quel senso della vita che temo di aver perso. Di nuovo. Quante volte un uomo può smarrirsi e ritrovarsi?

«Black».

Ma sì, sembra dirmi, stai tranquillo, sono qui. Adesso tu e io ricominceremo a fare tutto per bene e, vedrai, anche a correre.

E ancora una volta, come sempre, confido che sia lui a riportarmi a casa.

Parte prima

Capitolo Uno

Corro e ho freddo. Ho freddo ma stringo i denti: *dài, che ce la fai*.

Più che un pensiero razionale, è una formula magica, un mantra, un pensiero che offre protezione.

E io non mollo, non mi fermo. Continuo a correre.

Sono sentieri scivolosi di foglie fradice quelli che percorriamo Black e io. L'autunno delle Langhe ha cosparso rosso e oro sui boschi e sulle colline punteggiate di pioppi e carpini. Freddo. Vento umido. Pioggia.

Black non ha freddo. Corre rilassato una decina di metri davanti a me, come gli è sempre piaciuto fare. Io corro seguendolo, o meglio, *in*seguendolo: per lui correre con me vuol dire farsi inseguire, come la prima volta, quando aveva arraffato il mio cellulare ed era scappato via. E io che fino a quel momento avevo passato la vita seduto davanti al computer, io, il famoso broker londinese conosciuto come *The Wolf*, mi ero messo a inseguirlo a perdifiato. Avevo il cuore che mi si spaccava per lo sforzo quando si fermò attendendo che lo raggiungessi. E solo allora potei riaverlo, il cellulare. Scodinzolando Black me lo mise ai piedi come un premio, tutto sbavato ma intatto... il premio per aver imparato il suo gioco. Il gioco del *io vado e tu mi vieni dietro.* Non mi ci volle molto per accorgermi che per Black correre era felicità pura. Sì, felicità.

Correva gioiosamente tenace, armonioso, quasi aereo, bastava guardarlo per capire che quando correva era al settimo cielo. Quella felicità che vedevo in lui volevo provarla anch'io, volevo farla mia... così, per imparare a vivere felicemente la corsa come la viveva lui, continuai a inseguirlo un giorno dopo l'altro per sentieri, vigne, prati, salite e discese. Non potevo più farne a meno, andavo e andavo. Da quella prima volta in cui avevo creduto di stramazzare privo di forze e senza respiro, non abbiamo più smesso di correre insieme.

Gli itinerari del nostro gioco dell'inseguimento li sceglie sempre lui, è lui il mio apripista. Un giovane labrador nero che più nero non si può, ma che fa una luce che mi illumina. Lui è la mia fiaccola, e non me lo perdo mai, neppure nella nebbia o quando scende il buio. Ci ha messo niente a diventare il mio fedelissimo compagno. O, forse, il mio *daimon*.

A un certo punto della giornata, quando finisco di lavorare nei campi o nelle vigne, Black mi rivolge uno sguardo che vuol dire: allora? Sei pronto? Andiamo? Mai una volta che io mi sia tirato indietro.

All'inizio, inseguirlo è stato maledettamente difficile e faticoso. Io non sapevo correre, correvo male, anzi malissimo. Respiravo con affanno, sbagliavo a metter giù i piedi, mi riempivo di crampi e di bolle, tutti guai che a Black non succedevano. E allora mi sono detto: ma ci sarà un sistema per far meglio, no? È stato Giulio a insegnarmi, vero runner e grande maestro. È stata dura, lo ammetto, anche per me che quando mi caccio in testa un obiettivo non lo mollo. Con Giulio ci ho sputato l'anima per non so quanti mesi, ma alla fine ho imparato come si deve respirare, come si devono appoggiare i piedi e un sacco di altre cose ancora.

Un *dài che ce la fai* dopo l'altro.

Ora corro giusto, corro bene. Diciamo che corro quasi come Black.

Con Giulio ormai siamo diventati grandi amici. Non abita lontano, arriva in bicicletta e me lo trovo in attesa davanti alla porta di casa: «*Anduma*?» E siccome qui intorno, quasi in Alta Langa, lo sanno tutti che corro sempre con il mio cane, anche a Giulio sta bene correre dietro a Black. Spesso, quando si ricorda di essere uno strepitoso insegnante, non manca di farmi osservazioni e darmi consigli. Di solito però ci mettiamo a chiacchierare, e parliamo e parliamo perché evitiamo sempre di superare la *soglia di van Aaken*, cioè il punto oltre il quale il fiatone ti toglie la voce. Giulio mi ha spiegato anche questo, e ormai ci riesco anch'io.

«Sai che te la cavi bene, Mark?», mi dice. «Se penso a quando sei arrivato! *Il mugugno inglese* ti chiamavamo… e permaloso, quant'eri permaloso! Il record mondiale della permalosità».

«Beh, adesso non esageriamo», cerco di smorzare ridendo. Dopo un po' riprendo: «È vero che ero chiuso in me stesso, dentro mi sentivo uno straccio ma fuori volevo sembrare impassibile. Un riccio, diceva Pietro. Adesso bene o male quello che provo riesco a dirlo. Correre mi ha tirato fuori da tutte le mie paturnie, eccome se mi ha tirato fuori! E lo devo a Black».

«Magari un pochino anche a me, va'», mi rifila una pacca sulla spalla, «comunque hai ragione. Ti ho mai detto che ero uno dall'incazzatura facile? Ci voleva niente a farmi girare le scatole. Poi scopro la corsa. E corro tanto ma tanto, guarda! E mi accorgo che quel grumo di rabbia che avevo dentro riesce a sciogliersi. Non dico di essere diventato uno zuccherino, ma adesso Cristina quantomeno riesce a sopportarmi. Anche lei dice che la corsa mi ha migliorato. Vale per me e vale anche per te».

Sì, vale anche per me. Se ne sono accorti anche gli altri, i miei amici, quelli che mi stanno intorno, questa piccola comunità delle Langhe che mi ha accolto e dove ho deciso di vivere piantando per sempre in asso Londra e tutto quanto!

Se ne è accorta anche Lia, la mia donna, che sono cambiato. Però...

«Sveglia Marcolino!», Giulio mi chiama così quando vuole prendermi in giro perché mi vede pensoso. «Ti sei imbambolato? Dài, che adesso acceleriamo».

Black, che ci precede, accelera anche lui, taglia per un prato e noi dietro, corre su per la collina e noi dietro, infila il viottolo nel bosco e noi dietro. Mi muovo sotto un cielo carico d'autunno, corpo e mente uniti, con un ritmo che mi entusiasma. Stacco Giulio lungo questo percorso tra gli alberi e ho Black davanti che mi fa da staffetta, anzi di più: è lui ad attirarmi con una forza stellare... con lui io volo! Rispetto agli altri runner, inclusi i più bravi, quelli strafatti di cronometro, record, percorsi, gare, maratone... rispetto a tutti questi che corrono da soli, in gruppo, in coppia, io ho molto ma molto di più.

Io ho Black. Io e lui corriamo felici in un mondo fatato, altro che maratone!

«Ci siamo!», Giulio ci ha raggiunti, la maglietta appiccicata addosso e il sudore che gli cola giù per la faccia, ma anch'io sono fradicio. «Ora devo dire il mio grazie alla natura», così va ad abbracciare un albero, è il suo rito: dice che l'albero ha tutte le doti che occorrono a un runner, prima fra tutte la stabilità emotiva. «E dire che l'albero non fa un passo, è fermo sempre nello stesso punto, ma lui...», Giulio appoggia la guancia sulla corteccia come si fa con qualcuno che ami, «lui sale al cielo e contemporaneamente affonda nella terra, e avere stabilità emotiva significa proprio questo, essere solido e fermo in alto dove ci sono le tempeste ma anche giù in basso dove si nascondono le cose che non conosci... non so, i misteri».

«Oh, Giulio!», sorrido. E mi stiracchio un polpaccio che si sta indurendo. «Lo sai che sei un poeta?»

«Mi prendi in giro?»

«Ma no... è che la stabilità emotiva degli alberi non è un concetto che trovi sulla pagina sportiva, e neanche sulle guide turistiche. È roba forte! Comunque io ci credo».

«Guarda che è importante perché correre tra gli alberi è tutto diverso, il vento li fa muovere, senti la loro voce».

«Ma sì... il succo della faccenda è che correre ci riempie il corpo di allegrezza e quindi anche l'anima, no?»

E via di nuovo insieme, ridendo di noi stessi e di tutte queste nostre parole, tante, per esprimere qualcosa che ci emoziona.

Black rapido ci supera e mi ci vuole poco per capire che sta scegliendo di infilare di gran carriera i viottoli e i sentieri che ci riporteranno verso casa. Io non riuscirei a orientarmi in questo groviglio di boschi, vigne e colline. Black sì. Lui va, e noi fiduciosi continuiamo a seguirlo.

«Uhei, signor Meo!», chiama qualcuno, un richiamo dal campo che stiamo costeggiando, un tale sul trattore ci ha visti, spegne il motore, balza a terra e viene verso di noi.

Ci fermiamo e saltelliamo per non raffreddarci i muscoli. Subito Black mi è al fianco.

«'Sta storia di chiamarti signor Meo...», sbuffa Giulio, «l'ha sparsa in giro Enea, a me fa girare le scatole. Quel ragazzino certe volte avrebbe bisogno di una raddrizzata».

«Ma no, bisogna aver pazienza», sorrido, «Enea è un po' rompiscatole e impiccione, ma con un nonno come Pietro vedrai che vien su bene!»

«Uhei, Meo!», quello del trattore è un vicino di campi. Io lo chiamo Collo Taurino, ma il suo nome è Michele, detto il *Margiass*. Partecipa spesso anche lui alle grandi cene da Pietro, sono grandi amici. Del resto, di chi non è amico, il nostro Pietro?

Il *Margiass* si ferma oltre il fossato che separa il sentiero dal suo campo, resta lì piantato sulla sua terra mani sui fianchi, mi squadra ridendo e a gran voce: «Ho saputo che hai appena mandato a quel paese una montagna di soldi... Sei un fenomeno! Volevo guardarti da vicino per crederci».

«Ecco, vedi? Il signor Meo, eh?», sibila Giulio tra i denti. «Un vero *baleng*. È stato il tuo Enea a raccontarla in giro 'sta storia».

«Ma lascia stare!», sbotto ma sottovoce, «è da due settimane che vanno avanti, neanche fossero stati tutti lì con me in cortile quando è arrivato quel tizio con la sua moto da un miliardo a offrirmi quel lavoro».

«Allora, mi senti?», incalza Michele.

«Ti sento, ti sento...», sospiro.

«Ma che cosa ti ha preso a non beccarti tutti quei soldi ogni mese? Te lo comperavi, sì che te lo comperavi un casolare con la vigna... ce la facevi, e invece no! Ti facevi una bella casa, per te e per Lia. Davvero preferisci guadagnarti la giornata tirando su rape e carote?», Michele mi sta deridendo.

Tempo fa voleva comperare Black per insegnargli a scovare i tartufi e io gli avevo detto di no, figurati se lo vendo! E lui si era offeso.

«E allora», continua Michele con la sua voce tonante, «visto che per una barcata di soldi non ci vai a lavorare da quello lì che fa i vini più buoni del mondo...», ride invidioso e tagliente, «visto che ti piace fare il contadino, vieni a dare una mano a me a piantare l'aglio domani. Ne ho una fila di cassette e da solo non ce la faccio. Ci vieni? Ti pago, eh!»

«Mandalo a quel paese», borbotta Giulio. «Ti sta sfottendo».

«Ma no, ci vado. Adesso è il mio lavoro, no?» E a voce spiegata: «Alle sette domani sono da te. Caffè compreso e patti chiari sulla mia paga», ed è neanche un terzo di quanto a Londra pagavo all'ora uno dei miei domestici. «D'accordo?»

Michele fa un gran gesto d'assenso unendo le mani sulla testa, poi se ne torna al suo trattore e, dopo che ci è salito, mi urla: «Guarda che io ci ho rispetto, signor Meo. Tu non fai il signorino. Ci ho rispetto per te anche se non me l'hai voluto dare quel tanghero del tuo cane».

Lui si avvia sferragliando, noi riprendiamo la nostra corsa.

«Senti», dice Giulio dopo un po', «ma perché l'hai rifiutato quel posto da capogiro? Ce lo siamo chiesto in tanti, sai che qui ci facciamo sempre i fatti degli altri...»

«Quel tizio voleva che mi occupassi della parte finanziaria della sua azienda, cioè all'incirca il tipo di lavoro che ho mollato a Londra. Rapporti con le banche, con soldi che girano, prestiti, investimenti, interessi eccetera eccetera... non sto a dire. Ho giurato a me stesso di non farlo mai più quel lavoro lì. *Mai più*. Neanche per una barcata di soldi. Mi stava rubando l'anima».

«Capito», fa lui e rimane in silenzio.

Appena comincio a riconoscere i sentieri che portano a casa, appena riesco a orientarmi, Black scatta e sparisce oltre la curva.

«Lo vedi?», io mantengo sempre un buon ritmo, ma ho rallentato e Giulio con me. «Lo vedi come fa? A un certo punto lui fila via per conto suo e va a vedere se c'è Lia. Se c'è, non lo vedi più, resta con lei. Ma se non c'è, torna da me, torna a prendermi...», e infatti eccolo spuntare in fondo al sentiero, venirci incontro al gran galoppo. «Lo vedi? Lia non c'è».

«E tu ci resti male, eh?»

Certo che ci resto male, ma me lo tengo per me.

Ormai abbiamo superato la curva e stiamo passando sotto i tigli che costeggiano il grande cascinale dove abitiamo in tanti: Pietro e la sua famiglia da una parte e io nell'altra ala, in fondo ai cortili.

Senza aggiungere altro, Giulio stacca la sua bici dal muro, la inforca, ma prima di andarsene non resiste a farsi un pizzico di fatti miei: «Io guai se non vivessi con Cristina... non so tu con Lia come fai, un po' qui e un po' lì. Perché non vivete insieme?»

Eh, già.

Apro la porta. Ovviamente lei non c'è ancora, Black mica si sbaglia! Cerco il cellulare, quando vado a correre non lo porto con me. Lo trovo sul tavolo di cucina. Ci sono due messaggi. Uno è di Lia, come speravo. E l'altro è di Nic. Apro subito quello di Lia: *Arrivo prima di cena e posso fermarmi, e domani non devo scappar via all'alba.*

Vuol dire che stanotte dormiamo insieme!

Non succede spesso, però. Lia, che in realtà si chiama Giulia ma che per tutti è Lia, vive con i suoi zii, neanche vicino, ora si sono stabiliti dopo Alba, verso l'alta Langa. Avrei tanto voluto trovarla a casa! Metto l'acqua nella ciotola di Black, mi riempio un bicchiere e lo vuoto, poi un altro ancora. Quando sudi anche l'anima nella corsa ti viene una sete dannatissima... e intanto penso a Lia che stasera viene a dormire qui. Mi accorgo che ha lasciato il suo golf rosso su una sedia. Mi lascio andare su quella accanto. Ho bisogno di pensare a lei.

A lei che va e viene.

Certo, in casa c'è già qualcosa di suo oltre al golf: vestiti nell'armadio, cose da donna in bagno, libri, tracce di lei sparse in giro. Le sue tracce mi sciolgono di tenerezza. Una bella parola *tenerezza*: vuol dire che ami con una marcia in più. Me la rivedo Lia, al mattino presto, seduta al tavolo della cucina, tutta spettinata e concentrata, il naso in uno dei suoi libri, a bere cauti sorsi di tè senza staccare lo sguardo dalla pagina... poi un'occhiata rapida all'orologio e scappa al lavoro.

So che poi torna, lo so benissimo. Ma solo ogni tanto... e a me non basta più stare insieme così, lei a vivere da una parte e io da un'altra. Se vivesse qui, la casa non mi sembrerebbe vuota come adesso, so che Lia me la sentirei intorno anche quando non c'è, e so che sarebbe una sensazione bella.

Così non va, penso. Devo risolvere.

Mi alzo, vado alla finestra, guardo fuori, nel buio. E allora sai che c'è? Sì, stasera glielo dico. Basta, glielo dico. Le dico che da adesso dobbiamo vivere insieme. Le dico che dobbiamo iniziare una convivenza vera e propria. Essere una famiglia. So che mi ama, ne sono sicuro, anzi sicurissimo, vuoi che mi dica di no?

Mi giro verso Black che mi guarda con una richiesta nello sguardo, muta ma robusta: si mangia? «Dài, tra un attimo», torno svelto al tavolo, riprendo in mano il cellulare, voglio ascoltare anche il secondo messaggio, quello di Nic, il mio carissimo amico Nic... È un po' che non ci sentiamo e un bel po' che non ci vediamo, lui in giro con il suo violino o nel suo eremo in Inghilterra, e io qui in queste Langhe che sto imparando ad amare, qui in questa mia nuova incredibile vita che, se non fosse stato per lui, non avrei mai immaginato di poter vivere.

Nella voce di Nic riconosco subito il tono di quando ha il cuore alle stelle, una voce tutta allegra, ma sullo sfondo del suo messaggio c'è un tale frastuono di clacson, motori e strilli intorno a lui che non riesco a capire quasi nulla. Mi arriva chiara solo una parola: *Viola*... poi un: «Non stare a richiamarmi», prima che si interrompa la comunicazione. Risento il messaggio un paio di volte... no, inutile, è incomprensibile, a parte il finale e il nome della sua donna. Veramente, per dirla tutta, Viola per quanto ne so è solo una delle sue donne, quella che vive qui ad Alba, una creatura scintillante di vita con cui Nic sembra stare bene quando viene in Langa per uno dei suoi concerti. Provo a richiamarlo. Niente da fare. Non risponde e non ha neanche attivato la segreteria.

Lascio perdere e comincio a levarmi di dosso gli indumenti fradici di sudore mentre la radio, che lascio sempre accesa sulla musica classica, sta trasmettendo proprio il concerto per violino di Mendelssohn. Nic lo suonò alla Royal Albert Hall e quella sera ero tra il pubblico. Struggente. Un uragano di applausi e il mio orgoglio di essergli amico fin da quando eravamo ragazzi.

A piedi scalzi, infreddolito, preparo alla svelta per Black, niente scatolette, il suo cibo lo faccio io, ho imparato a cucinare anche per lui, e mentre sono lì, tutto nudo, qualcuno mi dice: «Ma è il modo di stare in casa?» Senza bussare è entrata Teresa e protesta: «Metti qualcosa sulla decenza!».

Afferro il grembiule da cucina, me lo lego intorno ai fianchi, e obietto: «Però se bussi alla porta, io magari...», e lei: «*Bin parei*, non sei il primo che vedo, e poi sono venuta su a dirti che stasera niente cena da noi, andiamo tutti dal *Margiass*. Mi ha detto che ti ha incontrato poco fa e di dirlo anche a te, ti invita, te e Lia. Festeggia l'anniversario di nozze... se penso che Maria sono venticinque anni che ce l'ha sul gobbo, poveraccia... Allora, appena arriva Lia, vi sbrigate, neh?», e come faccia Teresa a sapere che stasera viene Lia non so, ma ormai mi sono accorto che da queste parti i fatti tuoi non esistono. Teresa mette sul tavolo due libri: «E poi ho da darti questi. Sono per Lia. Quando torna a casa sua deve portarli agli zii da parte di Pietro». Sono sposati da non so quanti anni, lei e Pietro, ma ancora adesso quando ne pronuncia il nome Teresa ci mette una reverenza neanche fosse lo Zar di Tutte le Russie. «Ricordati di dirglielo, a Lia».

«Tranquilla, mi ricordo».

«E guarda che quel tuo cane ha ancora fame», fa Teresa, ma non è severa, è affettuosa e un po' ridente, come sempre. «Poi... anche tu!», indica gli indumenti che ho mollato a terra, «quella roba lì, si fa così?»

La sento scendere rapida le scale e subito Black col muso spinge verso di me la ciotola vuota. Neanche avesse capito!

«Ok, doppia razione stasera, ma tra un attimo, sto crepando di freddo. Resisti!», mi libero del grembiule e mi infilo nella doccia. Sotto l'acqua bollente che mi scorre giù per tutto il corpo mi sembra di rinascere. La radio sta mandando il finale del concerto per violino. Mi affaccio alla cucina, Black è accucciato accanto alla ciotola e mi fissa: ti sbrighi?

«Arrivo».

So che Pietro ci tiene che io mi metta non dico elegante ma in ordine, quando andiamo insieme a casa dei suoi amici. Niente jeans, soprattutto. Infilo i pantaloni neri e una maglia nera, poi mi ricordo che Teresa mi ha detto una volta: «Tutto nero sembra di andare al cimitero», allora niente maglia nera. Ma rossa, rossa sì.

«Eccomi», torno veloce in cucina, apro la finestra, riempio una seconda volta la ciotola di Black e intanto tendo l'orecchio: saprei riconoscere tra mille il motore della macchina di Lia, ma anche aguzzando la vista non mi sembra di vedere luci in lontananza.

Mi appoggio al davanzale. Nel buio davanti a me l'ombra notturna dei tigli ondeggia appena sotto il cielo autunnale fitto di stelle.

C'è silenzio. O quasi. Arrivano le voci dalla casa dove abita Pietro con tutta la sua famiglia che a me, figlio unico, sembra sterminata. Qualche richiamo di civetta. E l'odore denso e umido della notte qui in Langa. Black ora è accanto a me e sbadiglia.

«Lia fa tardi», gli dico.

Avesse la parola so che mi risponderebbe di non andare in ansia. Lo so da come mi guarda. Ha uno sguardo protettivo, lo sguardo con cui una creatura selvaggia guarda il suo cucciolo.

«Dài», sorrido, «è che sto pensando a quello che le voglio dire stasera… Non cose da poco».

Eccola, finalmente…

Prima i fari, poi la macchina e, quando svolta, il suo braccio fuori dal finestrino, mi saluta, sa che la aspetto alla finestra. Sa tutto di me, lei. Quasi tutto: per esempio non sa ancora che voglio vivere con lei.

Scendo di volata le scale. Black mi segue uggiolando.

Lia mi viene incontro e ride. Mi si stringe al petto: «Finalmente».

Quando risaliamo, siamo abbracciati. Ancora prima di entrare in casa ci baciamo.

La stringo più forte e già sto pensando di lasciar perdere l'invito a cena quando, molesta come la tromba della sveglia all'alba in caserma, risuona dal cortile la voce di Enea: «Voi due, ci siete? Tra mezz'ora dal *Margiass*. Mi ha mandato la nonna, voi ci seguite con la macchina di Lia, abbiamo visto che è arrivata», e lo sentiamo allontanarsi di corsa.

Continuiamo a restare stretti.

«Ma che cosa ha detto Enea?», sospira lei.

«Pietro vuole che ci andiamo. Un anniversario dal *Margiass*».

«Dobbiamo proprio?», si scosta, mi squadra da capo a piedi: maglione rosso, quello bello, e pantaloni neri, quelli belli. Sorride divertita: «Sei in gran tiro. Vuol dire che dobbiamo proprio, eh?», e subito mi scruta in faccia, attenta, si fa seria: «Che c'è? Sei strano... è successo qualcosa? Hai da dirmi qualcosa?», come se mi avesse fatto la radiografia.

«Non è successo niente di niente», entriamo in casa, la tengo per mano, «solo che stasera ho qualcosa da dirti, non adesso però, stasera quando torniamo».

«Qualcosa di fantastico?», sorride scherzosa, lei non è tipo da immaginarsi per prima cosa il peggio. «Cioè?»

«Stasera».

«Adesso no?»

«Ora non c'è tempo».

«Allora vado a prepararmi», mi dà un leggero bacio. «Faccio in fretta».

E dopo un po': «Come sto?», mi chiede con una vocina un po' titubante. La guardo: è la stessa veterinaria che parla schietta e autorevole a contadini e allevatori? Quella che incute quasi soggezione quando visita in camice bianco o quando in tuta fa nascere i vitelli?

Ha indossato un abito semplice semplice, niente scollatura, lungo fino al ginocchio, una cosa quasi monacale direi, eppure da togliere il fiato... lei, vestita così, con quell'abito, lei sulla pelle, negli occhi, nella curva delle labbra, in ogni linea del corpo, svela qualcosa di così sensuale, di così spontaneamente sensuale...

«Sei bellissima», sospiro.

Non è truccata. Solo un filo di rossetto.

«Non abbracciarmi», sorride, «altrimenti non si esce più».

Black ha capito che non lo portiamo con noi. Accucciato sotto la finestra della cucina – il suo posto di sempre – mi fissa grondando rimprovero quando mi chino per fargli una carezza: «Mi dispiace lasciarti qui ma Michele non vuole cani in casa e non mi va che resti chiuso in macchina».

Appoggia il muso sulle zampe, distoglie lo sguardo con un gran sospiro. Sa come farmi sentire in colpa.

«Torniamo presto, giuro!»

A occhio e croce, il *Margiass* ha invitato mezze Langhe, e fra gli altri anche un tipo che vive in cima a non so quali bricchi. Mi avvista fra la gente e viene a stringermi la mano tra le sue che sembrano due vanghe, mi fa i complimenti anche da parte della moglie: le sue capre hanno dei guai sempre di notte ma il veterinario – cioè Lia – viene su lo stesso per quelle stradacce nel buio... sempre pronta a dare una mano. «Lia non è come quell'altro», dice, «quello vicino a Cuneo, che di notte non risponde mai al telefono, inutile sperarci!» E continua a ripetere: «Complimenti, neh?»

Michele mi trascina fra i tavoli ricoperti di vassoi stracolmi di cibo, e sono squisitezze visto che della cucina – come viene annunciato a gran voce – si sono occupate Cristina, cuoca superba e rinomata, e Maria – la povera Maria, come mi ha ripetuto Teresa all'orecchio appena siamo arrivati. Fra l'altro questa Maria è una gran bella donna, con una selva di capelli neri e occhiacci di fuoco che dardeggiano su Michele, ma lui, indifferente, le volta la schiena e mi riempie piatto e bicchiere e mi parla con orgoglio delle sue api: «Quelle lì, caro mio, quelle lì sì che sanno darsi una mano, altro che noi... guarda, quelle tiran su il polline dai fiori con la trombetta che gli fa da bocca, nella pancia lo trasformano in miele e vanno a metterlo nell'alveare e chiudono le porzioni con il coperchietto, capisci, si trovano il loro cibo da sole! Mica le devi nutrire come si fa con le bestie», è entusiasta, «e poi? Una trova un campo dove ci sono schiere e schiere di fiori, allora va all'alveare per chiamare le altre. Non è incredibile?»

Lo ascolto distrattamente, e intanto, cercandola ogni volta fra la gente, tengo d'occhio Lia, assediata dai suoi clienti. Ci lanciamo uno sguardo. Io e lei. La sua bocca dolce e sottile sorride, i suoi occhi continuano a esprimere amore, curiosità, desiderio... con quello sguardo, solo nostro, ci diciamo tante cose, e nessuno se ne accorge.

Sì, le dico mentalmente, da stasera tu e io viviamo insieme!

«Mi ascolti?», incalza Michele.

«Ti ascolto», a malincuore mi volto verso di lui, «dicevi delle api...»

E lui prosegue con un racconto dettagliato su come fanno le api a indicare alle altre dove trovare i fiori, agitando il posteriore in una direzione o in un'altra, e in quel momento Maria si avvicina, gli sibila qualcosa e Michele la segue svelto.

Vago tra la gente, parlo con questo e con quello, sanno ovviamente che ho rifiutato un lavoro da leccarsi i gomiti, e che ho intenzione di imbiancare la casa ma sono lavori che si fanno in primavera, e che la mia moto, la Dolly, la favolosa *Brough Superior SS 100* che mi ha lasciato il bisnonno, ha un difetto all'impianto elettrico. Sanno anche che con i lavori in campagna sono proprio bravo...

«Sai che speravo di incontrarti?», questa che mi ritrovo di fronte è proprio Viola. «Da quanto non ci vediamo, eh, Mark?», cinguetta con una voce acuta ma non leziosa, una voce vellutata di cui Nic dice: «Voce da grande soprano!» Ma a Viola non è mai passato per la testa di studiare canto, lei ha il suo negozio di erboristeria ad Alba, è innamorata da sempre di Nic e una volta mi ha detto, fra il serio e il faceto: «Ci scommetti che Nic alla fine sceglie me?» Ora mi sta davanti, affascinante e luminosa, molto attraente nel suo vestito verde attillato.

«Davvero», le sorrido. «Non ci vediamo da tanto...»

«Ho saputo che tu e Lia fate coppia, siete felici», mi osserva con affetto, «conosco Lia, è una delizia», e giocherella con la collana che si allunga su una scollatura audacemente generosa, «devi anche questo a Nic... non fosse stato per lui tu Lia non l'avresti mai neanche incontrata. Lo sai vero?»

Eccome se lo so: quando ho mandato al diavolo Londra e il mio remuneratissimo lavoro da broker e la relazione mummificata che avevo, e non sapevo cosa fare di me, è stato proprio Nic a portarmi qui nelle Langhe, dal suo grande amico Pietro, a convincermi a vivere qui, ed è stato ancora Nic a regalarmi Black e senza Black non avrei imparato a correre e senza Black non avrei conosciuto Lia... e senza Lia non sarei felice!

«Sapevo che saresti arrivato e ti aspettavo, sai? Devo dirti un segreto», ride e ci mettiamo in disparte, «una cosa che dobbiamo sapere solo tu e io, Nic vuole così, agli altri vuole dirlo lui», sorride gioiosa, e dopo un momento: «Ti ricordi quando scommettevo che con me Nic prima o poi se lo scordava il suo harem?» E subito, esultante: «Ci sposeremo! Nic mi ha chiesto di sposarlo».

«Nic si sposa...», sono esterrefatto, proprio lui che aveva giurato che non sarebbe mai caduto nella trappola del matrimonio, diceva proprio trappola, lui che sosteneva che per non cascarci bisogna passare da una donna all'altra, senza mai sceglierne una. Perché così quando ti rivedi è un gran piacere, diceva.

«Sì, si sposa. E si sposa con me», ripete ridendo Viola e si appoggia una mano all'altezza del cuore. «Mi ha scelta». È l'immagine della vitalità e della gentilezza. «E sai perché? Io lo so. Perché sono sempre di ottimo umore, per esempio. Perché mi piace fare l'amore. Perché sa che non gli romperò mai le scatole, ecco perché. E poi, dài, mi ama...», socchiude gli occhi come un gatto che fa le fusa.

«Ne sono certo», e lo sono davvero. Ecco che cosa mi stava dicendo Nic nel frastuono di quel breve messaggio che mi ha lasciato sulla segreteria del telefono, mi stava dicendo che si sposa. E me lo diceva così, come aveva sempre fatto lui, senza preamboli né fanfare.

«E appena sposati andremo negli Stati Uniti… pensa, a New York».

«A New York in viaggio di nozze?»

«Ma no, per viverci. Sì, ci sposiamo e andiamo a vivere a New York. Non è fantastico? A me sembra di sognare, guarda, io seguirei Nic in capo al mondo, e mi sono già organizzata, sai? Ho chiuso il mio negozio di erboristeria, lo vendo, Nic è d'accordo. Abbiamo anche pensato che con la mia esperienza potrei aprire un negozio uguale proprio a New York… ma insomma, sono felice, Mark».

«Lo vedo», mi intenerisce il suo entusiasmo ma non posso fare a meno di continuare a stupirmi. So da sempre che Nic non ama New York, non l'ha mai amata e sono lagne e mugugni ogni volta che deve andarci. Sua madre abita lì, gestisce la liuteria di famiglia, un'eccellenza nella storia della musica, di cui Nic non si è mai occupato. «Come mai proprio New York?», non posso fare a meno di chiedere.

«Beh, questo te lo dirà lui», e rigira la collana tra le dita, come fosse un talismano. «Non dirlo a nessuno che ci sposiamo, mi raccomando. Nic arriva tra qualche giorno e darà lui stesso la notizia a tutti». Continua a tormentare la collana e poco per volta la vedo farsi seria. Senza guardarmi, quasi sottovoce, come se si vergognasse: «Però pensa che io sotto sotto… l'idea di New York a me spaventa. Non so… temo che vada tutto storto. Sai quando sei talmente felice da avere paura che l'incanto finisca e che cada tutto a pezzi? Ma i sogni mica possono trasformarsi in incubi, no?»

«Beh, direi proprio di no, almeno non i sogni d'amore. Con questo tipo di sogni non accade», la rassicuro affettuoso.

Che stupidaggine! Avrei presto imparato che la vita non fa questo tipo di distinguo, che i sogni d'amore sono come tutti gli altri, e possono sì andare in pezzi, e io stesso ci sarei andato di mezzo, eccome se ci sarei andato di mezzo.

Ma per il momento il mio amore per Lia sta ancora colorando di rosa le lenti con cui guardo la realtà.

Capitolo Due

La festa dal *Margiass* si sta facendo sempre più animata. Vago un po' taciturno da un gruppo all'altro nel casino, nell'assordante vociare, tra gli scoppi delle risate, i toni acuti delle donne, le battute e i lazzi di un dialetto che capisco appena. La cosa strana è che in un'altra serata una festa del genere mi sarebbe piaciuta, ormai non sono più un tipo all'inglese, al contrario sono diventato uno di compagnia, ma adesso non vedo l'ora di andarmene a casa con Lia, per dirle: «Vieni a vivere con me, vieni, manchi solo tu!» Ma ogni volta che provo ad avvicinarla, la trovo sempre circondata da una folla di persone. E quasi tutti uomini. Dico, ma lo sanno o no che sta con me?

«Ehi, che succede?», ed è Pietro, mi pilota fuori, in cortile. «È un po' che ti tengo d'occhio, tu hai qualcosa», indica una panca accostata al muro, ci sediamo. «Problemi?»

«Ma insomma…», rido, «si vede così tanto che ho qualcosa che mi gira per la testa? Non è una cosa brutta, anzi, ma non vedo l'ora di metterci il punto», e sono contento che Pietro sia venuto a pescarmi tra tutta quella gente, lui è uno speciale, un uomo come ce ne sono pochi, amatissimo qui perché è uno che aiuta tutti, insegna a tutti, uno che corregge e sa elogiare, e che trova le parole giuste per ridarti grinta se sei a terra, per chiarirti le idee se sei confuso. E senza calare nulla dall'alto. Sa esserti vicino, insomma, una dote meravigliosa e purtroppo rara. Non sapete che mano mi ha dato quando sono arrivato qui da Londra ed ero a pezzi.

In poche parole, gli racconto quanto ci tengo a Lia e che voglio convivere con lei, e lui mi ascolta con attenzione. Ascolta e tace.

Le voci della festa arrivano fin qui, musica, qualcuno si è messo a suonare la fisarmonica.

«Che ne pensi?», gli faccio. «Io sto bene con Lia, ma senza l'idea di svegliarmi tutte le mattine con lei vicino, ecco, non sono davvero felice».

«Lo credo bene», e si alza, «vai a prenderla e andatevene a casa. Ci penso io a Michele, gli dico che lo salutate».

«Sì, ma...», gli metto una mano sul braccio, «aspetta un attimo. Pensi che Lia...»

«L'unica è chiederglielo», mi interrompe subito. «Ma ricordati che Lia non è una qualsiasi».

«Lo so anch'io, ma...»

«Vai», tronca quasi brusco, e rientriamo in sala. «Guardala, eccola lì, ti sta cercando».

Sono io alla guida mentre torniamo a casa, lei mi è vicina, in silenzio, è stanca, tiene una mano appoggiata sul mio ginocchio.

«Allora?», chiede sottovoce, «cos'è che dovevi dirmi? È tutta la sera che ci penso».

«Appena siamo a casa», le cerco la mano, la stringo per un momento ma avrei voglia di accostare, fermarmi e abbracciarla. Io questa donna, penso, la amo da matti... eppure le parole di Pietro continuano a ronzarmi nella mente: lei non è una qualsiasi. Come se non lo sapessi! E allora che cosa voleva dire, in definitiva?

Quando entriamo in casa ci dedichiamo a Black, coccole a non finire, un rimpiazzo di qualcosa di buono per farci perdonare l'assenza, e anche un giretto in cortile, lui corre qua e là, Lia e io per mano nel frusciare del vento tra i tigli... poi finalmente saliamo, ci sediamo al tavolo, lei ha preparato una tisana, zenzero e limone.

«Allora?», mi fa ancora. Mi osserva in quel suo modo adorabile e riflessivo, un misto fra attenzione minuziosa e attesa. «A giudicare dalla tua faccia si tratta di una cosa importante... sì?»

«Molto importante», e non sto lì a girarci intorno, poche parole: «Sta' qui e vivi con me». Diretto, deciso, come se andasse da sé, come se fosse già stabilito. Le parole di un momento di quelli che non si dimenticano, già pronte per essere raccontate. Proprio le parole che mi ero sentito pronunciare, quando avevo immaginato la scena.

La sua reazione, invece, non me l'ero immaginata.

Lia trasale, e in un bisbiglio domanda: «Scusa?»

«Viviamo insieme. Qui. Insieme. Da adesso».

«Cioè?»

«Quello che ho detto, cioè che questa diventa casa tua, che ti stabilisci qui, che stai con me... tu e io...», e mi sento scivolare lungo un lastrone di ghiaccio, arranco per risalire. Perché non esulta e non mi dice subito ma sì, che bello, certo che vengo a vivere con te?

Lei zitta e mi guarda.

Non dico più niente. Mi manca l'appiglio...

E lei in silenzio mi dedica quel suo sguardo, uno sguardo che fin dalla prima volta mi ha scassinato il cuore come fosse una cassaforte, ma non per rubare, al contrario, per mettere qualcosa al sicuro. E da allora ha continuato a metterci tante di quelle cose nel mio cuore, cose che ancora adesso faccio fatica a capire. O forse sono io che non so capire fino in fondo il senso di una relazione. Non ne sono mai stato capace e non ho ancora imparato, e correre con Black in questo non mi ha migliorato granché... che ne so! So solo che desidero ardentemente che viva con me. Io e lei insieme.

«Lia... ma sì...», riprendo e proprio adesso Black mi si appoggia addosso, quasi volesse farmi coraggio, neanche si fosse davvero accorto che sto inciampando, «dico, vivere insieme, ti andrebbe? Perché io sono felice ogni volta che vieni a dormire qui, lo sai, ma mi manca non saperti qui sempre, ogni giorno, ogni notte, ecco... vivere insieme, tu vuoi?», e non avrei voluto metterci quel punto di domanda, ma un esclamativo a concludere il suo: certo che voglio!

E quasi mi viene un accidente quando la vedo scuotere la testa piano piano, gentile direi, ma la scuote e questo significa NO!

«Mi stai dicendo che non vuoi?», sento che il fiato mi si mozza in gola, da quanto sono incredulo.

«No», e questo lo dice con voce netta ma gentile. Di più: voce amorosa. Ma questo non toglie che no, di convivere non se ne parla proprio.

Le chiedo perché e cerco di stare calmo, vorrei solo stringerla a me, abbracciarla forte, come diavolo fa a non desiderare ardentemente anche lei di vivere con me? Insieme nella stessa casa? Dormire insieme tutte le notti? Dico tutte? Svegliarsi intrecciati l'uno all'altro? Non ogni tanto. Non solo qualche fine settimana... ma sempre.

«Capisci, Lia? La vita insieme. Ci ho pensato a lungo, e...», e non continuo, lei scuote di nuovo la testa.

«Scusa ma davvero non vuoi?»

Lei affettuosa e decisa mi dice che no, la convivenza non la vuole: «Non prendertela», e si sporge verso di me, appoggia una mano sulla mia, «non è contro di te, non è per rifiutarti, ma convivere no, a me sta bene andare avanti così».

«Pensi che... ma sì, ascolta, pensi che io non ti ami abbastanza? Che non sia un tipo serio? Affidabile? Che ne so... non ti senti sicura con me?»

«Ma no!», protesta lei e un po' si acciglia, come se avessi infilato un paio di sciocchezze. «Ma figurati... non si tratta né di fiducia né di sicurezza, queste cose non c'entrano proprio, davvero Mark».

«E allora se me lo spieghi...», sospiro. Non alzo la voce, non mi arrabbio, non mi offendo, e mi pare quasi di meritare un premio per questi miei modi. Ammetto che sto facendo una certa fatica per tenere botta. Una maledetta fatica. Ma ci riesco. E il mio tono è del tutto decoroso quando le dico: «Vorrei solo sapere perché non vuoi...»

«Tu non c'entri», continua a tenere stretta la mia mano, come per confortarmi, ha senz'altro capito quanto sono turbato. «Mark, tu non c'entri proprio, vai benissimo come sei, ti amo, lo sai». Mi osserva seria: «Non voglio ferirti, ma non riesco a dirti di sì».

Mi stringo nelle spalle, muto.

Lei riprende grave, calma, sicura di sé: «È che ho già avuto una cosa così, con quel tipo di Genova, te ne avevo accennato, una storia finita in pochi mesi dopo che abbiamo cominciato a convivere. Io ho il mio lavoro, i miei orari, lo sai anche tu... vivevamo insieme e io avevo le mie levatacce, o di notte avevo le emergenze, le solite cose, ma ci furono fin da subito resistenze, poi musi lunghi e infine scenate. Guarda, uno strazio. In casa c'era una tensione insopportabile. Voleva che io tenessi solo il lavoro in ambulatorio e via tutto il resto», e mi fissa negli occhi: «Hai capito, adesso?»

«Ho capito, ma che cosa c'entra? Io non potrei mai fare così», protesto subito con veemenza, poi rimango lì, in bilico… in un lampo, porca miseria, mi torna in mente quella sciagurata volta: notte fonda, pioveva, arriva una chiamata d'urgenza da una stalla a casa del diavolo, Lia si veste al volo e io mi metto a strepitare che è pericoloso andarsene per quelle strade sui bricchi col buio e con quel tempaccio e voglio accompagnarla…

Il fatto è che questo episodio torna in mente anche a lei o forse non se n'è mai scordata: «La ricordi quella notte, vero?», il suo tono non è severo ma grave, questo sì. «Te la ricordi? Abbiamo litigato o quasi, non è stato per niente bello… e ce ne ho messo per convincerti che un veterinario non si fa accompagnare da parenti, amici, fidanzati, quando va a far nascere un puledro. Ricordi?»

«Sì, ma non l'ho più fatto, non lo faccio e non lo rifarò, parola!», esclamo d'impeto. «Ti assicuro che non ci metto più becco, credimi. Il tuo lavoro, Lia… giuro, bocca cucita!»

«No, amore, no», replica lei, sempre con quella sua voce terribilmente calma, la voce di chi non è disposto a trattare. «Niente convivenza. Io sono felice così».

«Non ti fidi?»

«Non è questione di fidarsi», ribatte lei, e ritira la mano e ripete risoluta: «Sono felice così, niente convivenze».

Come aveva detto Pietro? Lia non è una donna qualsiasi. E questo vuol dire che le sue decisioni le ha salde in testa. Lo so bene, ma *un bel tacer non fu mai scritto…* e così mi sfuggono due parole, quattro lettere in tutto: «Io no…», e subito me ne pento, e sono io adesso che cerco la sua mano e la stringo tra le mie: «No, non è vero, sono felice con te, immensamente, è che...», esito, poi sorrido e provo a insistere ma con più leggerezza: «Cambiare idea, prima o poi, sembra brutto? Prima o poi, dico, con calma...»

Ride, si alza e viene a sedersi sulle mie ginocchia. Mi si scioglie il cuore all'istante, la stringo, e lei con quel suo sorriso: «Ti prego, non complichiamoci la vita», ride ancora e mi bacia. I suoi baci dissolvono la foschia dei miei pensieri. Lei non vuole convivere, punto! Davvero non ci si tornerà più sopra?

Quella notte mi sveglio che è ancora buio, ben prima dell'alba. Me ne sto nello stretto lettino a una piazza, Lia appoggia la testa sulla mia spalla, siamo abbracciati. Un lieve chiarore dagli scuri aperti, anche a lei piace così, luna e stelle, o il fruscio della pioggia, o il premere delle nebbie sui vetri, il vento. Sento nel silenzio la stufa che borbotta, una stufa a legna, qui non c'è il riscaldamento. E sento il respiro di Black. È addormentato di traverso sulla soglia, ma in qualche modo rimane vigile: nessuna presenza, tanto meno una maligna, oserebbe un passo.

Appena sveglio mi torna in mente quello che è successo, l'amara realtà mi frana in testa, lei non vuole saperne di convivenza, e mi accorgo che ci soffro, me ne sto sveglio al buio a guardare il riquadro incerto della finestra, e ci soffro. Non sono uno che si accontenta, sono uno che quando vuole una cosa, la vuole. Ma Lia mica posso obbligarla... qualcosa dentro di me si ribella all'idea di andare avanti così, a spizzichi e bocconi, averla tra le braccia di notte quando capita, che ne so... no, così non mi sta bene.

«Non dormi?», eccola, lei... una vocina di sonno. Si è svegliata. Si accorge della mia inquietudine? Come accidenti faccia ad avere simili antenne, lo sa solo lei. «Non vuoi parlarne?», e mi abbraccia. La stringo a me e continuo a respirare il suo profumo, una fragranza sottile, qualcosa che sa di fiori. «Allora?», e affonda il viso nell'incavo tra collo e spalla e non so dire il piacere di sentirmela addosso così.

«Va tutto bene», mormoro, non dico altro, ma dentro di me mi ripeto: non è finita qui!

Poi ci riaddormentiamo.

Quando mi sveglio di nuovo, mi ritrovo solo. Fuori dalla finestra sta albeggiando.

Lia se n'è già andata al lavoro, silenziosa per non svegliarmi, e quando Lia fa così vuol dire che non ha tempo per fermarsi a fare colazione insieme.

E va beh, e mi alzo.

Black ha un modo tutto suo di darmi il buongiorno, mi gira intorno e scodinzola e si agita e scuote il testone e sembra dire: ma guarda che bello, inizia un'altra giornata e io ti porterò a correre.

Poi sta lì e aspetta che mi vesta, mi precede in cucina, siede accanto al tavolo, sa che adesso mi faccio il caffè. E che dopo il caffè aprirò la porta per farlo scendere a fare i suoi giri. E quando torna su sa che troverà pronta la ciotola ricolma.

Ora mi osserva sorridendo paziente, giureresti che sia un sorriso il suo.

«A me dispiace quando mi sveglio e lei non c'è».

Black agita appena la coda. Come a dire lo so, ti capisco, dispiace anche a me.

«Le ho detto tante volte di svegliarmi, di svegliarmi comunque, prima di andare al lavoro».

Potesse parlare, mi darebbe ragione.

«E non vuole vivere con me, capito? È amara da mandar giù, questa... molto amara. Però guarda Black, non è finita qui, non so come farò ma non finisce qui».

Solo quando appoggio sul tavolo la tazza di caffè, vedo un biglietto: *Oggi sono a un convegno, non posso rispondere al telefono. Se riesco ti chiamo, ma stasera arrivo e mi fermo di nuovo con te*, e in un angolo, scritto piccolo piccolo, ha aggiunto: *Love*.

Piccolo, piccolo. Eppure, quelle quattro lettere sono le più importanti e si allargano fino a riempire tutto il foglio: *Love*.

E si ferma *di nuovo* a dormire, penso. Due notti di fila… come a dirmi: «Non conviviamo, tesoro, ma due notti di fila possiamo farle». Grazie, eh?

Ma dài, mi sgrido, non fare il *tardoc*!

Poco dopo nell'Apecar, stretto a Nino, lascio scorrere lo sguardo sul paesaggio di campi e vigne. Nino guida come un matto, neanche avesse vent'anni e sa il cielo che non li ha più da un pezzo, Black, sistemato dietro di me, a ogni curva uggiola e io allungo una mano per rassicurarlo.

«Non potresti andare più piano?»

«Perché?», fa Nino e accelera.

«A ogni curva rasentiamo l'eternità».

«La… che cosa?»

«Fa niente», continuo a carezzare Black, magari così ha meno paura, mentre l'Apecar infila a tutta birra viottoli e sentieri sempre più scoscesi.

Mi sorprende ancora che la mia giornata di lavoro incominci così, io che vado a sgobbare nei campi delle Langhe a bordo di uno scassatissimo veicolo a tre ruote guidato da un vecchio pazzo, ma il più esperto di tutti nell'antica arte della potatura della vigna.

Una volta, quando stavo a Londra, iniziavo a lavorare con Bach in sottofondo e il mio sguardo si arrestava allo schermo del computer che avevo davanti e con cui spostavo caterve di soldi da una banca all'altra. Lì rimanevo fino a sera, sepolto vivo nella casa a Islington, vicino al Camden Passage, la stradina acciottolata che costituisce uno dei luoghi eletti dell'antiquariato a Londra.

Qui invece il mio sguardo arriva all'orizzonte, sotto un cielo immenso, e ormai riconosco pieghe e disegni del paesaggio, là un cipresso un po' storto, poi due olmi cresciuti stretti stretti l'uno all'altro, e casolari e filari di vigne, tutto mi è familiare... e ripenso a Lia, al suo no così deciso. E poi... non le ho forse dato la mia parola che non avrei più messo becco nel suo lavoro? La mia parola, dico... Uno come me ci rimane male quando non gli credono sulla parola... ma lei dice che questo non c'entra. E di nuovo avverto in un angolo della mente qualcosa che mi sussurra: dài, non finisce qui, proprio per niente!

«Ci stai con la testa o dormi?»

«Ci sono, Nino, ci sono...»

Nino mi sta spiegando perché preferisce concimare le vigne in autunno, e spiega che la concimazione autunnale non danneggia affatto la qualità delle bacche, e dandomi di gomito chiede di nuovo: «Dormi o mi ascolti?»

Il mio grugnito lo rassicura e continua, in italiano perché ormai gli è chiaro che perdo la metà del suo dialetto stretto... mi parla di azoto e di riserve nutritive e di radici che assorbono le riserve nutritive e le assorbono di più se le viti sono allevate nel legno vecchio, e mentre accelera su un rettifilo mi rifila un'altra gomitata: «Sveglio, neh? Oggi c'è anche da dare il letame, finiamo tardi, c'è tanto da fare», e si dilunga sulla maturazione del letame e io cerco di non distrarmi perché ho da imparare, devo riuscire a capire tutto quello che dice, non è così semplice sapere le dosi di azoto e di tutto il resto, e dobbiamo dare i nutrimenti che la vite vuole assorbire alla svelta perché poi viene il freddo, «e quando viene il freddo, *cerea*!», come a dire *ti saluto*. Ascolto e mi sento il fiato di Black sull'orecchio, si appoggia alla mia spalla, per essere rassicurato.

Sta facendo buio quando me ne torno a casa, e sono a pezzi, con Black che mi trotterella vicino e alza il muso per guardarmi, so che cosa intende: adesso che hai finito di lavorare, adesso andiamo a correre, vero? Adesso subito!

«Ma lo sai», gli dico salendo le scale di casa, «lo sai che ci vuole una volontà d'acciaio a uscire per andare a correre *adesso*? In più fa proprio freddo. Non sono mica Kipchoge, io!»

Lui mi guarda: sei meglio di lui, tu! Ora infilati calzoncini, maglietta, scarpe e…

E certo! E infatti eccoci già fuori, lui davanti e io dietro, troppo innamorato della corsa per non seguirlo, o *in*seguirlo. Come ogni giorno. Trotterello per riscaldarmi, lui si gira a guardarmi: ti muovi? Sembra dire proprio così: ti muovi? Accelero poco per volta e penso che Lia non mi ha telefonato neanche nel tardo pomeriggio e che adesso anche se telefona non la sentirò, il cellulare è a casa come sempre e anche l'orologio. Ci vado così a correre, nudo di qualsiasi artificio – a parte questi indumenti da nulla che indosso –, ci vado con il mio corpo, con il mio cuore, con nient'altro, proprio come Black. Corro lungo i campi e le viti, tra l'erba bagnata d'autunno, l'odore di muschio dei boschi fradici, dei funghi sfatti e delle foglie cadute, l'odore di nebbia mista al fumo di legna dei camini, corro e mi manca non aver sentito Lia per tutto il giorno. Mi avesse detto di sì, che vuol vivere con me, ci patirei meno, adesso, perché saprei che la nostra conversazione è solo in standby, e che basta varcare la soglia di casa per riprenderla.

Appena sono di nuovo a casa lei non c'è ancora, la chiamo, risponde la segreteria, non lascio messaggi.

«Guarda che cosa ti ho portato», è Pietro, lo trovo seduto in cucina quando esco dalla doccia, sul tavolo due volumi, alcuni fascicoli, «leggiti tutto, devi imparare», dice accendendosi la pipa, e quando torno rivestito mi spiega che Nino è passato da lui per dirgli che io non capisco niente di concimi, che sono distratto e oggi più del solito – e credo bene! – e che devo imparare se voglio essere utile, e che si stufa a star lì a spiegarmi tutto per filo e per segno. «Capito? Ti ha dato del somaro... a te», si mette a ridere.

«Ha ragione», annuisco sfogliando qualche pagina, «è molto più facile far correre il denaro che lavorare con piante, radici, tuberi, verdure d'ogni tipo e colore, per non parlare di frutteti e vigne e alberi. E sapere come vanno impiegati i concimi, quelli chimici e quelli organici... nei vigneti poi... lo trovo complicato».

«Noi non diamo veleno alle nostre coltivazioni», precisa lui quasi solenne, mi ha sempre fatto una testa così sui prodotti tossici che troppi usano in agricoltura, «noi fertilizziamo, non ammazziamo! Noi, fra l'altro, quando nelle vigne è inerbita l'interfila...»

Tace di colpo. Ha sentito anche lui il motore dell'auto di Lia. Anche lui lo riconosce. Si alza e va alla finestra e mi fa un cenno di conferma: è lei.

«Gliel'hai chiesto?», mi guarda.

«Ha detto di no. Che non vuole», e infilo subito la porta con Black e siamo già sulla scala, in cortile, alla macchina e apro la portiera mentre Black ci saltella intorno. Lia scende di slancio.

«Che bello che sei di nuovo qui», la stringo a me.

«Sì, che bello!», e mi scruta come per chiedermi: non sei arrabbiato con me, vero?

Io la bacio.

«Ehi, voi due!», e questa è la voce di Enea che beffardo: «Sempre lì a fare *cucicuci*, ma è il modo?», e sfreccia via in fondo al cortile, Black lo insegue, abbaia per gioco, poi torna indietro tutto allegro sventolando la coda come se ci avesse salvati da un drago.

Pietro ci passa vicino, saluta Lia, poi: «A cena da me, stasera, vi aspettiamo», e dirigendosi verso casa aggiunge: «Certo che Enea è proprio un rompiscatole».

Così anche quella sera, come quasi sempre, Lia ed io ceniamo da Pietro, siamo ormai della famiglia, due in più che differenza fanno con già tanti seduti alla lunga tavola? Ho accanto Viola, che mi sorride radiosa, ma dall'altra non ho Lia come avrei desiderato, Lia aiuta a servire in tavola.

Accanto a me c'è Nino che lasciandosi cadere sulla sedia gracchia imperioso: «Bisogna che lo sai che per i frutteti, le patate e le piante da tubero... lo sai che concime ci metti? Qual è meglio, eh? Tu non sai niente... e vuoi far tutto».

E io: «È che negli orti con Pietro...»

E lui: «E lascia stare Pietro, li conosci i fertilizzanti o no, testa di rapa?», ma a rispondergli è Enea che sta servendo ai tavoli: «La cacca delle galline, diglielo signor Meo, dillo allo zio che per l'orto ci vuole la cacca dei polli...», gli mette davanti il piatto dei tagliolini: «Se ti sente la nonna a parlar di cacca mentre si mangia!»

Nino borbotta che senza letame non cresce un *belin*, poi si placa e affonda la forchetta, e un momento dopo: «Niente tartufi, neh? Vedrai che ce li mettono quando torna Nicco... fortuna che torna!», ridacchia. Nicco, molti qui Nic lo chiamano così.

Viola accanto a me si sporge per dire che Nic arriverà fra quattro giorni esattamente per cena e che senz'altro un po' di tartufo bianco nel piatto ci sarà. Applausi!

«Fra quattro giorni, pensa», e Viola si gira verso di me, «fra quattro giorni è qui», ride, è gioiosa e con un gesto rapido si aggiusta la collanina di perle intorno al collo, ride ancora, e all'orecchio: «Non l'hai detto a nessuno vero?», mi sussurra e io scuoto la testa. «Bravo», e sorride con quella sua aria felice.

E una delle nipoti di Pietro che ci sta di fronte, scherzosa: «Viola, basta guardarti per capire che sta arrivando Nic».

«Beh, sai, l'amore...», fa lei.

«Sì, però Nic ti lascia da sola un sacco di tempo. E quando lui non c'è gli uomini ti corrono dietro, lo sappiamo tutti. E tu bella come sei e con quel tuo sorriso... magari loro ci fanno qualche pensierino, no?»

«Ma Viola non fa mai la scema...», protesta un'altra.

«No, infatti», conviene la nipote di Pietro, «ma gli uomini certe volte lo credono!»

E purtroppo in un lampo mi ritorna in mente quel giorno quand'ero andato a casa di Viola per prendere i documenti di Black: rimasi, in effetti, abbagliato dal suo sorriso e dalla sua scollatura. E tagliai la corda all'istante perché mi era sembrato che mi si accostasse maliziosa e allusiva. Mi giro, incontro lo sguardo di Viola, sereno ma penetrante e intuisco con grande imbarazzo che se la ricorda benissimo anche lei. E lo sa perché a un certo punto ho infilato la porta a tutta velocità: il suo sguardo grave mi dice non solo che se ne ricorda ma che si era offesa. Vorrei chiederle scusa... lo faccio mentalmente e abbasso gli occhi sul piatto di taglioli-ni. Sento che lei dice con tono lieve, gentile, come parlando di sciocchezze senza importanza: ««Sì, certe volte gli uomini si sbagliano proprio, ma fa niente. Può succedere! Basta che non ci sia malizia», e subito rivolta alla nipote di Pietro: «Nic sa bene che nel mio cuore c'è spazio solo per lui».

«Ecco, appunto», sbraita Nino che non si perde una parola, «appunto... e due come voi si dovrebbero sposare, altro che ciascuno per sé», e io penso che come minimo – cerco Lia con lo sguardo – come minimo, quando ci si ama e si sta così bene insieme, si dovrebbe anche vivere insieme.

«Ma vedrai che prima o poi si sposeranno», riprende Nino a gran voce e tutti, neanche intuissero la bella novità, si mettono a parlare di nozze, e dove è meglio farle, e perché non a Prunetto, proprio sotto Mombarcaro, nella cattedrale, ed Enea salta su a informarci che la cattedrale è del Trecento, ma gli affreschi sono di un secolo dopo: «Li ha pitturati uno che si chiama Cigna... e poi dicono che sono ignorante!», ride, fa l'inchino a destra e manca togliendosi ossequiosamente il tovagliolo che gli fa da cappello, lo applaudono mentre io mi perdo nei ricordi. Rivedo la salita per Mombarcaro, alla piazza su in cima ci sono arrivato correndo: avevo concluso lì l'itinerario delle Panchine Giganti che avevo percorso da solo in cinque faticosissimi giorni. Ci sono arrivato con Black al fianco e il cuore che ha preso a battermi in gola ancora di più quando ho visto Lia, in fondo alla piazza. Non volevo crederci... ma era proprio lei sulla panca accanto alla chiesa, seria seria, eh sì, era lì ad aspettarmi... mi ricordo anche l'abito che indossava, non i soliti pantaloni, un abitino a fiori, come per andare a una festa.

E va beh.

Lia serve ai tavoli, ogni tanto mi sorride e mi lancia un'occhiata... un'occhiata delle nostre. Non vuol convivere, ma per fortuna le nostre occhiate sono sempre quelle, assolutamente *nostre*. La seguo con lo sguardo mentre passa tra le chiacchiere, i richiami, le risate, le coccole ai bambini, il clamore caldo e familiare di quelle cene collettive.

La vedo parlare con Teresa sulla soglia della cucina, Teresa le indica un posto e Lia va ubbidiente a sedersi: è fra due uomini, uno lo conosco, è un genero di Pietro, ma l'altro non l'ho mai visto. È uno che si mette subito a parlare con lei, mi sembra che la sommerga di parole, lei ascolta, con i suoi modi gentili, e la vedo sorridere, lui parla e parla, e lei ride, apparentemente le sta dicendo delle cose spiritosissime.

«Guarda come si diverte Lia con quello lì!», alla nipote di Pietro non sfugge proprio niente. «Quello che parla con Lia. Lo vedi? Quello lì, per esempio, non è un gran figo, no? Eppure, le donne vanno matte per lui, ci sa fare. È un gran seduttore. Dicono che ha il tocco magico...», ridacchia. «Qui le chiacchiere girano, lo sai, e Lia la senti?»

Arriva fino a noi la sua risata splendente.

«Ti seccherà mica?», fa la nipote di Pietro, ridendo.

«Ma va' là», ribatto.

«Figurati... si amano lei e Mark, non lo sai?», precisa Viola.

«Beh, certo», approva con aria divertita la nipote di Pietro. «Non può essere geloso».

Altra risata di Lia.

E così, durante quella cena, capisco che di Lia sono geloso.

Ecco.

Devo andare a correre domani, penso, così la pianto di farmi tutti questi film mentali, e mi dispiace di aver lasciato a casa Black, lo vorrei vicino, a guardarmi con quella sua aria fiduciosa e saggia, come uno che ti dice: coraggio, vedrai che ne esci.

«Tra poco andiamo...», Lia è china su di me, non mi sono accorto che si è avvicinata. «Aiuto Teresa in cucina, poi a casa, se vuoi».

Eccome se voglio!

Quando usciamo, passiamo proprio davanti a quel tipo – il seduttore – e per un momento mi balena la poco elegante pensata di allungare un braccio intorno alle spalle di Lia, tanto per chiarire al di là d'ogni ragionevole dubbio: lei è mia, occhio… ma fortunatamente lascio perdere. Il tipo mi viene incontro, mi tende la mano, sorridente, cordialissimo: «Mi hanno tanto parlato di lei, del lavoro che faceva, di quello che fa adesso… Mi fa proprio piacere che ci incontriamo. Anch'io, lo sa? Anche io ho cambiato vita. Proprio come lei. Facevo il commercialista, mia moglie il notaio. A un certo punto abbiamo venduto tutto e siamo venuti qui, abbiamo comperato un vecchio casolare, vigna e orti. Anni fa non avevano ancora i prezzi folli di adesso…», e ci invita, Lia e me, ad andarli a trovare, nel loro casolare su verso Cuneo. «Abbiamo cambiato totalmente vita, ci siamo ammazzati di fatica per farcela, ho saputo che anche lei vuol comperare, venga a trovarci così si fa un'idea…»

E finalmente possiamo andarcene.

Appena fuori, io e Lia ci abbracciamo. I due lampioni schiariscono appena il buio della notte, dal folto ci viene il denso silenzio degli alberi, un richiamo tardivo di civette.

«Com'è andata oggi?»

«È stata una giornata lunga».

«Di quelle che dall'alba alla sera tardi… no, alla sera tardi no, sei arrivata prima per fortuna».

«Sì, prima…», alza il viso verso di me, tenera, felice.

Ma scusa non è meglio se viviamo insieme? Sto per dirglielo, ma mi mordo la lingua: no. Stai muto, mi dico, non adesso…

Black ci sente arrivare. Abbaia, uggiola, geme… quando apriamo la porta è scatenato. Scendo di nuovo con lui, e mentre corre in giro perlustrando tutto il cortile, stendo la coperta sul sellino di Dolly, non per proteggerla dall'umidità, ma per i due gatti che emergono stiracchiandosi dall'oscurità, pronti alla cuccia.

Lia è già a letto. Ci abbracciamo.

«Appena sono libera...», mi dice con voce di sonno, «appena ho tempo, una sera cucino io. E per una volta ce ne stiamo da soli a cena, tu e io, ti va?»

«Eccome se mi va».

«Vedrai che me la cavo», mormora lei e si addormenta sulla mia spalla.

Capitolo Tre

Teresa mi ha detto che Lia non sa cucinare, ma proprio per niente, sono sempre stati i tre zii a farle da mamma e a prepararle pranzetti da leccarsi le dita, tutti e tre formidabili cuochi.

E va beh, se vuole cucinare va benissimo lo stesso… per me l'importante è stare insieme.

Entrando nell'autunno lavoro come credo di non avere mai lavorato, fisicamente e di testa, perché hai bisogno dei muscoli e del cervello anche se hai da fare con orti e vigne, e specialmente se devi sistemare non so quanti recinti, staccionate, pollai, stalle, porte dei magazzini, ante delle finestre che vengon giù, e cataste di legna nelle legnaie.

Sta arrivando il freddo, si parla di neve, una neve precoce. Ma gli argomenti principali sono i tartufi. Riguardo a questi ultimi, durante le mie corse con Black nell'umido nebbioso respiro dei sentieri che attraversano il bosco, mi sembra di risentirlo nell'aria quell'odore denso e sorprendente che Teresa vuole farmi annusare quando arrivo in cucina a portarle le ceste ricolme di verze, cavoli e quant'altro abbiamo raccolto negli orti.

«Senti questo qui», e ha tra le dita una specie di bitorzolo, lo tiene come fosse una sacra reliquia. «È il tartufo bianco, il più nobile, mio nonno è stato uno dei più famosi tartufai… questo qui ci vuole l'arte per tirarlo fuori, sta fino a mezzo metro sottoterra e se non hai un cane buono… lo senti?»

Me lo avvicina al naso.

«Lo senti che sa un po' di aglio? Vagamente agliaceo, ma ha un profumo intenso, gradevolissimo, lo senti? Un profumo persistente ma solo da crudo, non come il tartufo nero, che quello…», e mi inchioda con l'elenco dei vari tipi di tartufi e io ho fretta perché adesso, prima di andare in vigna con Nino, adesso ho un'ora giusta giusta per correre con Black. Lui mi fissa dalla soglia e trattiene a stento l'impazienza.

Riesco a scappar via e poco dopo attraverso di corsa i boschi dietro a Black e mi sento di nuovo addosso l'odore dei tartufi. Non ne posso più di sentir parlare di tartufi, oltre a Teresa, anche gli uomini con cui lavoro ne parlano sempre e persino Cristina, quando sono andato da lei e Giulio a portare le patate che ci avevano ordinato, mi ha sommerso di dati e informazioni sul tartufo: nero questa volta. Solo a lei oso finalmente dire che a me l'odore del tartufo non piace per niente e non ci tengo a mangiarlo. Mi guarda divertita e mi assicura che *prima o poi capirò*. Come fosse un'iniziazione spirituale.

Quando Lia mi dice che si prende un pomeriggio libero per preparare la cena, così mangiamo a casa, noi due, io subito: «Dovrei andare con Nino su verso Levice, per le nocciole, ma posso dirgli che per una volta non ci sono… così cuciniamo insieme, che ne dici?», e intanto penso che se si ferma a cucinare vuol dire che si ferma anche a dormire.

E mi sembra che negli ultimi tempi non lo faccia solo ogni tanto, ma un pochino più spesso e la cosa non sfugge a un occhio attento come il mio.

«No, non cuciniamo insieme», fa lei, «cucino io... e fa niente se le regine della cucina locale ti han detto che non ci so fare. Tanto per non fare nomi: Teresa per esempio», mi bacia, poi: «Vai!»

E me ne vado a lavorare.

È buio quando Nino imbocca con il suo Apecar il sentiero che porta a casa, andando quasi a sbattere contro uno dei tigli. Black guaisce spaventato, io lo placo e: «Nino, ma...»

«Lascia stare, sarà *meji*, sempre a lamentarsi e siamo qui sani e salvi», ferma davanti alla porta di casa, e dopo che sono sceso si sporge dalla portiera, punta il grosso naso verso il cielo e a occhi socchiusi, inspirando rumorosamente, deliziato: «Oh, san Simun», invoca il suo santo preferito, «ma questo è tartufo... tartufo bianco e di quello buono, basta che muovo il naso...», sbatte la portiera per richiuderla. «Beato te!», riparte sferragliando.

Tartufo, sì. L'odore pungente mi assale appena metto piede in casa, con Black che mi urta sorpassandomi tutto allegro per fare le feste a Lia, avvolta in un grembiulone da cucina, rossa in viso, ha un'espressione entusiasta: «Mi è venuta una cena favolosa. Fai la doccia e vieni, ché è pronto. Vedrai!»

Anche sotto la doccia l'odore del tartufo non mi dà tregua, pure gli asciugamani sanno di tartufo, me lo sento addosso mentre mi asciugo.

«Un menù favoloso», dichiara Lia, mi guarda esultante mentre mi siedo a tavola, mi versa il vino. È un Barolo degli zii, e tutta orgogliosa: «Primo piatto: tagliatelle langarole, le ho fatte io, eh! Impastate con sole uova, cotte al dente, irrorate di buon burro fuso con rosmarino e salvia, cosparse caldissime di toma di Langa sbriciolata e infine guarnite con abbondanti fettine di tartufo, senti che meraviglia», e mi mette davanti il piatto ricolmo.

E io penso a Pietro: aveva ragione a dire che certe cose che hai in testa vanno taciute anche alla persona che ami. Ora, per esempio, non dirò a Lia che detesto i tartufi.

«I tartufi me li hanno regalati gli zii quando hanno saputo che volevo prepararti una cena come si deve. Loro sono tartufari benemeriti, hanno dei cani addestratissimi... sono stati loro a insegnarmi la ricetta...», siede davanti a me, mangia di gusto. Io sono stato rigidamente educato a ingoiare senza un commento qualsiasi cosa, che mi piaccia o no, come fosse un pasto da re, e così faccio. Per una volta mento a Lia e continuo a dirle che bontà tutte le volte che lei me lo chiede e me lo chiede spesso. Che bontà!

Poi si passa al secondo. La osservo attentamente e mi piace vederla così, una ragazzina che a scuola ha preso finalmente un bel dieci!

Lia mi mette davanti il piatto, di nuovo tutta orgogliosa: «Anche questa me l'hanno insegnata gli zii. Senti qua... una manciata di fegatini di pollo e di coniglio saltati al burro con scalogno affettato. Li bagno con il marsala e con del rum. Li insaporisco con pepe nero. E concludo con una bella piallata di tartufo. Questo piatto si chiama *alla Cavour*», e siede davanti a me, radiosa: «È una cena speciale questa, la prima volta che cucino qualcosa di buono per te, è un avvenimento», e ride e mi chiede se mi piace e io assicuro che è un piatto squisito, e lei: «Ma non è finita qui».

No, non era finita. Viene il turno dell'antica salsa di tartufi alla piemontese, e Lia mette sul tavolo una teglia, nessun dubbio che fosse al tartufo: «Attento che scotta», mi avverte, «ma sentirai... Avevo giusto ancora un bel tartufino, e allora ho imbiondito aglio, rosmarino e salvia nel burro e, quando l'aglio era dorato ho unito due acciughe spinate e ci ho versato sopra un bicchiere di marsala. L'ho fatto andare un po', poi ho unito il sugo dell'arrosto che ho preparato per domani», il suo entusiasmo è irresistibile, sa di avere svolto il suo compito al meglio, «e ho fatto addensare tutto a fuoco lento, e intanto ho affettato i tartufi, li ho sistemati sul fondo della teglia e ho versato su la salsa, appena si è alzato il bollore ho guarnito con crostini di pane fritti nel burro», assaggia, inarca le sopracciglia, esultante: «Caspita... è squisito!»

È finita qui? No.

Segue una torta indimenticabile: niente tartufi! Ma pere. Solo pere e uova, e farina, e burro, e zucchero, e mezza bottiglia di Barbaresco – per l'impasto della torta – cannella e chiodi di garofano.

«Strepitosa!», dico più volte a Lia che a conclusione di quel fastoso menù mi prepara anche una tisana al corniolo e zenzero, dicendomi che dopo una cena al tartufo bisogna berne almeno due tazze.

Io eseguo. Due tazze.

In tutto questo Black se n'è rimasto quieto come non mai al suo posto, accucciato sotto la finestra, dopo aver mangiato la sua razione, ripulito la ciotola... Ogni tanto mi lanciava un'occhiata di sbieco, quel pomeriggio qualcuno mi ha di nuovo offerto una sostanziosa cifra. Voleva Black per insegnargli a cercare tartufi. Più io dicevo di no, più lui insisteva e Black seguiva lo scambio come se fosse a un incontro di tennis.

Dopo la torta e le due tisane, dico a Lia non so quante volte che la cena era eccezionale, poi lavo i piatti, le pentole e tutto quanto, metto tutto a posto. La ringrazio ancora, la abbraccio, e scendo con Black per fargli fare il solito giro. C'è una brezza notturna fredda di inizio autunno e una grande stellata. Black corre avanti e indietro, naso a terra, sparisce nel buio, torna scodinzolando come dicesse: sono di nuovo qui, vedi che bravo? Riprende a gironzolare. Io carezzo i due gatti accovacciati sulla coperta sopra il sedile della mia Dolly. E rifletto sui tartufi, convinto di non essere ancora riuscito a *capire*, come mi aveva augurato Cristina.

Trovo Lia già a letto. Mi infilo accanto a lei e la stringo a me. Anche le lenzuola, i cuscini, la coperta, l'aria stessa della nostra piccola stanza sanno di tartufo. Noi stessi e la nostra pelle. I baci. L'amore.

Lia si addormenta sul mio petto, io rimango sveglio, la tengo fra le braccia e intanto ogni piatto della superba cucina piemontese continua a sfilarmi davanti agli occhi, nel buio, e pare avere una vita propria.

Quella notte faccio un sonno agitato. Sì, una nottataccia, ma non sono solo i tartufi. Mi sveglio un sacco di volte e ogni volta... posso dirlo? Ogni volta mi commuove sentirmi accanto Lia, perduta nel suo sonno ma appoggiata fiduciosa a me.

E senza voler fare il filosofo – che non è il mio mestiere, non ci sono proprio tagliato – mentre stringo a me il corpo di Lia mi viene da pensare alla vita e al fatto che un pezzo della mia se n'è già irrimediabilmente andato. Sono arrivato a metà? Non è, mi chiedo, che la bottiglia è ormai mezza vuota? Parole del bisnonno queste, non le dimentico... «Tutto è talmente traballante», diceva lui, «tutto sta insieme come attaccato con la saliva che anche un idiota deve essere in grado di capire che la forma del destino può cambiare a un tratto. A un tratto e totalmente, come il senso di una mano a briscola nel momento di calare l'asso. Credi di vincere? E invece salta tutto. È una rischiosa avventura la vita», diceva il bisnonno, «guai se ti passa via senza che ci badi, neanche fosse eterna», e mentre rifletto su tutto questo carezzo piano piano il morbido fianco di Lia, delicatamente per non svegliarla... ma se le cose stanno così, mi chiedo, infine, perché dormire insieme solo *ogni tanto*, lei e io?

Così in tutto quel mio riflettere mi rendo conto che sto maturando un'idea, *maturando* è la parola giusta... un'idea sta per definirsi, ancora acerba, ci vuole solo un po' di tempo... per farsi decisione.

Ci metto una settimana, anzi un po' meno, cinque giorni e mezzo, e in quei cinque giorni Lia non si fa vedere, ha molto da fare tra ambulatorio e stalle. Di dormire da me neanche a parlarne.

Così, decido! Bello sicuro. *Dài che ce la fai,* mi dico... *dai che ce la fai,* le mie cinque parole magiche per farcela! E all'improvviso mi viene in mente il finale di *Pretty Woman* – chi non se lo ricorda? – con Richard Gere che arriva a casa di lei sporgendosi dal tettuccio della limousine sguainando la spada/ombrello, come un principe sul suo cavallo bianco. Io non ho né limousine né cavallo bianco, ma un mezzo per andarla a prendere lo troverò lo stesso. Così, senza avvisarla. Vale la pena correre ancora il rischio di un no.

Torno presto dal lavoro alle vigne con Nino. Doccia e vestito pulito, non elegante ma decente. Poi con Black dietro, esco veloce a cercare Pietro, lo trovo nell'orto, gli chiedo le chiavi del furgone. Le ha in tasca e me le tira senza dirmi niente. Neanche sapesse che cosa ho in testa.

In cortile incontro Enea che sta studiando storia con il libro sulle ginocchia.

«Su, vieni con me», gli dico e intanto apro la portiera del furgone e faccio salire Black. «Vado da Lia. A casa sua. Vive con gli zii, no? Tu sai dove stanno, vieni, mi fai strada».

«A far che da Lia?»

«A prendermela».

«Ma che cosa ha detto, lei?», Enea si stupisce, sanno tutti – e che cosa non sanno degli altri in questo posto? – sanno tutti che Lia non ha intenzione di convivere. «È davvero convinta?»

«Non lo so. Non le ho parlato. Non gliel'ho chiesto».

«Grande!», ride Enea, molla all'istante il libro sulla panca, salta sul furgone accanto a me e chiude sbattendo la portiera.

«La casa degli zii è verso Levice. Ci mettiamo una mezz'ora», aggancia la cintura. Mi guarda. «Pronto?»

«Prontissimo».

Macché mezz'ora. Di più. E per tutto il viaggio Enea mi fa una testa così su questi zii, due di loro avevano fatto i maestri nella scuola elementare del paese e ancora ci si ricorda di quanto fossero severi ma giusti.

Nel cortile di quel casolare di campagna che non ha uno spillo fuori posto, ci sono due cagnacci alla catena. Black mi sta incollato alle gambe mentre ci dirigiamo verso la porta, che è aperta. Enea entra, io dietro, lui spiega qualcosa in dialetto stretto, loro rispondono in dialetto stretto e io non capisco niente. Poi si volta verso di me e mi dice che Lia è fuori ma tornerà presto e io mi devo accomodare, così hanno detto gli zii.

Stringo la mano a tutti e tre, uno dopo l'altro, presentandomi. Poi resto in piedi, poco distante. Mi guardano fisso.

Riconosco quel modo di guardare, troppo simile allo sguardo minuzioso e astuto di investitori particolarmente attaccati ai loro soldi mentre esaminano i listini con le ultime quotazioni di Borsa. Uno sguardo privo di indulgenza che ti fa la tara.

Me ne sto zitto e fermo sotto quello sguardo, con Black ai piedi, zitto e fermo anche lui. Lo hanno fatto entrare senza nessun commento e senza mostrare interesse alcuno, come fosse normale che un ospite si tiri dietro un cane bagnato e sporco.

Continuano a esaminarmi.

Sono i tre fratelli maggiori della madre di Lia, di cui due sono gemelli. Molto maggiori, a giudicare dall'aspetto. Sono ben avanti con l'età quei tre. Mi chiedo perché Lia non me ne abbia mai parlato. Sorprendenti, devo dire. I due gemelli sono identici, e due così anziani identici fanno strano, credetemi. Succhiano tutti e due la pipa nello stesso modo, con lo stesso ritmo, tutti e due con un berretto in testa e con lo stesso tipo di occhiali e tutti e due con sopracciglia fitte e irsute. Sono vestiti uguale e hanno al collo un fazzoletto rosso. Se si scambiassero di posto, potrei confonderli.

E il terzo, un poco discosto da loro sul divano – con l'aria di dire "io sono io sia chiaro non confondetemi" – ha una folta chioma bianca legata in un codino sulla nuca, ha anche lui un fazzoletto rosso al collo ma per il resto è vestito diverso e mi pare più anziano degli altri due.

Nel silenzio della grande stanza entra il casino che le galline fanno in cortile, come se qualcuno stesse dando loro del becchime, e per quanto ne so quella non è l'ora del becchime.

Ci sono mobili vecchi e massicci in quella stanza, che a tendere l'orecchio puoi sentire il lavorio dei tarli, e c'è una libreria stivata di libri messi lì con cura, e c'è anche un grande tavolo e vasi con fasci di erbe secche. Poi cassettoni cupi, ricoperti di riviste e manuali. Quadri di paesaggi alle pareti, cose da pittori della domenica ma piacevoli. Quello che mi colpisce è l'atmosfera, accogliente, affettuosa direi, come se la sala stessa, per dettagli che non riesco a cogliere, fosse pronta a ospitare, coccolare, prendersi cura. E c'è un odore appetitoso, aglio e prezzemolo tritati insieme, forse dalla porta aperta sulla cucina... i tre sul vecchio divano mi sembrano diffidenti, ma l'ambiente che ho intorno mi farebbe dire: si sta bene qui, vien voglia di fermarsi un po', se siete d'accordo. Cerco in giro le tracce di Lia e le trovo: certi suoi libri che le ho visto in mano a casa mia, un maglione su uno sgabello, e anche uno scialle che le ho regalato...

Non vedo l'ora che torni.

Mi fanno sedere su una specie di alto sgabello, fortuna che ho le gambe lunghe. E Black ci si è infilato dietro, come in cerca di protezione. Ma i due cani in cortile sono alla catena e con mio sollievo nessuno si è sognato di scioglierli e farli entrare.

Enea non si è seduto. Sta in piedi, dando le spalle alla finestra, mani in tasca, ciuffo sugli occhi. L'aria di dire: e adesso stiamo a vedere!

«E bene, bene, bene», dice a un certo momento lo zio con il codino. Ha una voce sottile, da grillo.

Abbozzo un sorriso.

«E così lei sarebbe Frank», dice uno dei due gemelli togliendosi la pipa di bocca.

Si comincia davvero bene: quel condizionale e un nome che non è il mio.

«Mark non Frank», e lo diciamo in coro: uno del coro sono io, l'altro Enea, che aggiunge: «È l'inglese, quello che vive da Pietro... Dài che lo sapete, vi ho visti parlare con il nonno».

«*Nen banfè, gagnuffo*», lo ammonisce l'altro gemello, al che Enea scrolla le spalle e subito con la sua grinfia sorridente: «Ma va' là, zio, zitto non ci sto, e Mark è qui perché viene a prendere Lia».

Gli scocco un'occhiataccia: «Ma taci!»

«Io zitto non ci sto!», ripete scrollando ancora le spalle e ricaccia il ciuffo. «Dài, che se no stiamo qui le ore. Diglielo subito che tu...», ma io lo interrompo con un «Adesso basta!» talmente secco che Enea non osa continuare e ammutolisce.

Guardo i tre che ho davanti, uno a uno. Poi, cortese ma deciso: «Sono sicuro che sapete del legame che unisce Lia e me. Desidero che Lia venga a vivere da me e con me. Sono venuto a prenderla». E dopo un momento aggiungo: «Io la amo davvero e molto»

Silenzio profondo. Galline mute. Solo i tarli non hanno interrotto il loro lavorio. In silenzio aspetto che mi si dica qualcosa, non so che cosa ma qualcosa.

Dopo un lungo momento: «E così lei, Frank, vorrebbe vivere con la nostra Lia», è la voce da grillo di quello che aveva parlato per primo.

«Vorrei riprendere quello che ho appena detto», e in quel momento mi accorgo che il mio italiano è inceppato da un forte accento anglosassone. «Io, ecco... sì, penso che sia giusto che Lia e io viviamo insieme, e sono qui per questo. Sono sicuro che sia bello e giusto».

«E Lia lo sa?», domanda calmo calmo quello con il codino. «A noi non ha detto che ha cambiato idea. A noi ha detto che non vuole convivere».

«Infatti, non ho detto niente a Lia. Voglio dimostrarle che ci tengo così tanto a trascorrere il resto della mia vita con lei che non ho paura di sentirmi dire un altro no». Capisco che citare *Pretty Woman* sarebbe inutile.

Altro silenzio. Loro tre immobili.

«E dunque Lia non lo sa che lei è venuto qui con questa intenzione», conclude quello con il codino.

«Non lo sa», ripeto e sostengo il suo sguardo. «No, non lo sa».

«E che lavoro farebbe, lei?», e questo lo chiede l'altro gemello. Evidentemente c'è una predilezione per il condizionale. «Farebbe che cosa?»

Già, che lavoro farei?

«Lui lavora con il nonno», ecco Enea, pronto e inarrestabile. «Mark lavora con il nonno, ha imparato a fare gli orti, è molto bravo, lavora anche nei campi, sta imparando tutto, ci dà dentro come un matto, il nonno è contento. Nino, sapete, il prozio… Nino gli sta insegnando a potare le vigne. Sapete anche voi che potare le vigne o lo sai fare o non lo sai fare e ormai sono rimasti in pochi a saperlo fare, lo sapete no?»

«Quella lì è un'arte», dice l'altro gemello a occhi socchiusi, sembra vedersi i filari davanti, «un'arte che ci vuole arte a farla».

Gli altri due annuiscono, gravi.

«Ecco, appunto, lui l'ha imparata l'arte. Al suo Paese faceva un altro lavoro, poi ha mollato tutto per venire qui. Molto meglio imparare tutto sull'orto e i campi e anche gli alberi, il nonno gli insegna anche gli alberi, anche le semine, metter giù le piantine eccetera… insomma Mark è uno che sa fare le cose, gran lavoratore, anche dei nostri vicini lo prendono a lavorare. E quindi se avete bisogno di qualcuno che venga a darvi una mano, voi tre che cercate sempre qualcuno, me l'ha detto il nonno che cercate… Mark è bravo come il nonno, potete fidarvi».

Ecco, casomai non avessi capito che cosa sto facendo della mia vita, ora che Enea lo ha spiegato mi è chiaro di essere riuscito a trasformarmi in volonteroso e abile contadino.

«Bravo come il nonno, eh...», sta ripetendo Enea. Poi ride divertito: «Scusate ma ci metto la testa che voi tre sapete benissimo quello che fa Mark e come lo fa. Ne avete parlato con il nonno... sapete già tutto»

«Sì lo sappiamo», ammettono sereni, uno dopo l'altro, tranquilli, come fosse ovvio che sapessero già di me in dettaglio. Ma aggiungono: «È proprio interessante», con improvvisa vivacità. Subito mi chiedono per filo e per segno come fa Nino a insegnarmi a potare le vigne, e quando riesco a spiegarglielo – io e non Enea, che incredibilmente se ne sta zitto – quando glielo spiego si ringalluzziscono ancora di più, e si mettono a parlare delle loro vigne. Ne possiedono filari e filari. Poi dalle vigne passano a parlare del vino, e precisamente del Moscato Bianco, mi raccontano che è il più antico vitigno coltivato in Piemonte, mi dicono che le sue uve furono descritte già in epoca romana e che si chiamavano *Apiane* – pronunciano questo nome con deferenza, come fosse sacro, e per questo lo scrivo in corsivo – e si chiamano così perché erano predilette dalle api, ed è uno dei gemelli, molto animatamente, a dire: «Le api dovrebbe vederle... vanno matte per quei bei chicchi dorati e dolci, vengono qui e ciucciano e ciucciano e poi fanno un miele che è un paradiso», gli altri due annuiscono vigorosamente e spiegano che però il vitigno del Moscato è un vitigno *rompiballe* – dicono proprio così – gran rompiballe perché vuole una terra tutta particolare, guai se non è marnosa e calcarea, e dopo che viene su in quella terra che gli piace, bisogna stare attenti a trattarlo con i guanti, quel vitigno del cavolo, perché è delicato, ma vien su bene, anzi perché non assaggiarne un goccio?

«Vorrebbe?», mi chiedono. Lo zio con il codino si alza.

«Vorrei», annuisco e mi alzo anch'io, con un sospiro di sollievo. La tensione si è sciolta, di più: ora c'è simpatia.

E quando mi giro verso la porta d'ingresso chiedendomi perché Lia tardi tanto, quello con il codino mi mette una mano sulla spalla e: «*Fa nen tant cine*», dice con gentilezza, e subito Enea traduce: «Ti sta dicendo di non andare in sbattimento perché Lia non c'è ancora», e lo zio con il codino, in bell'italiano, mi informa: «Tra poco arriva», strizzandomi l'occhio e mette sul tavolo cinque bicchieri. Poi scompare in cucina e torna poco dopo con una bottiglia a cui con destrezza fa saltare il tappo: «È il migliore», versando il vino spumeggiante, «il migliore dei nostri», così brindiamo tutti e cinque, anche Enea, come se fosse normale per un ragazzino farsi fuori come niente un calice di moscato bianco. Beviamo in piedi, come per una cerimonia solenne dedicata alla bontà del vino, non mi pare fosse dedicata al fatto che sono venuto a prendermi Lia per portarla via e vivere con lei. Ammesso che lei non si rifiuti, naturalmente... e c'è questa attesa nell'aria: che cosa dirà Lia?

«E quando lei arriva...», dice all'improvviso quello con il codino, regge con cura il calice tra due dita alzandolo verso di me, «quando nostra nipote arriva, voglio dire, come farà a farle cambiare idea? Lia mica è una pasta di pane, neh!», cioè mica una morbida, e ridacchia fra l'ironico e l'ammiccante. «Come farà?»

In quel momento entra Lia. Mi vede e spalanca gli occhi. Accidenti se resta sorpresa. Subito Black le vola addosso, mille feste... lei lo carezza ma continua a fissarmi, più stupita che sconcertata. E seria.

«Sono qui», le dico come se non mi si vedesse.

«Già, lo vedo che sei qui». Si appoggia al tavolo, incrocia le braccia, guarda gli zii, Enea, poi di nuovo me. «Lo vedo che sei qui».

Black le sta al fianco, scodinzola allegro come se tutto stesse andando per il meglio. I tre zii muti. Tutti e tre con il calice in mano, sospeso a mezz'aria. E zitto anche Enea.

«Beh, insomma...», mi schiarisco la voce, alzo un filo il tono, deciso, «devo parlarti, per questo sono qui». Mi avvicino, ma mi fermo subito, non la abbraccio. Mi intenerisce da morire il suo faccino in questo momento, è seria seria, in attesa... non ci fossero gli zii me la mangerei di baci.

«Sono venuto a prenderti», e adesso la voce mi esce totalmente amorevole. Non sono più io a regolarne il tono e a cercare le parole, è l'amore che le sceglie. È lui a parlare.

«A prendermi?», lo sillaba sottovoce, lei, e si morde le labbra per un attimo. Poi tace.

Non vola una mosca. Tutti muti, adesso.

«Vedi, Lia...», e mi sento commosso, è come se in quel momento nella stanza ci fossimo solo noi due, noi due e tutto il tempo passato insieme, i giorni e le notti, «ci ho davvero riflettuto su a lungo e ho capito chi sono e perché provo per te quello che provo. Ho capito quanto posso darti e quanto posso ricevere da te... e anche quanto sia prezioso ogni istante di questa nostra vita. Sono qui, di fronte a te, col mio coraggio, la forza, la tenerezza, le mie paure... i pregi e i difetti. Insomma, tutto intero. Sono qui, amore mio, perché a un certo punto della vita succede che capisci dov'è il paradiso, e non vuoi più stare da nessun'altra parte. Sono qui per chiederti di darmi la possibilità di dimostrarti che nessuno può amarti più di me».

Mi sta guardando con un'espressione che non dimenticherò più... uno sguardo di quelli che ti trapassano. E non dice niente. Tutti stanno in silenzio, e in silenzio ci sta anche lei... il cuore mi va in gola, ogni istante di quel silenzio ha la pesantezza di un macigno.

«Dimmi qualcosa, amore mio», mormoro. Non lo reggo più quel silenzio.

E dopo un momento che mi pare eterno scioglie le braccia incrociate sul petto. Si gira verso gli zii: «D'accordo anche voi?», e subito mi cerca una mano, me la stringe, e quasi sottovoce, con un vocino piccolo piccolo: «È da un po' che ci stavo ripensando... In realtà speravo che me lo chiedessi tu di nuovo... Ci metto poco, Mark, aspettami qui...», dice con semplicità adorabile, «poi andiamo a casa».

Non piove più quando arriviamo, un odore denso di terra umida, di erbe e di fogliami e di zolle sfatte – odore di lombrichi, dice Nino – entra a folate dalla finestra aperta della cucina. Lia e io siamo lì a guardarci, sì, proprio come fosse la prima volta da soli in casa, a guardarci, e le sue borse e la valigetta e i sacconi dei libri sono sparsi qua e là sul pavimento, allegramente, come se ci stessero dicendo: eccoci tutti qui!

Black ci osserva con la testa reclinata, sporco da far paura, si sta chiedendo: e adesso che cosa si fa? Cioè, lui e io ce ne andiamo a correre, è quella l'ora, no? Il magico crepuscolo sta per scendere sui boschi e sulle vigne, ma Lia e io stiamo lì a studiarci, siamo due che si sono incontrati e che...

Lei mi dà un rapido bacio, leggero, poi rapida si avvicina a Black: «Ora succede che ti ripulisco». Il suo tono è definitivo, come se fosse quella l'unica cosa da fare in quel momento.

Rimango a guardarla. Lei sa dove tengo tutto l'occorrente, raccoglie quello che le serve e spinge sulla soglia del bagno Black, che lascia fare mite e rassegnato.

«Preparo un tè, ti va?», ma mi incanta osservarla mentre è lì chinata a darsi da fare con spazzole e spugne, il suo profilo assorto, una ciocca che le si arriccia su una guancia, i gesti precisi e aggraziati. Fa niente se non stiamo facendo l'amore, lo faremo dopo, fa niente se non vado a correre, ci andrò dopo… lei volta il viso verso di me e mi dedica un sorriso: «Abbiamo tempo, vero?»

Sì, proprio come se fosse la prima volta.

Così Black viene spazzolato e ripulito, poi beviamo il tè, poi prendo Lia per la vita e la sento trasalire sotto la mia mano. Ce ne andiamo in stanza a fare l'amore.

Sembra che il crepuscolo indugi ad arrivare, ombra dopo ombra, poco per volta.

Poi Lia fa la doccia, io mi preparo per andare a correre… e quando sono fuori con Black penso che al ritorno troverò Lia a casa, questa sera e anche tutte le sere a venire.

Fantastico, penso. Sono felice. So che è felice anche lei.

Corro e sorrido: ce l'abbiamo fatta!

Capitolo Quattro

Neanche una settimana più tardi arriva Nic.

Aveva avvertito: aspettatemi tutti da Pietro e Teresa. E siccome sarebbe arrivato all'ora di cena ci siamo già tutti, seduti alla lunga tavolata, in attesa.

«Sì, però, *boja fauss*, adesso, va bene tutto...», fa Nino, per l'occasione si è infilato nel vestito della festa, cosa che lo rende scontroso, «però se il treno ritarda va a finire che chissà a che ora mangiamo», si guarda intorno, in cerca di approvazione. «E se magari ritarda Pietro che è andato a prenderlo alla stazione... va' che tempo!» Sulle finestre della grande sala preme la nebbia, i vetri sono rigati d'acqua. «Eh?»

«Ma dài, zio», parla Enea a nome di tutti, «noi vogliamo aspettare Nic e vedrai che sta per arrivare, siamo qui tranquilli, ci siamo messi tutti in tiro che più belli non si può...», ride e si alza in piedi: «Ma ha detto la nonna che se qualcuno sta morendo di fame posso portare qualcosina. Ho visto dei crostini di là. C'è qualcuno che...?»

«Noi!», alzano la mano di slancio tre bimbetti, figli di questo o di quell'altro, e alza la mano anche Nino, ma proprio in quel momento dalla portafinestra aperta sul buio nebbioso del cortile arriva un rumore ben noto ed Enea eccitatissimo: «Eccolo! Il furgone del nonno… sono loro!»

«Se ti alzi da tavola, Enea, *mi te mass*», lo avverte Teresa con un tono da generale, e anch'io, che stavo saltando su per andare incontro a Nic, anch'io ricado seduto, tra Lia e Viola. E anche Viola si risiede. È Lia ad alzarsi svelta, richiamata da un gesto di Teresa.

«Aiuto a servire», mi mormora e passando poggia la mano sulla spalla di Viola che è scoppiata a piangere: «Sai da quanto non lo vedo, il mio Nic?», piange e ride, «si può piangere perché si è felici?»

Tutti sono ormai voltati verso la portafinestra. Tutti a orecchie ritte. Tutti zitti come topi. In attesa. Anche i bambini, ammutoliti dalla solennità del momento. Passi e voci ci arrivano da fuori, riconosco quella di Nic… ridono… Pietro parla in dialetto stretto, io continuo a non capire una parola, mentre Nic capisce tutto: una volta mi ha detto che quando uno ha l'orecchio musicale come ce l'ha lui, capisce ogni lingua.

Ma non li vediamo ancora emergere dal buio e dalla nebbia per affacciarsi alla portafinestra… anzi, i passi si allontanano.

«Fanno il giro dall'altra!», mugugna Nino. «Ci mancava»

Infine, Pietro spalanca la porta dell'ingresso con un gesto scherzosamente teatrale.

«Eccolo!»

Nic avanza dietro di lui e si ferma sulla soglia a testa alta, con il piglio dell'eroe di ritorno dall'ennesima impresa, così simile ancora, nell'atteggiamento, al ragazzino che ho conosciuto sui banchi di scuola, fiero e armato di una forza di volontà tanto spavalda da rasentare l'arroganza. Eppure, è stata proprio quest'arroganza a permettergli di superare tutti gli ostacoli – e quanti! – per realizzare il suo sogno: diventare un grande e famoso violinista di classica.

Riconosco la ciocca di capelli sugli occhi, il sorriso ironico, storto, divertito e quasi sfrontato, il suo strabismo. Scarno in viso, asciutto, sta eretto come un albero di alto fusto. Incontro il suo sguardo, gli sorrido – sono commosso – lui fa un brevissimo cenno di intesa, lo stesso di quando eravamo ragazzini e veniva a studiare a casa mia. Lo faceva sempre e scrollava le spalle davanti alla glaciale severità di zia Daphne da cui vivevo dopo la morte del bisnonno. Nic sbatteva i libri sul tavolo con un: «C'è un sacco di roba da fare ma noi due ce la faremo sempre». Quell'anno, dopo un aspro diverbio con il preside, scappò e andò a unirsi a una carovana di zingari. Aveva avvertito la madre, e l'aveva convinta a lasciarlo fare. Visse con loro quasi un anno, diceva che da loro aveva imparato a maneggiare il violino come fosse uno strumento fatato… al suo ritorno era più alto di me di una spanna, e aveva un'aria adulta che nei primi tempi mi aveva messo soggezione. Ma in qualche modo fu proprio questa lunga assenza a rinsaldare il nostro rapporto. Nic era solito dire che dagli zingari aveva imparato anche che quando stringi un patto è per sempre. E il nostro indubbiamente è un patto indistruttibile: solidali sempre, se uno dei due è in difficoltà l'altro lo aiuta… a scuola lui mi spiegava matematica, io gli cacciavo in testa storia… cominciammo così.

Con le donne, però, non stringeva patti, non faceva promesse, non creava legami: diceva che per passare dall'una all'altra come faceva lui non bisogna essere un casanova, bisogna essere intelligenti. Riusciva a non lasciarsi dietro sofferenze e rancori: le donne si illuminavano quando si parlava di lui e usavano espressioni come fantastico, forte, indimenticabile. Girava molto per via dei suoi concerti, aveva amanti un po' ovunque, come si dice dei marinai. Mi aveva presentato Viola come *la mia bella amica delle Langhe*. Me l'aveva presentata con queste precise parole quando ero arrivato qui, lasciando intendere che Viola era una delle tante...

E adesso vedo che le manda un bacio... e la sposa! Lo avevo detto a Lia, che la cosa mi stupiva e lei sgranando gli occhioni mi aveva risposto: *Ma sposa Viola perché lei è adorabile*!

«*Che scheur...*», tuona Nino all'improvviso e tutti sobbalzano, «*che scheur*, Nicco... vederti lì fermo sulla porta a guardarci come un *carcaveja*... allora, sei proprio tu? Dài, che abbiamo fame!»

E Nic si mette a ridere: «Macchè *carcaveja*... sono proprio io, in carne e ossa, sono di nuovo con voi e felice di essere qui», e fa un gran gesto come per stringerci tutti in un abbraccio e ride, ma io che lo conosco come le mie tasche mi accorgo dalla sua espressione che qualcosa lo tormenta... lo vedo avanzare a grandi passi, e va verso Viola, tra i battimani e le esclamazioni di benvenuto, la solleva dalla sedia – lui è alto e lei una cosina da niente –, stringendola a sé. Lei gli mette le braccia al collo, intorno altri applausi e risa... ecco, Nic è fatto così, capace con la sua sola presenza di elettrizzare l'aria, e questo accade anche quando ai concerti entra in sala con il suo violino, uno strumento del Settecento che vale una fortuna. Attraversa lento il palcoscenico, si ferma accanto al podio del direttore d'orchestra, sorride... e fioccano gli applausi. L'entusiasmo, ancora prima di averlo sentito suonare.

Bacia Viola, la obbliga a sedersi di nuovo, le dice qualcosa all'orecchio, lei ride mentre Nic: «E adesso tocca a voi», e con quel suo bel sorriso affascinante si gira a guardarsi intorno.

Tutti gli occhi sono puntati su di lui. Tutti lo fissano.

Mi viene in mente un suo concerto a Londra, sala strapiena, ero con lui dietro le quinte. A un tratto Nic mi mise una mano sulla spalla, e mi disse che lui, prima di entrare in sala e suonare, moriva sempre di paura, non perché temesse di sbagliare o chissà cosa, assolutamente no… ma quegli occhi, tutti quegli occhi puntati su di lui lo bloccavano. E solo dopo qualche minuto era riuscito a entrare in palcoscenico ma più che reggere il violino sembrava ci si aggrappasse.

«*Alura, Nicco?*», sbraita Nino.

«Adesso tocca a voi!», ribatte subito Nic, a gran voce, e ride, e lo vedo andare difilato ad abbracciare Nino, poi abbraccia gli altri, prima i bimbi, poi le donne, infine gli uomini, tutti insomma, tranne me.

Come se volesse lasciarmi per ultimo.

E mi viene in mente che il bisnonno chiamava il suo amico più caro *l'amico della staffa*, per intendere quello che conta più di tutti, cioè quello con cui ti fai l'ultima bevuta della serata. Quello che lasci per ultimo, insomma. Il suo amico della staffa era Lawrence. Lo chiamano Lawrence d'Arabia. Il bisnonno e lui erano amici di motocicletta, il bisnonno diceva che Lawrence aveva delle idee politiche del cavolo, per le quali spesso litigavano a sangue, ma non smettevano di scorrazzare insieme per il Dorset ognuno in sella alla propria *Brough Superior SS100*, la Dolly che mi ha seguito nelle Langhe.

«Ma che stai pensando?», Viola mi dà leggermente di gomito. «Ti sei perso via?», e io scuoto la testa, ma sì, mi sono perso via e non posso fare a meno di ricordare: dopo la morte di Lawrence che si era schiantato con la moto, il bisnonno mi aveva detto che quando succede qualcosa di grave al tuo migliore amico sono cazzi… aveva detto proprio così!

Cerco con lo sguardo Nic che continua a sfarfalleggiare per la sala, da una persona all'altra. E sa il cielo perché mi tornano in mente le parole di Viola a proposito di New York... non aveva detto *andrà tutto male, tutto storto,* o qualcosa del genere? Parole così... scemate! È un pensiero, questo, che scivola via subito, Nic mi è vicino, il suo sguardo ridente: «Ehi, vecchio mio... te ti saluto dopo», e subito si gira verso Viola, la fa alzare in piedi, la stringe a sé, si accorge che lei ha gli occhi lucidi e, mentre gliele asciuga, a gran voce: «Chi me lo sa dire perché la giovane donna qui vicino a me è così commossa?»

«Ma dài...», protesta lei, e di nuovo ride, «è l'emozione».

E Nic rivolgendosi a tutti: «Adesso vi racconto una piccola storia...», annuncia tonante e se la tiene stretta, Viola, stretta al fianco. Si è fatto silenzio, e lui: «Un giorno indimenticabile, sapete, era autunno, come oggi, e pioveva, e io ero appena arrivato qui in Langa, a trovare il mio grande amico...», scocca un sorriso a Pietro che poco più in là ascolta e lo osserva lisciandosi i baffoni, «e mi ritrovo in centro, ad Alba. Entro in un bar di fretta, urto malamente qualcuno, una giovane donna...», ride, e ammiccando abbraccia Viola da sopra le spalle, «e resto folgorato, mai vista una così incantevole. Stava bevendo un caffè, per un miracolo non se lo rovescia addosso, le chiedo scusa, mille scuse, e lei non se la prende, lei mi sorride e a quel suo sorriso io stramazzo del tutto... ci siamo conosciuti così Viola e io e da quel momento...»

«Ma dài che ce ne avevi una schiera tu!», lo sfotte Enea, ridendo.

«Adesso la schiera non c'è più. Sparita. Volatilizzata. Da cinque anni la amo, questa qui, ho cercato di resistere, di nascondermi dietro alla mia reputazione di scapolo tutto d'un pezzo, ma alla fine... beh, volete saperlo? Ci sposiamo!»

Applausi e strilli, ovazioni, un casino pazzesco, del resto siamo in tanti qui dentro e tutti partecipi, tutti emozionati... e adesso Nic e Viola si baciano.

«Come nei film», grida qualcuno.

«Proprio come nei film», confermano altri nello schiamazzo generale.

Applausi, risate, commenti, domande, quando vi sposate, dove vi sposate... e lui: «Un attimo, c'è ancora qualcuno che non ho salutato». E Nic si alza da tavola tendendomi le braccia: «Mark... Il mio testimone». Gli vado incontro, una pacca sulla spalla io, un'altra lui, un guardarsi negli occhi come fanno due che si ritrovano. Sono felice che sia di nuovo con noi, che qui nelle nostre amate Langhe siamo di nuovo insieme, e glielo dico.

«Davvero riesci finalmente a trovare parole per dire chiaro e tondo quello che provi?», mi prende in giro lui. «Proprio tu che facevi il baccalà surgelato, muto e rigido quando sentivi qualcosa qui dentro?», e mi picchia forte le nocche sullo sterno, dalla parte del cuore. «Mark, non ti riconosco, mi pare che per essere un inglese tu abbia fatto grandi passi avanti», e scherzoso, «finalmente riesci a comunicare i tuoi sentimenti. Magari l'hai fatto anche con Lia... le hai detto *ti amo*? Solo due parole, ma rischiose come una confessione, due parole intime e profonde, definitive. Ce l'hai fatta? In-cre-di-bi-le!»

«Ma piantala, Nic!», rido, non riesco a offendermi per le sue punzecchiature. Non ci riesco proprio. Poi: «Tu, piuttosto... incredibile che ti sposi!»

«E invece no!», protesta con vigore lui. «Succede come vedi!»

«Sì, ma…», eh sì, lo conosco davvero da troppo tempo per non accorgermi che sotto sotto si porta dentro una punta di inquietudine, «Tutto ok?», indago.

«Dopo!», fa lui rapido con un cenno come a dire: adesso lasciamo stare… e si volta di slancio verso la porta della cucina: «Eccole!»

Stanno entrando Teresa e Lia e Rosetta reggendo grandi vassoi e Nic: «Si inizia!», e si gira a destra e a manca: «Gli antipasti!»

«Evviva!», grida un bimbetto seduto accanto a Nino, che gracchia: «Finalmente si mangia», e lo ripete più volte.

«Vogliamo parlare di questi antipasti?», vocia una delle nuore di Pietro mentre i vassoi passano di mano in mano, «caldi e freddi, avete visto? Le nostre cuoche sono bravissime».

Appena Nic prende posto a capotavola, accanto a Viola, iniziano a scorrere i vassoi colmi di ogni ben di dio: *aspic* d'anatra, *capunet* di verza con ripieno di salsiccia, terrina di coniglio al tartufo nero…

«Questa è un flan di topinanbur?», chiede Nic a Teresa, quasi in estasi.

«Sì, e quello accanto è ai cardi», risponde lei reggendo paziente il grande vassoio. «C'è anche la *tartrà* al tartufo». aggiunge orgogliosa. Poi però: «Nic, dài, serviti, così anche gli altri possono mangiare», dice ridendo.

«Immediatamente!», Nic si affretta a servire prima Viola, poi se stesso, mentre intorno si leva un gran vociare e si intrecciano di nuovo domande d'ogni sorta: che matrimonio sarà? Sarà una cosa alla grande? Perché non una cerimonia intima nella chiesetta di San Simone, che è più romantico? E se è una cosa alla grande quanto costerà? E dove? Ad Alba? Non è brutta una festa di matrimonio in città? Quanta gente inviterà? E chi preparerà il pranzo di nozze?

E infine: è sufficiente saper raspare un violino per pagarsi delle nozze da re? Quest'ultima domanda la pone Enea e si prende all'istante uno scappellotto sulla nuca, bello secco, da sua madre, perché se uno ha la fortuna di sedere alla stessa tavola di un grande violinista come Nic non si sogna di dire stupidaggini: il violino si suona non si *raspa*, capito?

Senza rispondere a nessuna delle domande che gli fioccano addosso: «E Black, dov'è Black?», chiede Nic a voce alta, alzato a metà sulla sedia si rivolge a me, «Dov'è? Voglio vederlo».

«È a casa. Non me la sono sentita di lasciarlo qui in cortile, davanti alla porta, con questo nebbione».

«Vallo a prendere, dài...», supplica sorridendo.

«E secondo te, Nic», questa è Teresa affettuosa ma ferma, «secondo te in tua assenza in questa casa abbiamo preso l'abitudine di far entrare i cani? Se vuoi vedere Black vai da lui, è semplice no?»

«Giusto!», Nic si leva in piedi: «Impariamo da Teresa: quando si dice una cosa quella è e quella rimane!» Poi si rivolge verso di me: «Ora vado a casa tua. Faccio un salto da Black. Faccio come dice Teresa».

«Vengo con te».

«No, resta qui, vado da solo».

«Non hai bisogno della chiave, è aperto».

Quando arrivai con lui nelle Langhe avevamo vissuto in quella casa insieme, io, lui e Viola. Nella stanza stavano loro, io nello stanzino. Poi lui era partito. Viola se n'era tornata ad Alba per lavorare nella sua erboristeria. E Pietro mi aveva affittato la casa e adesso... adesso io ci vivo con Lia, che proprio ora sta passando lungo la tavolata a raccogliere i piatti, avvolta nel grembiulone da cucina, i capelli raccolti, adorabile... la seguo con lo sguardo. Nic lo coglie subito: «Caspita», e ha un sorriso, «sei cotto marcio, eh?» Vuota il bicchiere di Barolo con un gesto rapido. Lo depone e dice a Viola: «Torno subito».

Prima di uscire si ferma accanto alla tavolata e a gran voce: «Volevo dirvi intanto dove sarà la festa di matrimonio. L'unica cosa che Viola ha permesso che decidessi io». Ha di nuovo uno di quei suoi sorrisi di traverso che fanno perdere la testa alle donne. «Sarà nel Castello di Prunetto», e qui fa una pausa a effetto. Poi conclude: «Prunetto. Lassù in cima, tra i lupi o pressappoco. Il Castello».

«Ma proprio al Castello e in autunno?»

«Che allegria!»

«È pieno di fantasmi».

«Ma no, è bellissimo, un sacco di gente ci fa la festa di nozze».

«E se piove?»

«Vogliamo sposarci lì», Nic tende una mano come volesse indicare il Castello, «lì, dove mi sono esibito da giovanissimo, suonavo già magnificamente anche se non ero ancora Nic...», ride, «il grande Nic... indimenticabile l'entusiasmo del pubblico, era il mio secondo concerto, sapete... per questo voglio sposarmi lì: porta bene!»

L'applauso insegue Nic mentre si dirige alla porta.

Per quel che ne so io, il Castello è una cupa costruzione medievale, torva e compatta, inutile difesa contro gli eserciti di ogni nazione che per secoli si sono riversati in queste terre di Langa portando devastazioni e carestie. Ma in certi giorni di sole, quando si staglia contro il cielo sereno, ha una sua misteriosa bellezza...

Nonostante l'assenza di Nic la cena diventa sempre più allegra e rumorosa. Lia e le altre vanno e vengono portando i vassoi con i dolci ma dopo circa mezz'ora comincio a chiedermi perché mai Nic non sia ancora tornato.

«Mark», è Pietro, «va' a vedere che combina il nostro violinista. Vai, dico io a Lia che sei andato a cercarlo. Qui mi ci metto io», e siede accanto a Viola prendendole una mano: «Adesso tu e io parliamo un po'».

E Viola sorridente: «Anch'io ho qualcosa da dirti», e si mettono a parlare fitto fitto, ma che cosa si dicono quei due non lo so. E non lo saprò neanche in seguito.

Esco. In cortile vengo accolto da un'umidità stillante e gonfia di silenzio, le folate di nebbia portano il denso sentore di un sottobosco fradicio, il freddo punge le guance, l'oscurità è rischiarata a malapena dai lampioni che Teresa ha voluto nel cortile. Mi dirigo rapido verso casa. La notte intorno pare piena di spettri. Mi arriva un latrato lontano. Un ululare di cani. O forse sono lupi?

Mentre salgo le scale sento Black uggiolare. La festa che mi fa appena apro la porta è tale da ricordarmi le parole di Pietro: se le persone si accogliessero a vicenda come fanno i nostri animali quando torniamo a casa, il mondo sarebbe un bengodi.

Il baccano fatto da Black non basta a smuovere Nic.

Sta dormendo seduto al tavolo di cucina, con la testa appoggiata alle braccia incrociate. Davanti a lui un bicchiere di vino, un calice di quelli belli che ha portato con sé Lia. Con un fondo di rosso. La bottiglia di Dolcetto accanto al bicchiere, il cavatappi poco più in là. In un piatto due fette di arrosto, il resto della cena di ieri che Nic ha scovato nel frigo.

Black si è accucciato ai suoi piedi e mi guarda agitando la coda, gioioso, e sembra dire: hai visto chi è arrivato? E hai visto come sono stato bravo?

Mi chino a fargli una carezza, sì, sei stato bravissimo, un cane meravigliosamente educato che non salta sul tavolo a far fuori quelle due fette di arrosto approfittando del sonno di Nic.

Tolgo un bicchiere dalla rastrelliera. Mi verso due dita di Dolcetto, siedo di fronte a Nic e lo osservo. Che cosa gli è preso di piantarci tutti in asso per rifugiarsi qui, con Black, un calice e un po' di arrosto? Deponendo il bicchiere urto il bordo del piatto. Nic, che non si era svegliato con tutto il casino fatto da Black al mio arrivo, a quel lieve tintinnio musicale alza la testa di scatto.

Mi scruta.

Io zitto.

«Che ci fai qui, tu?», si acciglia.

«Io… non lo so», mi viene di ridere, «che devo dirti? Che passavo di qui per caso?»

Lui mi fissa ancora per qualche secondo, interdetto. Poi scuote la testa, ormai del tutto sveglio: «Oh, ma certo, scusa», si strofina la faccia con entrambe le mani, più volte, mugugnando qualcosa che non capisco.

«Ehi, Nic…»

«Ma sì!», sbadiglia lui. «Che vuoi… mi sono addormentato».

«Scusa, e noi a casa di Pietro?»

«Posso dire che avevo bisogno di star da solo?», ribatte. «Posso dirlo?» Raccoglie dal piatto una fetta d'arrosto, ne offre metà a Black, si caccia in bocca il resto. Dopo un momento: «Ottimo. L'ha fatto Lia?»

«Sì, ma Nic… che diavolo ti succede?»

«*Holy shit,* lascia perdere!» Solleva il calice. «Brindiamo a quello che vuoi tu».

«Al tuo matrimonio?»

«Giusto».

Brindiamo. Beviamo. Deponiamo i calici e ci guardiamo. Non chiedo. So per esperienza che se Nic non vuol dirti quello che gli gira per la testa non lo fa. Meglio aspettare che sia lui a sputare il rospo. E certe volte ci mette un bel po'.

Zitto lui. Zitto io.

«Sei felice con Lia?», e mi lancia uno sguardo penetrante.

«Non sai quanto!», esclamo, ma sorpreso da questa domanda a bruciapelo.

«Mi ha detto Pietro che adesso convivete».

«Sì, non vedevo l'ora. Adesso è tutta un'altra vita... e ci sono mille sfaccettature in questa mia storia con lei, mille lati, e io mi sento sempre più tirato dentro...», non mi riesce di andare avanti, non riesco a dirgli che la crescente passione che provo per Lia mi sorprende.

Lui mi scruta come se nella mia esperienza volesse trovare delle conferme.

Poi: «D'accordo, basta spiegazioni. Ma dimmi solo questo. Dimmi solo: se dovessi separarti da lei, dico... se dovessi lasciarla, perché la tua vita si sposta da un'altra parte, ecco, che diavolo faresti tu, se dovessi lasciarla?»

Quella domanda mi lascia interdetto: «Scusa?»

«Ma sì, che cosa fai se hai una donna che ti piace da matti e devi andartene?»

«Io...», scuoto la testa, «che domande mi fai? Io... ma sì, io da Lia non mi separerei per nessuna ragione al mondo, e se dovessi andarmene... ma ti pare? La porto con me».

«Ovvio», taglia corto lui. Rigira tra le dita il calice, a occhi bassi.

Che diavolo ha?

«Scusa», azzardo dopo un momento, «hai problemi con i tuoi concerti? La musica? Il violino?»

«Ma no... figurati!»

Sembra serpeggiare per la stanza uno strano disagio. Non lo percepisco solo io, anche Black si è alzato ed è venuto ad appoggiare il muso chiedendo la mia mano protettiva. È come se il mio amico invece di essere schietto, come vorrei, stesse rifugiandosi in un atteggiamento drammatico. Lo conosco, è sempre stato così… tende a esagerare, però qualcosa deve essergli successo. Non l'ho mai visto in questo stato.

Sto a guardarmelo, con affetto, e una punta di perplessità.

«Insomma, tu sei felice», afferma dopo un momento.

«Sì. Molto felice».

«Ti invidio, sai», sospira e vuota il calice. Lo depone con il gesto lento di chi sta per farti una confidenza di quelle gravi, ma esita. Poi si decide: «Ti invidio perché io invece ho qualcosa dentro che mi pesa da morire».

Ha tirato fuori un mezzo rospo e gli è costato.

«Qualcosa è andato del tutto all'aria», dice ancora. E tace.

L'altra metà del rospo arriverà fra poco. So di non dover aprire bocca.

Dopo un paio di minuti, lui: «È successo anche a te, mi pare… l'hai provato anche tu cosa significhi trovarsi a un certo punto della vita con tutto che… ma sì, quando vieni strappato via e la tua vita si sconvolge. Me lo ricordo benissimo quando a Londra hai mollato il tuo strapagato lavoro e ti è andato tutto in pezzi: la donna, la casa, gli amici… me lo ricordo quando eri completamente frastornato, disorientato, quando passavi le giornate al parco a dare il becchime ai merli… insomma ti è successo di beccarti una tegola di quelle toste, no?»

«Eccome, se mi è successo. È stata dura cercare di uscirne».

«Beh…», fa lui, un'altra pausa, un altro sospiro, poi: «Adesso, amico mio, adesso tocca a me cercare di uscirne».

Capitolo Cinque

Mi alzo all'alba per andare a correre e fa niente se ho dormito poche ore. *Devo* correre.

Do un bacio a Lia che sta ancora veleggiando sulle onde dei sogni e sorride abbandonata nel sonno. È bellissima. Un bacio leggero, per non svegliarla, un bacio più per me che per lei, cioè quando baci chi ami per confermarti che è lì vicino a te, con te, e che continuerà a esserci. Mi stupisco di me stesso, mi succede in certi momenti di stupirmi, ma sì: essermi così totalmente innamorato è un'esperienza sconvolgente, ma in senso positivo. Ancora di più adesso che abitiamo insieme e che sento più fortemente la sua presenza nella mia vita.

Mentre preparo il caffè, Black mi gira attorno, gioioso, coda in perpetuo movimento, ha capito che fra un attimo saremo fuori ma per correre, non ancora per il lavoro. Gli metto qualcosa nella ciotola. Verso il caffè nella mia tazza preferita e vado ad aprire la finestra. Un pallido chiarore fende poco per volta le folate di nebbia e con il freddo mi arriva un umido odore ed è quello autunnale delle Langhe che ormai ho imparato a riconoscere, un odore verde, se si può dire così.

Sto vivendo il mio secondo autunno qui.

Esco in cortile rabbrividendo, con Black che mi precede. Imbocchiamo il viottolo e accelero subito, intirizzito, per scrollarmi via di dosso il freddo. Corro lungo i nostri sentieri, di Black e miei, nella solitudine confortante del bosco, nel silenzio spesso e misterioso dei prati assediati da un precoce gelo notturno. Corro lungo i margini del bosco, alberi spettrali mi vengono incontro nella nebbia. Corro ascoltando frullii d'ali e cauti richiami d'uccelli. Poco per volta ritrovo me stesso, il mio spazio interiore. Corro e mi sento via via più limpido, mi libero del senso di disagio che mi hanno lasciato addosso le parole di Nic, la sera prima, quando seduto al tavolo di cucina e con il bicchiere di Dolcetto davanti, aveva vuotato il sacco, per così dire. O, meglio, aveva buttato fuori l'altra metà di rospo che gli era rimasta sullo stomaco.

Già da lontano mi arriva il sordo ruminare di qualche trattore, i galli si avvertono da un pollaio all'altro, e rimbalza l'abbaiare dei cani. Black continua a galoppare davanti a me, sembra che anche lui voglia sfuggire a una qualche oppressione. Corre senza voltarsi a guardarmi come fa di solito. Va e basta, concentrato, e io dietro. Stamattina procede sparato senza deviare all'improvviso, come gli capita di fare quando vuole annusare le tane delle talpe o seguire le tracce lasciate dalle lepri.

Sembra avere anche lui una sensazione di presagio.

Torno che sono sudato fradicio, con un polpaccio che mi frizza. Anche Black è provato. Si accascia a lingua in fuori accanto a Dolly quando mi fermo alla porta di casa per fare qualche esercizio di stretching prima di salire. Sono lì che mi stiro i muscoli sotto l'occhio pigro dei due gatti, accoccolati come al solito sul sellino della mia moto, e mi accorgo che manca la macchina. Lia se n'è andata al lavoro. Niente caffè insieme. Niente due chiacchiere. Mentre continuo i miei esercizi già provo nostalgia pur sapendo che la sera la rivedrò, l'abbraccerò, e tutto il resto...

Sotto la doccia riprendo a ripensare a quanto mi aveva detto Nic poche ore prima, e su come si era conclusa la serata...

Eravamo rientrati in casa di Pietro, e lui nascondeva, dietro un sorriso smagliante, la tensione dolorosa che io continuavo a percepire e tenendolo d'occhio pensavo: ma che bravo a far finta di niente, questo qui, se ci provo io Lia se ne accorge in un lampo. Chissà Viola... e intanto piovevano esclamazioni gioiose di bentornato, non ci fu un solo rimprovero per la sua lunga assenza, anzi, si spellavano le mani come se Nic, invece di averli piantati in asso, avesse eseguito una sonata delle sue a beneficio di tutti.

Lo adoravano.

Enea applaudiva esageratamente, in piedi, a distanza di sicurezza dagli scappellotti materni, e a voce spiegata: «Nic, ma è fantastico rivederti», ironico, «credevo fossi a raspare il tuo violino; invece, ti sei ricordato di noi e della tua ragazza», e indicò Viola con uno dei suoi buffoneschi inchini, poi aggiunse: «Allora? Sei davvero qui con noi?», levò il bicchiere come per un brindisi. Nic finse di mandarlo a quel paese e raggiunse Viola e la abbracciò, la baciò tra gli applausi, la strinse a sé. Sembrava risplendere di felicità. Come se quello che mi aveva confidato poco prima non fosse la dura realtà che lo attendeva, ma solo una scocciatura da cui liberarsi in quattro e quattr'otto.

Mentre sono qui, sotto la doccia, me lo rivedo Nic ieri sera e regolando l'acqua mi domando se la disperazione che mi aveva infine rovesciato addosso davanti a quel calice di Dolcetto non fosse un po' eccessiva... ora sapevo da chi e per quale ragione era stato messo con le spalle al muro.

Quella disperazione così esibita non era dovuta, forse, al suo vezzo di dipingere a tinte cupe, drammatiche, tutto ciò che gli impediva di fare esattamente quanto gli girava di fare? Per Nic la parola libertà coincide da sempre con un plateale: *mi faccio i cazzi miei e guai a chi me lo impedisce.* O ero invece io a non capire quanta ragione avesse a sentirsi così abbattuto? Io, che per anni ero scattato sull'attenti quando il mio dovere era far questo e quello. Nic no, lui si era sempre ribellato a ogni imposizione e non c'era mai stato verso di fargli fare né questo né quello. Lui voleva scegliere liberamente.

Io, l'unica volta che mi ero ribellato, avevo del tutto cambiato la mia vita. A lui la vita sarebbe cambiata del tutto perché, stavolta, *non* si ribellava: non poteva proprio farlo.

Strano, eh?

Mentre mi asciugo mi arriva l'uggiolare di Black, poi il rumore di una sedia che viene spostata e infine la voce di Pietro e il suo: «Com'è?», che significa come stai, come va... spesso Pietro passa a prendermi per andare insieme al lavoro. Dal bagno gli grido: «Arrivo!» Mi rivesto e lo raggiungo.

«Prima di sgobbare ai noccioli ho bisogno di un caffè», dice appena entro in cucina. «La moglie mi ha cacciato... stanno preparando per non so quale festa di domani». Si alza e va a chiudere la finestra che Lia ha lasciato aperta: «*A fa freid*». Torna a sedersi sfregandosi le mani.

«Caffè lungo?»

«Come al solito», appoggiandosi alla spalliera incrocia le braccia sul petto, fa così quando ha bisogno di riflettere a fondo. E infatti: «Che ne dici di Nic? Di questa storia che deve andare a New York?», mi fissa accigliato. «Ieri sera, appena sceso dal treno, mi dice che è fregato… non capisco per che cosa, ma aveva un diavolo per capello, diceva che non fa che rimuginarci sopra…», si interrompe per fare una carezza a Black che gli ha appoggiato il muso sul ginocchio, «stasera devi spazzolarlo, questo qui», e continuando a grattare Black dietro le orecchie, «insomma io mica ho capito che cosa è successo esattamente».

Gli metto davanti il caffè: «Un rimbocco?»

«Se ti è avanzata quella di Nonino, un goccio», alza la mano per fermare la bottiglia, «fuori fa gelo, un goccio ci vuole».

Mi racconta che, prima di venire qui, era salito nell'appartamentino al primo piano di casa sua, quello che dà sugli orti. Ha sistemato lì Nic e Viola. «Erano già svegli, ci avevano sentito questionare giù sotto in cucina, me e Teresa e gli altri, su una faccenda di pollame. Va beh, salgo, mi scuso per il casino, Nic dice fa niente, ma mi sembrava girato di suo, per dirla tutta. Gli ho portato su delle frittelle di mele che aveva appena fatto Teresa… gli ho chiesto di spiegarmi che cosa gli era successo e lui ha ammiccato, mi ha fatto capire che non voleva che Viola sentisse. Mi ha detto: fatti dire da Mark, lui lo sa». Sorseggia il caffè con devozione, come fa quando ci aggiungiamo la grappa. «E sai, già ieri sera, quando siamo tornati dalla stazione, quando siamo entrati in casa ed eravate tutti a tavola, lui mi ha detto di far finta di niente. E l'hai visto, no? Trasformato… sembrava felice, felicissimo», scuote la testa. «Non so come ci riesce a far finta così».

«Ti spiego che cosa mi ha detto. A me non sembra una storia così terribile, ma forse mi sbaglio… lui però la sta prendendo male, malissimo».

«E cioè?»

«Si tratta della liuteria di famiglia. Quella che è a New York».

«Ah sì, quella della madre. Ma ne so ben poco… e allora?» Si alza per prendere la zuccheriera. «Dài, mi spieghi quando siamo su ai noccioli», aggiunge al caffè una puntina di zucchero, «poi ci ragioniamo». Finisce il caffè, si alza, va all'acquaio a lavare la tazzina e la sistema sullo scolapiatti.

«*Anduma*?», e raccoglie il giaccone.

Appena ci avviamo alla porta Black è già per le scale. Lo troviamo in attesa accanto al furgone e quando apro la portiera si sistema con un balzo davanti al sedile destinato a me.

Pietro si mette alla guida e partiamo senza più una parola.

Sotto un cielo basso e compatto, un cielo di nubi fitte che tirano al giallino, saliamo in collina dove Pietro ha i suoi noccioli. Getta un'occhiata verso quel cielo accostandosi al finestrino: «Speriamo che non nevichi. Ne ha tutta l'aria». Innesta la prima e ci inerpichiamo a scossoni su per un pendio fitto di alberi da frutto, e io ripenso a Nic…

«Qui vengon su come niente», sta spiegando Pietro. «Perché da questa parte c'è un terreno favorevole per i noccioli, arioso e poco calcareo, fresco, esposto a sud… ormai dovresti cominciare a capirci qualcosa anche tu, vero?»

«Vero». E non dico che so già tutto: terreno, radici, fusto, foglie, gemmazione, eccetera eccetera. Me lo ha spiegato Nino, l'implacabile Nino. Non lo dico perché ho bisogno di riprendere il filo dei miei pensieri: paragono la vita che avrebbe dovuto fare Nic a New York con quella che sto facendo io, che continuerò a fare, perché così ho scelto: la mia vita felice.

«È un sentieraccio, eh?», Pietro si destreggia a girare e rigirare il volante per evitare, come può, sassi e buche. «Ma tra poco ci siamo».

Tengo la mano sulla testa di Black. Mi seguirebbe fin sulla luna ma, lo so, detesta essere sbatacchiato a bordo di un mezzo meccanico, Apecar o furgone che sia.

«Proprio un pantano», sbotta dopo un po' Pietro, «ma di soldi per aggiustare le strade il Comune non ne ha mai, per altre stupidaggini invece sì», e lavora di prima e di seconda, «*òmmi òmmi*!», e via imprecando fino a quando arriviamo allo spiazzo, davanti a una baracca in legno dove tiene gli attrezzi.

Black salta a terra con evidente sollievo, comincia a correre qua e là ma mi tiene d'occhio per venirmi dietro. Tutto intorno, verso l'alto e verso il basso, a destra e a sinistra, si inseguono a schiere i fitti cespugli dei noccioli. Sapendo quel che dobbiamo fare, mi paiono una folla sterminata; certo non sono solo, c'è Pietro a lavorare con me, ma c'è comunque da ammazzarsi di fatica.

Pinze alla mano iniziamo a occuparci dei fili elettrici – quelli che se li tocchi ti dànno la scossa – che sono stati disposti tutto intorno per proteggere i noccioli dai cinghiali, ghiottissimi di questi frutti e devastatori.

«Ora che la raccolta è terminata dobbiamo togliere tutto», basta un gesto di Pietro per farmi capire come procedere, «ma stai attento a non far disastri, tutta l'attrezzatura ci deve servire anche per l'anno prossimo», e lavora svelto svelto, «i cinghiali non sono gente che se ne va, loro!»

In quel silenzio profondo, ovattato dalle nebbie che qua a là scivolano via, si sente solo lo scatto metallico delle nostre pinze. Un silenzio vasto, freddo, di attesa, vuoi vedere che tra un po' nevica? Speriamo di no.

Lavoriamo in perfetta sintonia, come mi succede sempre con Pietro e un po' meno con Nino. Intanto gli racconto di Nic. E per spiegargli come stanno le cose, devo parlargli della madre di Nic. Veniva spesso a trovarlo in Inghilterra, me la ricordo carica di doni. Nic e io eravamo ragazzi. Dopo la faccenda degli zingari e dopo il college, Nic era andato a vivere dalla sorella della madre in un'incantevole villa, un luogo da fiaba nel Dorset, dove spessissimo ero invitato, dato che ci arrivavo da Londra in neanche due ore di treno. Nic era figlio unico e la madre lo adorava, e lui adorava la madre. Un legame fortissimo il loro. Ma ogni volta lei insisteva perché lui la seguisse a New York e si decidesse a vivere lì, e ogni volta litigavano perché lui si rifiutava. La sua felicità era il cottage della zia, che adesso è suo e dove ha finora continuato a vivere, a dedicarsi alla musica, al suo violino e soprattutto a fare ciò che vuole. Era proprio questo che urlava a sua madre nei loro litigi: «Io voglio stare qui e voglio fare ciò che mi pare». Lei alzava ancor di più la voce, lui anche. Si davano addosso di brutto, cocciuti entrambi, ma era sempre Nic a vincere. Prima di lasciarsi facevano pace, grandi abbracci giurandosi a vicenda che non avrebbero mai più litigato. Fino alla volta successiva.

«E che tipo è, sua madre?»

«Una vera *wasp*».

Wasp, cioè una con i soldi fino alle orecchie e tutto quanto ne consegue. Quando si era sposata – il padre di Nic era stato direttore di un'accademia privata di musica – aveva portato in dote il gioiello di famiglia: una liuteria fondata dai bisnonni e da sempre la più prestigiosa tra quelle della Fifth Avenue. *Prestigiosa* era il termine che usava lei – conosceva benissimo l'italiano, come Nic del resto. Una liuteria rinomata di cui lei andava fierissima. E che rendeva non certo poco. I violini, le viole e gli altri famosi strumenti a corda che ne uscivano erano richiesti per il loro suono, tutti eccellenti, concepiti per eseguire musica nello stile italiano. I materiali particolarmente pregiati, di qualità elevatissima, una grande capacità di risonanza del legno, questo me lo aveva spiegato Nic. Gli artigiani i migliori e i più ricercati sulla piazza, una sorta di aristocrazia liutaia. Il nome della ditta era stranoto e, giustamente, *prestigioso*. Lì Nic ha scoperto la sua passione per il violino, ed era un bambino, lì ha iniziato a studiare sotto la guida di suo padre. Aveva poco più di dieci anni quando il padre morì in un incidente.

«Dieci anni... proprio un *masnà*», commenta Pietro.

«La madre lo portò subito dalla sorella, in Inghilterra», e riprendo a sforbiciare il filo elettrico, «Nic mi disse che voleva sottrarlo allo strazio di quel lutto», e per un momento il pensiero mi torna al bisnonno, quando lui morì, mio padre e mia madre stavano scorrazzando nei Mari della Cina con la loro splendida barca a vela d'epoca, e a nessuno venne in mente di sottrarmi allo strazio del lutto, proprio a nessuno.

«E allora?», incalza Pietro. «E poi?»

«Ecco...», mi riscuoto dal ricordo. «Beh, la madre non immaginava certo che il figlio non sarebbe più tornato a New York per stabilirvisi. E che non si sarebbe occupato della liuteria».

«Ma lui non ci teneva?», anche Pietro ha ripreso il lavoro. «Alla liuteria, dico. Una roba di famiglia, importante».

«Beh, me ne ha sempre parlato con orgoglio, descrivendola come una bottega di altissima arte, ma lui non se n'è mai voluto occupare. È la madre che tiene le redini».

«E adesso?»

«Adesso, a quanto mi ha detto Nic, la baracca fa acqua, a dir poco».

Pietro interrompe il lavoro per guardarmi, costernato. «Ma dài... una roba così fa acqua?»

«Gestione approssimativa, casini contabili, investimenti discutibili, per quel poco che ho capito… morale e succo di tutta la questione», mi chino a raccogliere da terra i fili metallici, «la madre ha detto a Nic qualcosa come *fine della pacchia,* capisci? Gli ha detto che, se non si vuole lasciar affondare la liuteria, d'ora in poi lui, Nic, dovrà fare una cosa che non ha mai fatto: dedicarsi all'azienda. Lavorare, mettercisi d'impegno, raddrizzare la barra, se si vuole salvare l'azienda, altrimenti è spacciata. Naturalmente stabilendosi a New York».

«Fine della pacchia davvero», mugugna Pietro impressionato. «Adesso capisco perché ha la testa nel muro, sai quante volte mi ha detto che adora la sua casa in campagna, in Inghilterra… ma lui ci sa fare in questo campo? Roba finanziaria, no? Non è un lavoro qualsiasi…»

«Beh, dovrà sbattersi, certo. Ma il punto vero è che gli rode da matti dover lasciare il suo amatissimo cottage nel Dorset… l'ha chiamato *Bonheur de vivre,* tanto per dirti», comincia a scendere un nevischio sottile sottile, di traverso, e dobbiamo fare alla svelta.

«Addio a parchi e serre, pub e concertini serali, addio al ritmo di vita da nobiluomo di campagna. È dura, per lui, stabilirsi a New York, è una città impegnativa», e mentre mi escono queste parole mi ricordo di nuovo del brutto presentimento di Viola.

Ma sì, lasciamo stare.

Poi Pietro e io non riusciamo a scambiare più una parola, il lavoro si fa complesso, richiede forza e fiato, ci sono da sistemare le infinite e pesanti matasse di filo elettrico, intricate e sfuggenti, come animate da una forza propria. Sgobbiamo silenziosi con un gelido nevischio che ti arriva dritto in faccia, punture di spillo ghiacciate, immersi nella foschia di un grigio paesaggio sempre più opaco.

«Vuoi veder che stanotte *fiòca*?», sbuffa Pietro. «Troppo presto, troppo presto...»

Solo Black è tutto allegro, sgroppa felice, corre avanti e indietro, segue eccitato il passaggio delle lepri, si scrolla ogni tanto perché ormai è zuppo, sparisce di corsa tra i noccioli e torna trionfante.

«I cinghiali non ci sono adesso?», mi viene in mente che poco tempo prima un tizio, proprio da queste parti, è stato aggredito da uno di quei bestioni. «Sono qui intorno?»

«Tranquillo, va'...», ansima Pietro e continuiamo a faticare, intirizziti e con le mani ghiacciate dentro i guantoni da lavoro. Non so quanto dura, ma quando finiamo, quando chiedo diligente a Pietro da dove iniziare a potare, lui scuote la testa e non risponde, come gli si fosse gelata anche la voce, ma cavandosi i guantoni si avvia al furgone. Black capisce all'istante ed è già ai miei piedi quando salgo per prendere posto accanto al guidatore.

Scendiamo cauti, tra uno scossone, un urto e un cozzo. Io conforto Black che si addossa alle mie gambe, lui con il suo pelo fradicio, per fortuna corto. Potevi darti una scrollata prima di salire sul furgone, gli dico mentalmente, lui mi fissa sorridendo, perché anche gli animali se li guardi bene, sanno sorridere e sanno dirti: va bene così, dài. Concilianti.

Pietro e io zitti, e alla fine lui, come per dare un taglio a un lungo ragionamento: «Darei anch'io i numeri se mi succedesse una cosa simile!», ammette. «Cioè, dico, dover piantare la mia casa di sempre, la casa che mi sta addosso come il guscio delle lumache. Rinunciare alla mia vita, alle mie abitudini, alla gente, gli amici, le mie colline... darei i numeri... Mi dispiace davvero per Nic».

«Questa volta non può dire di no. È obbligato. La madre, capisci? Una liuteria, come ogni altra azienda, può avere delle difficoltà, sono in molti ad arrancare in un momento come questo con l'economia che va, poi si ferma, poi riparte adagio per fermarsi di nuovo. Ma *questa* liuteria non può andare a picco, per nessuna ragione, mi ha detto Nic... e sua madre, poi, figurati, per lei è questione di vita o di morte».

«Eh, già», concorda Pietro. «Eh, già», altro sospiro, come si fa davanti all'ineluttabile. Quando imbocchiamo la comunale il nevischio si va infittendo. Pietro impreca tra i denti: «'Sta vecchia carretta... non si riesce ad aggiustare il riscaldamento e qui dentro si crepa dal freddo». Sento Black rabbrividire sotto la mia mano, io stesso sto gelando, e Pietro: «Ho un sacco di cose da fare in magazzino. Si va a lavorare al coperto, adesso...», e quando imbocchiamo il sentiero di casa, «guarda che noi stasera non ci siamo, andiamo tutti a non so che festa dal *Mandragin*, sai, uno dei nipoti del Nino, su proprio sotto Mombarcaro. Se volete anche voi...»

Scuoto la testa, so che Lia torna tardi dal lavoro, mi ha lasciato un biglietto sul tavolo di cucina, uno dei suoi biglietti ultra-stringati, senza fronzoli, ma in un angolo c'è sempre scritto in piccolo *Love*. Adesso che viviamo insieme, i messaggi me li lascia sempre ma non usa più il cellulare. Dice di preferire la carta e se c'è da parlare lo si fa faccia a faccia, mica con i messaggi vocali. Del resto, io ho un cellulare dell'era preistorica, niente internet, niente chat né immagini, niente di niente... per fortuna.

«Coraggio», dice Pietro tra i denti quando entriamo in magazzino. Con Black a dormicchiare in un angolo allungato su un vecchio sacco, lavoriamo scrupolosi anche se stanchi, a riparare non so quanti infissi, senza una parola di troppo. Solo quando finiamo Pietro: «Di' un po'...», si stiracchia raddrizzandosi sulla schiena, «di' un po', mica per far pettegolezzi... ma lui, che è sempre stato pieno di donne... lui, perché sposa proprio Viola?»

«Mah, non lo so. La ama, immagino».

«Credi?»

«Boh, lui dice così».

«Eh già, ho sentito anche io. Non voglio chiederglielo. Però a guardarlo così affettuoso mi sembra che sì... la ama, mi pare».

Mettiamo in ordine gli attrezzi, puliamo quel che c'è da pulire e quando siamo sulla porta del magazzino, io con Black al fianco, e lui atteso dai suoi due cani sotto la tettoia vicino a casa, prima di separarci mi scruta: «Ma tu ci sei mai stato?»

«A New York? Sì... un paio di volte per lavoro, cioè il lavoro che facevo quando stavo a Londra. Quelli sono viaggi che scendi dall'aereo, vai a fare una riunione, un pranzo d'affari, riprendi l'aereo. L'ho vista appena».

«Io mi chiedo se mi piacerebbe andarci. A te è piaciuta?»

«Mah...», e nell'imbrunire fitto di nevischio misto a pioggia lascio scorrere lo sguardo sui tigli intorno a casa mia, l'ingresso, la mia amata Dolly e le finestre, cominciando da quella della cucina da cui guardo fuori al risveglio mentre bevo il caffè, poi di nuovo i tigli... e guardo Black che è corso via all'improvviso a stanare chissà chi dai cespugli di forsizie, quelli che in primavera sono le prime a fiorire.

«Ci torneresti?»

«A New York?», tiro in testa il cappuccio. «Manco morto».

Capitolo Sei

Quella sera neppure Nic va con Pietro alla festa del *Mandragin*.

«Troppo casino», dice. Mi chiede di ospitarlo a cena, Viola è ad Alba per certe sue faccende e tornerà domani.

Nic non ha voglia di star da solo. Quando arriva, Lia non è ancora tornata dal lavoro e Nic vuole lavare lui Black, spazzolarlo, ripulirlo dal naso alla punta della coda, e tutto questo esibendo vistosamente il proprio malumore. Io da sempre mi infastidisco quando fa così, già da ragazzi quando lui si ingrugniva, io gli rispondevo per le rime piantando giù un muso tremendo… ora cerco di non farci caso. Lia se ne infischia del muso altrui, quando arriva ci regala il suo bel sorriso segnato dalla stanchezza.

Quando esce dalla doccia, è rinata, un fiore, bellissima, luminosa. Incantevole. Con Nic nelle vicinanze non mi va di stringerla e di baciarla come faccio di solito, adesso è lei ad allacciarmi le braccia al collo mentre dice: «Cucino io», e mi guarda in un certo modo, come se le sue parole celassero un messaggio d'amore, sensuale, giocoso, invitante. Divento matto quando fa così, ma questa volta lei mi allontana subito con un *ssst c'è Nic di là,* ride, mi sussurra di apparecchiare e di pensare al vino.

«Cucino io», ripete poi a voce alta stringendosi ai fianchi il grembiule, «ho ancora dei tartufi».

«Li adoro», dichiara Nic rientrando in cucina con un Black lucido come mai prima, ripulito, ma mogio, orecchie e coda basse, che mi lancia uno sguardo risentito come a dire: almeno fallo tu, se proprio devo lavarmi... e quando Nic vuole essere ancora lui a riempirgli la ciotola del cibo, mi scocca un altro sguardo del tipo: insomma, stasera per te non esisto! Vado a fargli una carezza mentre nella cucina sta levitando un tipico inconfondibile odore.

Tartufi! Di nuovo!

Non obietto. Seguo il consiglio di Cristina: cercare di capirli, visto che ho scelto di vivere nelle Langhe. Giocoforza *capirli,* dunque: loro e il loro implacabile *smell,* che si fa annusare ovunque.

«Ecco qui, *tajarin* al tartufo nero», Lia ci mette davanti la fondina ricolma di tagliolini e, orgogliosa: «I *tajarin* li avevo già fatti e messi in frigo, comodo per stasera, il resto guarda...», sorride a un immusonito Nic, «il resto ci ho messo solo burro, parmigiano e tartufo nero». Sintonizza la radio su una stazione di musica classica, e a Nic: «Fanno un concerto di Bach, senti che bello».

«Stai bassa con il volume», obietta lui inforcando i *tajarin,* è in quello stato d'animo in cui gli viene da far osservazioni su tutto. Ma sul cibo non osa. E a me, nonostante il tartufo, sembra che quei cosi che ho nel piatto siano squisiti. Forse è la mia fame che parla o forse è il mio amore.

Quando arriviamo alla torta – crostata di mele con panna – Nic si scusa per il malumore, dice che davanti a una cena simile può solo scusarsi per il suo fastidioso stato d'animo, ma quanto lo sta aspettando è troppo pesante per lui.

«Hai detto a Lia quello che devo affrontare?», mi chiede.

«Sì», Lia lo guarda seria e comprensiva, «mi ha detto di New York... tutto».

«Dovreste vedere il cottage, assaporare la sua *Bonheur de vivre*», segue un profondo sospiro. «E quella splendida vita nel Dorset... i cespugli di rose, il pub nel villaggio, la birra con gli amici... e poi la mia sala di musica, le sere davanti al camino, i giri in bicicletta, ho sempre adorato andare in bici, non avete idea di cosa significhi dover chiudere con tutto ciò». Ancora un po' scoppia in lacrime, ma osservandolo non posso impedirmi di avvertire una punta di fastidio per la teatralità con cui Nic sembra caricare le parole.

Mi rimprovero subito: forse sono troppo poco indulgente?

Lia invece gli stringe una mano fra le sue, dolcissima. E lui, come se quella stretta affettuosa fosse benzina sul fuoco, attacca una interminabile filippica: dovrà sacrificare i suoi studi di violino, sarà costretto ad annullare molti concerti e molti musicisti non li rivedrà più, vivere a New York gli peserà, dovrà passare le giornate chino sui conti della liuteria, anche se ovviamente la città gli piace. D'accordo, è una liuteria fantastica, eccelsa, d'accordo, è il gioiello di famiglia, anche lui ci tiene da matti, farà di tutto, ma... questo gli costerà molto sul piano mentale, oltre che su quello umano, e tutto ciò comprometterà la sua bravura, perché se uno si dedica alla musica a certi livelli dev'essere libero, eccetera eccetera...

«Senti», gli faccio, «ma non si potrebbe cercare un super esperto di gestione aziendale e affidargli il compito di rimettere in piedi la vostra liuteria? E tu continui a dedicarti alla carriera di musicista... o no?»

«Ma che cosa dici?», sbuffa, accigliato. «È impossibile! Devo occuparmene io, personalmente. Me l'ha chiesto mia madre, e lo voglio anch'io, in definitiva. Inoltre, per pagare una figura del tipo che dici tu mancano i soldi. Soldi che oltretutto si rischia di buttar via: sai quanti di questi super esperti, in realtà, non valgono un dollaro bucato?» Scuote la testa: «No, guardate, non ce n'è: devo mollare tutto e andare a New York».

«Scusa un po'», lo interrompe Lia con gentilezza. «Forse non c'entra...», una pausa, «forse non c'entra, ma in tutto questo com'è che hai deciso di sposarti proprio adesso? Viola è adorabile, lo so, ma...», e si ferma lì.

Cala il silenzio. Sentiamo il nevischio picchiettare contro i vetri. Il ronfare di Black addormentato sotto la finestra.

Lia non ripete la domanda, non ripete quel *forse non c'entra* in cui ho colto una punta di freddezza. Magari l'ha colta anche Nic.

«Viola mi ama», fa lui dopo un momento, risoluto. E sostiene lo sguardo di Lia. «Sì, lei mi ama e la amo anch'io... la amo e la voglio a New York con me, proprio perché non vado a fare una scampagnata, ho bisogno di avere al mio fianco la donna che amo. Ma è ovvio che, se porto Viola a New York, non posso certo abbandonarla alle burocrazie dei permessi di soggiorno. Lo sai che ti fanno diventare matto prima di darti la *green card*? Io ho la cittadinanza, ma Viola no, ovviamente. Da sposati, invece, siamo tranquilli», continua a fissare Lia e con tono sommesso: «E se c'è dell'altro che vuoi approfondire, se c'è dell'altro sul perché sposo Viola, sul perché non me ne voglio andare a New York da solo... e sul perché mi sono risolto a sposarmi, io che una volta non ne volevo sapere, se vuoi che ti dica...»

«Ma no», lo interrompe tranquilla Lia, «hai già detto che la ami, no? E l'hai detto con un tono che è davvero difficile non crederti».

«D'accordo. Però aggiungi anche questo: un violinista...», dichiara Nic con piglio improvvisamente divertito, «un *violinista* chi altri può sposare se non una donna che si chiama *Viola*? Ovvio, no?», ritrova il suo sorriso mentre toglie di tasca il cellulare. Ci mette un secondo a mostrarci un'immagine.

«Eccola qui, la donna del violinista... Viola è questo, per me!»

La foto mostra una donna nuda, la testa avvolta in un turbante e seduta bella eretta sul bordo di un letto. È ritratta di schiena. Una schiena armoniosa e snella, e proprio sotto la vita, a destra e a sinistra sulla candida pelle dei lombi, spiccano due lunghe, nere e sottili *effe*...

«Vedete quelle *effe* che l'artista ha disegnato a china sulla schiena della sua modella? Sono le stesse *effe* che potete vedere su un violino, ai lati della cordatura», spiega Nic. «Le *effe* sono i fori di risonanza praticati sulla tavola armonica di un violino, come in genere sugli strumenti musicali a corda. Sono importanti per l'acustica», e ripone il cellulare. «Geniale l'artista, davvero geniale. Lei era Kiki di Montparnasse, la chiamavano così, donna stupenda dicono. Lui, Man Ray, il grande pittore e fotografo surrealista», si passa una mano fra i capelli per respingere la ciocca che gli ricade sulla fronte: «Insomma, l'amore, la musica e la suggestione del nome, ecco perché Viola!», e guarda me e Lia, alternativamente. «Capito?»

Poi si rivolge a me: «Vedo che hai un'ottima grappa... che ne dici di un bicchierino per chiudere in bellezza la serata?»

Quando se ne va, Lia lo abbraccia.

Nel mese seguente, parlando con Nic, Lia non fa alcun cenno a Viola. Solo una sera, poco prima del matrimonio

– siamo a tavola tutti insieme –, gli stringe un braccio e a bruciapelo: «Sai una cosa? Ci ho pensato, Nic. Ti auguro di far felice Viola. Sì, te lo auguro proprio», e la sua voce si colora di freschezza: «Perché, secondo me, amare una persona e farla felice ti fa scoprire un mondo... un mondo che hai dentro, fatto di tante cose, fatto di avventura, curiosità, creatività, sorpresa, magia, un mondo che non scoprirai mai se non ami qualcuno, se non impari ad amare... ecco».

«Capito», fa lui. «Grazie».

Seguono giornate faticose e intense in quell'autunno non ancora inoltrato che ha già addosso precoci geli e odori di legna da ardere. Un autunno che mi sarebbe toccato rimpiangere.

C'è tanto da fare. E tanto da vivere

Lia se ne va al mattino presto, torna la sera tardi, per non parlare delle notti in giro per qualche urgenza. E io con Pietro o Nino o quelli che vengono a chiedermi una giornata nelle loro colture, non ho mai faticato tanto: per la preparazione del terreno, e negli orti a far di tutto, e nei campi a seminare le colture invernali, e nei vigneti per la concimazione autunnale, e nelle cantine per svinature, travasi, eccetera eccetera... la sera stramazzo fradicio di stanchezza. Mi addormento stretto a Lia, e sono felice. Non cambierei la mia vita per nulla al mondo.

E non rinuncio a correre.

Forse salto solo qualche giorno, giorni di neve precoce più che di nevischio o di lavori iniziati all'alba e finiti col buio pesto. Altrimenti ho sempre Black al fianco.

Spesso quando torniamo dalla nostra corsa, ed è quasi buio, sento il canto del violino, si allarga per tutto il cortile e oltre, dalle finestre al primo piano della casa di Pietro. Il violino di Nic. E capita che a quel suono struggente Black si fermi. Punta il muso verso l'alto e si mette a ululare in un modo che mi dà una sottile sensazione di angoscia.

«Smettila, Black!», e lui corre verso di me a chiedere una carezza.

Con Nic e Viola ci vediamo in genere a cena, a casa di Pietro o da noi, e raramente da Beppe, nel locale del paese che fa da bar e ristorante alla buona. Non è esagerato dire che i sorrisi di Nic sono una rarità. Con tutta la comprensione che possiamo avere per lui, la sua aria inquieta comincia a pesarci. Solo Viola attraversa quei malumori sempre gioiosa, sempre sorridente, felicemente occupata a organizzare le nozze.

In un giorno di sole – ed è il mio giorno libero – in cui sto pulendo la motocicletta, il violino tace e poco dopo Nic mi si avvicina, cammina lemme lemme, mani in tasca, e con l'aria di voler rompere le scatole a qualcuno. Lo conosco Nic. Si ferma ad accarezzare Black che gli scodinzola intorno, poi è lui a gironzolare intorno a me.

«Hai visto Viola come si dà da fare?», inizia. «Bravissima... sta organizzando un matrimonio favoloso. Tutto da sola. Per permettermi di dedicarmi alla mia musica. Ho un concerto fra due settimane ad Asti, ve l'ho detto, vero?»

Gli lancio un'occhiata.

«Sì?», fa lui.

«Mi auguro che il giorno del tuo matrimonio tu riesca a sfoderare un'espressione non dico di pazza felicità, ma di una qualche gioia sì. Il nostro viso è composto da oltre cinquanta muscoli e li si può usare per sorridere. Non è difficile».

«*Goodness*... sembri tua zia Daphne», sbuffa lui, e, dopo aver elogiato la bellezza della mia moto d'epoca, tanto per sfogare il suo nervosismo, attacca con un tremendo pistolotto sul fatto che il mio bisnonno aveva fatto malissimo a prendersi una motocicletta identica a quella di Lawrence d'Arabia, a voler essere suo amico, a scorrazzare insieme con lui nel Dorset… ma come aveva potuto passar sopra le ambiguità politiche – e che ambiguità! – del personaggio?, come aveva potuto frequentarlo? e via e via, finché perdo la pazienza: «Oh, bello…», mi ha proprio stufato, «ci dai un taglio con 'sta storia? Il bisnonno sapeva benissimo quali erano le simpatie di Lawrence, ma tra motociclisti è diverso… come te quando suoni gomito a gomito con quel famoso pianista che tutti sanno che è…»

«Dacci un taglio, tu!», sbotta lui. E lo fa con un'espressione tale che io cambio subito tono e nelle mie parole torna l'amicizia: «Ok! Ma adesso tanto per smetterla tutti e due, andiamo a correre. Vieni anche tu. Sai che correre fa passare tutte le paturnie, dal malumore al pessimismo cosmico?»

«Correre? Chi? Io? Ma va' là! Sono passati i miei tempi da sportivo…»

«Io, quando sono arrivato qui, col morale a pezzi, confuso e triste, per non dire depresso, con la testa nel muro e scontento di tutto e di tutti, in primo luogo di me stesso… io, se non avessi avuto Black che mi ha insegnato a correre… beh, Black e la corsa mi hanno salvato».

«Me l'hai detto mille volte, ma per me è diverso… sono un sedentario, io».

«Va' là… correre ti rimette a posto la testa, ti fa espellere le tossine e ti insegna un mucchio di cose su te stesso».

«No, non se ne parla».

Eppure quel giorno riesco a convincerlo, o forse a convincerlo è Black: sembra che abbia capito la questione e continua a fare la spola fra Nic e l'imbocco del sentiero che percorriamo ogni giorno, avanti e indietro, avanti e indietro, con un'eloquenza tale che Nic alla fine si mette a ridere, è chiaro che Black lo sta invitando a seguirlo... così sale in casa a cambiarsi, gli do maglia e pantaloncini, ai piedi ha di suo un paio di scarpe da tennis, per l'intanto possono andar bene.

Preceduti da Black, ci avviamo perciò lungo il sentiero che sparisce tra i boschi, accelerando via via l'andatura.

Beh, quella prima uscita è impegnativa. Più che correre io trotterello, roba leggera, insomma, eppure Nic inizia presto a lamentarsi, sempre più spesso si siede a terra massaggiandosi i polpacci, neanche avesse macinato chilometri su chilometri. Riesce a far indignare perfino Black: a ogni sosta di Nic gli si piazza davanti e abbaia. A me viene da ridere, ricordo la mia prima corsa, quando Black si era portato via il mio cellulare e io l'avevo inseguito fino a stramazzare nell'erba con il cuore nelle orecchie e il fiato a brandelli. Ora tocca a Nic di accorgersi quanto siamo incapaci di stare in un contatto sano con il nostro corpo e di goderci la natura.

All'ennesima volta che si lascia andare seduto con aria esausta, appena Black smette di abbaiare, gli dico saltellandogli intorno: «Quando Giulio ha cominciato ad allenarmi diceva che ero tutto sbagliato e anche tu sei tutto sbagliato, come lo ero io agli inizi. Sbagliato il modo di respirare, il ritmo, la postura, e poi sei contratto, teso, appoggi male i piedi, li butti giù come fossero due magli...»

«Ma va?», e si mette a ridere. Si guarda intorno nel fulgore di quel giorno di sole autunnale, nell'odore di erbe e di verde, nella trasparenza dell'aria e nel silenzio percorso dal rumore del torrente. Alza il viso verso di me: «Dài, Mark... non è poi così male», e mi sorride. «Insegnami a correre».

Fantastico, no?

Non sono io a insegnargli. Mi rivolgo di nuovo a Giulio, che sa come occuparsi di un principiante. Usciamo a correre tutti e tre insieme, quasi ogni giorno, a un certo punto io e Black stacchiamo e ce ne andiamo con il nostro bel ritmo sostenuto a misurarci su terreni diversi, lasciando loro due alle prese con la respirazione dal naso, gli esercizi per gli addominali, l'appoggio del piede e tutto quel faticare per cui nei primi tempi avevo dato l'anima.

«Visto che anche Nic sta cambiando?», domando a Lia. Siamo a letto abbracciati stretti stretti, Black ronfa disteso di traverso sulla soglia. Piove e il vento fa sbattere una finestra nel cortile.

«Ma sì, lo vedo meno teso, addirittura sorridente, a volte...»

«È cambiato, sì... affronta in modo diverso la faccenda di New York. Ieri, prima di andare a correre, mi ha detto che adesso ha trovato la motivazione giusta, quella più profonda, per occuparsi della liuteria. Non è solo perché i suoi genitori, suo padre e sua madre, ci hanno messo l'anima, è perché da musicista di valore Nic si rende conto che una liuteria di tal pregio rappresenta un vero e proprio sacrario della musica. Diceva che se il lavoro che ha costruito quegli strumenti dovesse andare perso, sarà la musica stessa a soffrirne...»

In quell'istante Black si tira su di scatto.

«Che c'è, Black?»

Il cellulare di Lia si mette a vibrare e lei subito si scioglie dall'abbraccio per rispondere.

«Ma dài», sospiro, «a quest'ora?», non può essere che un'urgenza e infatti! E chi ha bisogno di lei purtroppo abita lontano da noi.

Pochi istanti dopo è già vestita, concentrata e silenziosa come ogni volta che arriva una di queste telefonate notturne.

Black le gira intorno, quasi a impedirle di andarsene, come vorrei fare anch'io. Mi sono alzato a prepararle un caffè, zitto. Lei sta riordinando la sua borsa da lavoro e controlla delle carte seduta al tavolo.

«Senti, piove», le dico mettendole davanti la tazzina. «Per una volta vengo pure io. Tu fai quello che devi e io ti aspetto», ecco, ho rotto la consegna.

Scuote la testa senza rispondere. Beve il caffè, si alza, infila il giaccone.

«Dài, ti prego», le dico cercando un tono di voce dolce ma convincente. Mi pesa saperla in giro per i bricchi a quell'ora e con quell'acqua e quel freddo.

«Scusa, Mark...», è già alla porta, mi pianta addosso i suoi grandi occhi intensi, «è il mio lavoro, ne abbiamo già parlato tante volte. Ho il cellulare», e senza attendere l'abbraccio, scappa via. Black la segue giù per le scale, tumultuoso. Io me ne sto alla finestra della cucina, a guardarla salire in macchina. Black torna su poco dopo, mi viene vicino, e io: «Non guardarmi così... non possiamo andare con lei. E lo sai che è peggio, se insisto. Vuole andarci da sola, è il suo lavoro, un veterinario non si fa accompagnare dalla famiglia...», e sospiro.

Nonostante la tensione che ho addosso, appena mi butto sul letto già dormo.

È Black a svegliarmi. A testate. Testate e zampate fino a quando mi tiro su, intontito, nel buio appena velato dal chiarore notturno della finestra. La pioggia si sente più forte, scroscia adesso.

«Che c'è?», accendo la luce. Lui corre alla porta e poi si gira, fissandomi in attesa.

Guardo l'ora. Due e mezzo di notte. È andata via che non erano ancora le dieci. Col cuore in gola salto giù dal letto. In cucina cerco il cellulare. L'ho messo sotto carica. La chiamo. Segreteria.

«Ma che cazzo di segreteria...», e la richiamo. Segreteria. E ancora e ancora. Non ho il numero di quelli da cui era andata per l'urgenza. Se no telefonerei. Non so neanche chi sono.

Provo di nuovo a richiamare. Di nuovo segreteria.

Black continua a fissarmi dalla porta. Poi scende le scale. Torna su. E ancora a fissarmi. Io sono seduto al tavolo, come un idiota, costernato. Spaventato.

«Ma che diavolo...», gemo.

Poi in un lampo comprendo. Finalmente riesco a leggere nei suoi pensieri di labrador intelligente.

«Arrivo!», ho il cuore in gola.

In un attimo mi vesto, afferro il giaccone, scendo svelto le scale. Black è già all'angolo e si volta, lo vedo sotto la pioggia alla livida luce dei lampioni. Fermo, mi guarda. In attesa. Poi corre verso di me e di nuovo via fino all'angolo da dove inizia il sentiero che dai nostri cortili raggiunge la strada comunale, quella che imbocca anche Lia per andare al lavoro.

Vieni? Ti muovi? Mi segui?

Sì, Black, sì... eccomi! Torno di volata su, prendo una pila. Anzi due. Afferro la cerata e me la butto addosso correndo verso Black che subito spicca il trotto e io dietro. Intelligente labrador, capisce che in quel momento non posso andare di gran velocità, capisce che non ci stiamo allenando sui sentieri limpidi del bosco... non galoppa via sparato come fa di solito, stavolta trotta in modo che io riesca a stargli dietro.

Mi è servito a qualcosa imparare la corsa senza stramazzare dopo due minuti? Certamente mi serve a correre di notte lungo una strada battuta dalla pioggia e nel buio pesto che la mia pila rischiara a malapena, mi permette di seguire Black senza sapere dove mi sta portando. Per quanto tempo? Non ricordo con precisione, ma comunque non una corsetta. Cerco di conservare il fiato, senza farmi prendere dall'affanno.

Dove sei, Lia? Cosa ti è successo? Sto arrivando!

La paura mi stringe la gola e mi impedisce di pensare. Meno male che non sono da solo, mi guida Black. Infila una stradina laterale. E continua ad andare e andare, entrando e uscendo dal fascio di luce della pila. Io lo seguo. A un certo punto si ferma a guardarmi. Quando è sicuro che non lo perderò di vista si inoltra in un viottolo a destra. Riconosco una scorciatoia per salire verso Prunetto, su un brutto fondo sassoso tra gli alberi... e all'improvviso Black si mette a latrare in un modo che mi fa rabbrividire. Accelero, col cuore che pare spaccarsi.

Infine, una voce: «Black, Black...»

Mi si mozza il fiato.

È la voce di Lia.

Inciampo, mi tiro su, scivolo di nuovo. Appena dietro una curva, una luce soffusa si allarga nel buio tra la pioggia. E poi, illuminata dai fari della Ford piantata in mezzo alla strada, Lia.

È china ad abbracciare Black e la sento singhiozzare, e balbettare: «Sei qui... siete qui...», e Black uggiola e si scuote tutto per la gioia... ma subito Lia si volta verso di me, la luce dei fari ne accentua il pallore: «Non riuscivo a crederci quando ho sentito Black...»

«Amore mio», in un attimo mi libero della cerata zuppa d'acqua, «vieni qui... qui!»

La stringo fra le braccia, al petto, sul cuore vorrei dire. Non le è successo niente di grave. E mi pare di star male dalla felicità: è sana e salva, in lacrime. È viva.

Difficile descrivere l'emozione che mi sta scuotendo... non ricordo che cosa le dico e non so che cosa mi dice lei, con Black che ci gira intorno e continua a uggiolare, lui che con il suo misterioso istinto ha capito non solo che a Lia era successo qualcosa ma anche dove avremmo potuto trovarla.

Grazie Black, non sai quanto ti sono grato.

Lia singhiozza mentre io la tempesto di baci. Finché tra le lacrime balbetta irosa: «Piango perché sono arrabbiata, con me stessa, sono capace di fare tutto, assolutamente tutto, so arrangiarmi da sola ma non so...», i capelli fradici sulla faccia, «non sono capace, mai stata capace...»

«Non sai che cosa?», faccio quasi fatica a parlare, continuo a tenerla stretta come se avessi paura che non so chi o non so cosa possa portarmela via.

«So fare di tutto, tutto», ripete piangendo, «ma non cambiare una ruota, capisci? Non ne sono mai stata capace... ho forato su questa strada del cavolo, forato non so quanto tempo fa... la scorciatoia per arrivare a casa prima, e il cellulare era scarico e in macchina non ho il caricabatteria... e la pila era rotta... come ho fatto a non controllare? Me ne stavo chiusa in macchina... prima o poi qualcuno sarebbe passato, no?»

Lia si scioglie dall'abbraccio: «La ruota! Bisogna cambiare la ruota. Non posso mica piantare qui la macchina», mi toglie di mano la pila e la punta verso il bagagliaio. «Tu sei capace?»

Sì, sono capace, e comunque sarei stato capace di fare tutto in quel momento. Lia apre la portiera della Ford e fa cenno a Black di saltare dentro: «Almeno qui stai all'asciutto, sei bagnato fradicio e hai freddo», gli fa una carezza, e richiude la portiera: «Non ho neanche un ombrello... sono una frana!», ma mi sorride e viene a darmi un bacio. «Tu cambi la ruota e io tengo la pila, ok?»

Le metto addosso la cerata, poi tolgo dal bagagliaio la ruota di scorta e mi do da fare. Mi sento un dio, non certo perché sono capace di avvitare e svitare due bulloni, ma perché a Lia non è successo niente di male e perché ho un labrador fantastico.

Evito di dirle: «Hai visto? Se ti fossi fatta accompagnare...», non lo dico e sorrido tra me, con Lia ho anche imparato che frasi del genere sono solo stupide.

«Black è stato fantastico», Lia sorride, seduta nella Ford accanto a me che guido scendendo cauto il viottolo, Black è ai suoi piedi, il muso sulle ginocchia. Le ho raccontato come mi aveva svegliato, come mi aveva fatto capire di seguirlo per portarmi da lei.

«Come ha fatto a sapere che ti era successo qualcosa? A capire dov'eri?»

«È un labrador magico, lui».

A casa per prima cosa asciughiamo Black, lo ripuliamo, lo strofiniamo, gli diamo da bere e da mangiare con mille coccole. Poi facciamo una doccia bollente, beviamo una tisana, e via a letto, terribilmente felici di essere insieme, tenendoci stretti.

«Ma com'è stato il tuo lavoro?», chiedo dopo un po'.

«Una capra che le aveva tutte», sbadiglia lei, sistema meglio il capo sulla mia spalla, «tutte... artrite, polmonite... Ma il peggio era il suo proprietario che la adora e si sentiva male per paura che la capra morisse. Ho dovuto tranquillizzarli, lui e la moglie, ci ho messo del tempo...», e scivola nel sonno.

Io non riesco ad addormentarmi. Nel chiarore notturno intravedo Black sulla soglia della stanza. Non disteso, seduto. Sveglio, il muso rivolto verso di me. Mi alzo cauto per non disturbare Lia. Black mi segue in cucina. Mi siedo.

Appoggia il testone sulle mie ginocchia e mi guarda da sotto in su con i suoi grandi occhi affettuosi. Sembra dire anche lui: che bello che siamo insieme!

«Sei un cane straordinario, Black», e lo carezzo, «davvero straordinario».

Black uggiola, e io chinandomi su di lui, non so perché, gli faccio sottovoce proprio questa confidenza: «Sai, non potrei mai separarmi da lei… la amo, capisci? È difficile dirlo ad alta voce, ma la amo proprio».

Siamo insieme. Io e Lia. E anche Black, certo. Noi tre. Siamo felici.

Eppure, poche settimane dopo, al matrimonio di Nic e Viola, mentre loro si scambiano le fedi nuziali, mentre guardo l'espressione di Nic, ho una sensazione come se mi stesse passando sopra un'ombra cupa, tant'è che lancio un sguardo alle grandi vetrate…

Il matrimonio è comunque fastoso, anzi di più, ma quando alla sera Lia si sfila il lungo e frusciante abito di seta verde mela che aveva attirato non pochi sguardi, quando siede sul letto, mi sembra quasi fragile in quella sua camicia.

Si volta verso di me, stanca: «Troppa gente, non vedevo l'ora che finisse e di tornare a casa, noi due da soli».

Appena nel letto mi si stringe addosso: «Abbracciami», e io già la stavo abbracciando come ogni notte.

Nic e Viola partono quasi subito per New York. La sera prima della partenza Nic ha voluto un gran brindisi a casa di Pietro. In alto il calice e rivolgendosi a tutti, dice: «Ragazzi, io però torno presto!», neanche avesse già in mente un suo piano segreto per sganciarsi velocemente dalla liuteria e riprendere la vita di prima. Non ha voluto che accompagnassimo lui e Viola a Torino, all'aeroporto… l'abbraccio del congedo, ha detto, non era fatto per lui.

Dal giorno seguente ognuno torna al lavoro, Lia nel suo studio o da una stalla all'altra, e io chino sulla terra, o in vigna, o in qualche cantina.

«Va beh che qui è sempre più difficile trovare manodopera nei campi», sta dicendo Pietro e intanto ripuliamo l'orto per preparare una nuova semina: «Questo lavoro si sa, è faticoso... la fatica non piace», e io mugugno non so quale risposta, sgobbando al suo fianco.

Ogni tanto lancio un'occhiata a Black che se ne sta disteso beato accanto agli steccati nel pallido sole che va e viene tra le nuvole.

«A parte quelli che ti cercano personalmente, lo sai che sempre più spesso vengono a chiedermi se vai a lavorare da loro? Non parliamo di Michele, sì, il *Margiass*, che ti vorrebbe con lui ogni giorno, ormai lo sanno tutti che sei in gamba e ci sai fare e ci hai la testa...»

«Infatti domani non ci sono», mi raddrizzo sulla schiena, mani sui fianchi, come fa Pietro, «vado dagli zii di Lia, le vigne, sai... e giovedì da un altro, un certo Paolo Nonsochi, sta dalle parti del *Margiass*, ha le piantine da metter giù».

Pietro si raddrizza sulla schiena, anche lui mani sui fianchi, il gesto liberatorio di chi è stato chino per ore con il naso attaccato alla terra. Mi guarda divertito: «Ma davvero vuoi continuare a fare 'sto lavoro per tutta la vita? Fatica tanta e soldi pochi?»

«Non lo cambio per niente al mondo», mi chino e riprendo a sgobbare. Sento su di me lo sguardo di Pietro. Lo sento ridacchiare e: «Certe volte mi chiedo se quando facevi il tuo lavoro di una volta, e certo non ti mancavano i biscotti per il latte... mi chiedo se avevi anche a Londra 'sta faccia che fai quando metti già le piantine di aglio, un muso di pietra che guai chi ti disturba mentre lavori!»

Mi metto a ridere anch'io, volto la testa verso di lui: «Peggio che un muso di pietra, ti assicuro...», e continuando a far buchi nella terra e a infilarci piantine, «altro che muso di pietra, dovevo essere impassibile, a Londra, mica sorrisetti, chiacchiere e sghignazzate. Dovevo essere impassibile, maneggiavo cifre miliardarie, non certo bruscolini, cifre che sarebbero bastate a sfamare una quantità incredibile di gente e che io spostavo da un conto all'altro con un'abilità che non ti dico, in giro per certe banche del mondo per dirla tutta...», e continuo a far buchi nella terra e giù piantine, «miliardi che sapevo far fruttare in situazioni che preferisco dimenticare», e senza raddrizzarmi tiro di traverso un'occhiata a Pietro, che sta lì a guardarmi serio serio. E concludo con impeto: «Ancora una volta ringrazio il cielo o chi per lui di essere riuscito a tagliare la corda. Basta, ho cambiato vita!»

«*Giust!*», approva lui. Poi mi mette a portata di mano un'altra cassetta di piantine e si china sull'altro filare. Riprendiamo il lavoro in silenzio ma io continuo a pensare che c'è davvero da ringraziare il cielo: adesso vivo qui in questa terra straordinaria, dura, certo, ma straordinaria, con i miei amici, e soprattutto con la mia donna, la donna della mia vita, il mio amore. Che incredibile botta di fortuna!

I giorni passano, uno dopo l'altro ma ciascuno con qualcosa da ricordare, com'è nel tempo degli uomini e della terra.

È notte quando arriva la telefonata. Non so perché diavolo certe telefonate, quelle che ti sconvolgono la vita, arrivino sempre di notte, comunque sia quella notte non la dimenticherò facilmente.

«Non è il mio telefono», Lia mi scuote. «Non è un'emergenza...»

Il telefono che squilla è il mio. Dalla cucina. Ci alziamo insieme, Black va avanti e indietro, l'orologio alla parete segna le tre passate e io penso agli zii di Lia, o a zia Daphne, o forse ai miei, certo non a Pietro, gli fosse accaduto qualcosa sarebbero venuti di persona a chiamarci.

«Nic?»

«Viola...»

Lia siede al tavolo e tiene una mano sulla bocca, e mi fissa mentre io ascolto... e non so quanto dura quella telefonata, non so neppure che cosa dico, so che non dimenticherò mai lo strazio nella voce di Viola.

«Va bene», e non so quanta fatica mi costa riuscire a parlare. «Va bene, sì, domani». E poiché questa è la richiesta di Viola, aggiungo: «Te lo prometto... domani».

Appoggio il cellulare sul tavolo, mi siedo e mi tiro Lia sulle ginocchia.

«A Nic è successo qualcosa di terribile, Viola ha detto proprio *terribile*... gli è successo quasi subito, quando sono arrivati a New York. Viola ha detto di non chiederle che cosa...»

«Ma lui è... vivo?»

«Vivo sì. Chiede che io prenda un aereo domani», stringo Lia più forte. «Domani, capisci? Al più presto insomma... per andare da lui. E vuole che ci vada da solo. Viola ha insistito: da solo. E continuava a ripetere: una cosa terribile, non puoi immaginare, e ha detto anche di dire a Pietro di non telefonare per chiedere, per sapere. Devo andarci io, da Nic, subito».

«E senza neppure sapere di che si tratta?»

«Senza sapere... Nic vuol riuscire a dirmelo lui, non altri».

Lia appoggia la testa sulla mia spalla. Ammutolita. La stringo a me e mi sento... non so dire come mi sento, non lo so proprio… mi sento sommergere da una sconfinata indescrivibile desolazione.

Il giorno dopo Lia e Pietro mi accompagnano all'aeroporto di Torino Caselle.

Parte seconda

Capitolo Uno

«Quando arriviamo a New York?»

Una vocina terrorizzata mi riscuote dai miei pensieri. Il ragazzino accanto a me ha paura. Lo guardo con la coda dell'occhio. Eppure, non ci sono turbolenze, siamo troppo alti. L'aereo vola via liscio e dall'oblò un cielo sereno sembra vegliare su di noi. Almeno così mi auguro. Neanche io vado pazzo per i viaggi in aereo, ma la paura che ho addosso in questo momento non ha niente a che fare con lo star sospesi per aria.

«Ci vuole tanto?»

«Eh sì…», mi volto verso di lui.

«Non ho voglia di guardare l'ora sul cellulare». È pallido, si morde le labbra, è facile capire che riesce a stento a trattenere le lacrime. «Tanto tanto?»

«Sì, ci vuole ancora un bel po'. Vuoi guardare un film?» Accenno al piccolo schermo che ha davanti: «Lo cerchiamo insieme?»

«No, no… non mi interessa», e gli trema il mento.

Sto per dirgli se vuole che chiami la hostess e subito mi do dell'idiota: non sono capace io di tranquillizzarlo? Ne ho attraversate di paure da quando avevo la sua età fino a oggi, e a quanto pare non è finita.

«Alla tua età anch'io avevo una paura terribile dell'aereo», e glielo dico sottovoce, come un segreto tra noi due, per stabilire una complicità.

«Davvero?», alza verso di me uno sguardo di gratitudine. «Dici sul serio?»

Annuisco.

«E adesso hai ancora paura?»

«Ce l'hai da ragazzo, poi passa. Passa da sola».

«Ma quando avevi la mia età avevi paura, allora?», vuole sentirmelo ripetere.

«Certo», annuisco per la seconda volta.

«E chi c'era con te sull'aereo?»

«Ero sempre da solo, come te. I miei genitori mi portavano spesso in mare sulla loro barca a vela e quando riprendeva la scuola dovevo tornare a casa, mi imbarcavano su un aereo da solo», tutto questo era vero. Proprio tutto vero.

«Anche tu, come me, allora. Mia madre mi manda da mio padre che lavora a New York. Mi carica su un aereo. Poi a New York c'è mio padre a prendermi e viceversa», e a questo punto traboccano le lacrime.

«Non ti preoccupare, è normale...», dico sempre sottovoce e gli passo un fazzoletto. «Succedeva anche a me».

Mi osserva. Mi studia. Può fidarsi? Non sorride ancora, ma quasi.

«Io sono Paulo».

«Io Mark».

Sorride.

«Ma la tua casa non era quella dei tuoi genitori?»

«No. I miei vivevano sulla loro barca a vela, ci avevano sempre vissuto e avevano deciso di continuare a viverci e perciò passavano tutti allegri da un mare all'altro, di costa in costa».

«Ma come facevano con i soldi se non lavoravano?», mi guarda perplesso. Il ragazzino è sveglio. «Come facevano?»

«Avevano ereditato la collezione di quadri dei miei nonni, mica robetta, parlo di Picasso, Courbet... li conosci? È tutta roba che vale un patrimonio», ma sì, diciamogliela a questo piccolo Paulo come sta la faccenda, senza infiorettarla.

Il ragazzino mi guarda con aria interrogativa, in attesa.

«Li vendevano». Un quadro oggi e uno domani, per vivere in barca a vela, per sfamarsi non a zuppette ma a ostriche, champagne e caviale, per vestirsi firmati anzi firmatissimi, per organizzare ricevimenti, invitare amici e così via... boh, i miei sono fatti così. Si sono sempre trattati bene.

«Ma tu dove abitavi quando non eri sulla barca con loro?»

«Da uno zio prima. Poi dal mio bisnonno...», guardo le nuvole sotto di noi, chissà se è lì, il bisnonno, a scorrazzare con la Dolly da un cirrocumulo all'altro, sarebbe capace anche di questo.

«Bisnonno?», si stupisce.

«Eh, sì».

«Con i tuoi genitori mai?»

«Loro non lasciavano mai la barca. Anche oggi continuano a girare per i mari», evito di aggiungere che adesso a quei due eterni naviganti verso io un assegno mensile, visto che la famosa collezione è ormai stata prosciugata o quasi.

«E poi il bisnonno?»

«Quando è morto sono andato a vivere con una zia. Zia Daphne per l'esattezza».

«E adesso vai a trovare i tuoi genitori? Stanno nel porto di New York? Io l'ho visto il porto, con mio padre… stanno lì?»

«No, non stanno lì. Io sto andando dal mio amico Nic».

E poiché so che quando hai paura devi trovare qualcosa per distrarti, subito gli racconto della scuola fatta insieme a Nic, e di com'era bravo in matematica e come suonava bene il violino e voleva diventare un concertista… fino a quando mi accorgo che non mi segue più.

Si è addormentato.

Ecco. Guardo dall'oblò nel vuoto del cielo. Adesso posso cercare di tenere a bada la mia di paura. Continua a vorticarmi tra stomaco e cuore. Guardo i cirrinembi o come diavolo si chiamano le nubi qui sotto e penso al bisnonno. Nei momenti difficili della mia vita è come se sentissi meglio la sua presenza e ricordassi più facilmente tutto quanto mi ha insegnato: per esempio, diceva che quando è successo qualcosa che ti fa star male, se non riesci a risolvere subito la situazione è inutile stare lì a rimuginare e a tormentarti pensando che il peggio deve ancora arrivare; meglio rafforzare l'animo cercando di rivivere con la memoria i momenti belli, ritrovarne la limpidezza, riassaporarne la felicità. Tutte parole sue.

Dunque: posso risolvere subito l'immane guaio che mi ha obbligato a saltare sul primo aereo per New York? No di certo.

Posso forse fare in modo che Lia sia qui vicino a me? No, non posso.

E allora, per non angustiarmi durante tutto il viaggio, seguirò il consiglio del bisnonno. Lui l'aveva sempre azzeccata, senza mai sbagliare una virgola. All'incirca.

Mi accomodo meglio sul sedile, chiudo gli occhi e mi perdo nella memoria… e mi ritrovo nelle Langhe in quel mattino di sole: il radioso inizio del giorno in cui Nic e Viola si sono sposati. Quanto tempo prima? Poco, davvero poco, penso e torno al ricordo.

L'autunno ci aveva regalato una delle sue giornate più sfolgoranti, non un filo di nebbia né nubi nel cielo trasparente dove ancora risplendeva una limpidissima Venere. L'avevo vista dalla finestra della cucina mentre mi preparavo: prima della cerimonia, dovevo andare a correre!

Black era già alla porta d'ingresso e voltava verso di me lo sguardo impaziente: usciamo? Ti sbrighi? Quanto ci metti?

Rabbrividivo in maglietta e calzoncini davanti alla finestra della cucina, buttai giù l'ultimo sorso di caffè, posai la tazzina nell'acquaio e scesi le scale di volata. Faceva proprio freddo. Black si slanciò verso il sentiero che portava ai viottoli tra le vigne. L'avevo appena imboccato, ancora al piccolo passo, cercando di sciogliere le tensioni del corpo e della mente, quando qualcuno mi affiancò.

Era Nic. Sapeva che sarei andato a correre e mi aveva atteso accanto ai tigli. Anche lui voleva correre. Mi sarei ricordato per sempre lo sguardo che mi lanciò, non una parola, solo quello sguardo sorridente...

Stava imparando a lasciarsi pervadere dal fascino e dal piacere della corsa, aveva scoperto un suo ritmo, aveva anche imparato a respirare con il naso, sembrava felice.

Si sarebbe sposato fra poche ore, poi sarebbe partito per New York ma adesso – mi diceva con quello sguardo – adesso era qui perché io e Giulio gli avevamo insegnato ad apprezzare qualcosa d'importante e non vi avrebbe mai rinunciato.

Indimenticabile quella corsa insieme, fianco a fianco, nel bosco, tra le vigne, lungo i campi appena seminati. L'ultima corsa insieme, nelle Langhe.

Quanti eravamo al matrimonio? Forse una cinquantina, tutti vestiti a festa, Nino impettito e fiero addirittura in tight – chissà dove l'aveva scovato –, e i tre zii di Lia elegantissimi e con il loro fazzoletto rosso al collo. Lia era già pronta quando tornai dalla corsa. Mi accolse con l'espressione un po' stupita che chissà come le si impigliava nel sorriso quando – come dice lei – si vestiva non da veterinario ma da donna.

Mi fermai sulla soglia, ammaliato: sembrava uscita fresca fresca dal Paese delle Meraviglie e non solo per l'abito. Le dissi che era bellissima. Rimanevo sempre di stucco a guardarla, con la sua grazia semplice e vera, anche in quel momento, in cui ero zuppo di sudore e fatica. E la amavo…

Sotto un cielo azzurrissimo e nel sole, a pochi passi dal Castello di Prunetto, salimmo insieme la breve scalinata che portava alla piccola chiesa romanica della Santa Madonna del Carmine. Lì furono celebrate le nozze, fra non so quante ghirlande di rose bianche. Viola non aveva tralasciato proprio nulla.

Mi rividi in quella chiesa, con Lia seduta di fronte a me e non potei non riflettere sulla incomprensibile inquietudine che mi ero sentito dentro all'improvviso, mentre Nic e Viola si scambiavano gli anelli. Cos'era quel disagio che mi aveva preso a un tratto? Forse sapere che basta niente perché tutto finisca sottosopra e la vita se ne vada a rotta di collo chissà dove? Sapere che ogni momento felice devi godertelo fino in fondo, perché chi lo sa quanti altri ce ne saranno, se ci saranno?

Un'inquietudine dolorosa e profonda, direi filosofica. Ricordai che a tranquillizzarmi poco per volta fu l'armonium che stava suonando una melodia di Scarlatti, il prediletto del bisnonno, e l'adorabile viso di Lia, riflessiva e assorta, che alzò lo sguardo e subito mi rivolse un sorriso, lieve e luminoso.

E Black? Lasciato fuori sul sagrato della chiesa, ormai stanco di uggiolare inascoltato, a un certo punto non ne poté più e trotterellando deciso per tutta la navata, sotto lo sguardo sbiadito dei santi affrescati alle pareti, mi raggiunse e mi si accucciò accanto mentre Lia e io stavamo firmando e controfirmando come testimoni delle nozze. A un tratto si tirò su e andò a sedersi accanto a Nic, tenendo lo sguardo incollato su di lui. Nic gli allungò una rapida carezza.

Da quel momento Black decise di non mollarlo un istante, una specie di angelo custode stretto al suo fianco mentre dalla chiesetta ci spostavamo all'interno del Castello: sembrava dovesse difenderlo da chissà chi o chissà cosa. Perfino durante il pranzo, quando prendemmo posto nei padiglioni riscaldati che il *catering* principesco voluto da Viola aveva allestito sull'ampio prato protetto da una siepe, si accucciò sotto il tavolo con il muso fra i suoi piedi.

C'era vento e un gran sole. Lo sconfinato e stupendo paesaggio di colline disteso sotto di noi aveva richiamato al Castello folte frotte di turisti che si mescolavano al nostro gruppo per applaudire gli sposi. Black teneva d'occhio tutti i presenti, e specialmente Nic. Gli stava talmente appiccicato che figurò anche lui nel servizio fotografico e anche negli scatti ripresi accanto al famoso pozzo.

Vai a capire perché gli sposi si facevano fotografare accanto a questo terribile pozzo medioevale, le cui pareti interne erano state foderate di lame affilatissime per affettare nemici, prigionieri e condannati a morte. Ma sono cose da fotografare a un matrimonio, queste? Black rimase attaccato a Nic per tutto il tempo. Al che lui sottovoce: «Ma che cosa gli è preso a Black?»

Mentre l'aereo comincia la discesa per portarmi da Nic, mi sembra di rivederlo quando s'era appoggiato prima al tavolo e poi a me per poi sussurrarmi, terreo in viso, che la vista gli si era d'un tratto sfocata e i colori erano scomparsi…

«Ci siamo quasi?», la vocina di Paulo mi riporta accanto all'oblò, inchiodato al sedile, sull'aereo per New York.

«Tra pochissimo. Senti? Stiamo per atterrare», e appena finisco di allacciare la cintura di sicurezza iniziano le consuete turbolenze. Paulo si è aggrappato con entrambe le mani al mio braccio e non vuole guardare la terra che si avvicina alternando strisce di mare a lunghe penisole verdi. Balbetta che questa è l'ultima volta, l'ultimissima, e ancora lo sta ripetendo quando atterriamo con un soffice rimbalzo.

«Ci siamo, dài… è finita».

Appena fuori, veniamo violentemente investiti da un vento gelido, che sa di mare e di vernice fresca.

Scendendo la scaletta Paulo piange ma dal sollievo, gli porgo un altro fazzoletto e finalmente sorride. Appena usciamo dal terminal mi lascia per correre incontro a un uomo giovane con un cappellino da baseball che viene verso di lui a braccia aperte.

E mentre guardo quei due scomparire abbracciati tra la folla mi trapassa il lancinante desiderio di aver vicino Lia, tanto che mi sembra di sentire il suo profumo nell'aria.

Le telefono subito, per avvisarla che sono appena sbarcato, e le assicuro che fra pochi giorni saremo di nuovo insieme. «Due o tre, non di più. Vedrai che sarà così».

Non appena infilo il cellulare in tasca, sento una voce: «Eccoti», accanto a me c'è Viola.

La riconosco a stento. Sotto il colbacco di pelliccia gli occhi scuri e disperati sembrano immensi. Nel suo viso penosamente pallido e sciupato, segnato dalle occhiaie, trovo la conferma che deve essere accaduto qualcosa di davvero grave.

«Sono qui...», le stringo una mano tra le mie.

«Finalmente».

Ha l'aria esausta, povera Viola. Dov'è finita l'esultante sposa di poco tempo prima?

Si appoggia a me senza una parola. Sento tutta la sua fragilità e il suo dolore. La abbraccio.

«Grazie di essere venuto subito. Grazie», dice, staccandosi dall'abbraccio e iniziando a camminare rapida. «Nic vuole avere vicino solo te. Ma non chiedermi niente, vuole dirti tutto lui».

Vederla così sconvolta mi ha stordito. Quando saliamo in taxi e la sento dire al taxista di portarci al Mount Sinai Hospital a Manhattan, mi volto di scatto verso di lei: «Nic? All'ospedale?» e mi sento gelare.

Viola si lascia andare sullo schienale: «Ecco, adesso sai almeno dov'è».

«Dimmi che cosa...», ma lei mi interrompe scuotendo una mano come a dirmi no e no e no: «Non chiedermi niente».

«Almeno come sta, non so neppure se è vivo».

«Certo che è vivo!», scatta come se avessi detto una stupidaggine.

«Insomma, mi telefonate che è successa una cosa terribile a Nic, mi dite di saltare sul primo aereo e lo faccio, senza sapere nulla...»

Lei muta e rigida.

Rimango in silenzio. Sono stralunato. Non chiedo altro.

Povera Viola, sta semplicemente ubbidendo al desiderio di Nic. E adesso se ne sta accanto a me nel taxi a tormentare un fazzoletto tra le dita. Mentre guardo scorrermi davanti agli occhi il piatto paesaggio di villette tutte uguali sotto un piatto cielo di piombo rigato dal tramonto, non posso fare a meno di dirle: «Da quando mi avete telefonato io...»

«Lo immagino», lei mi interrompe subito. «Scusami, scusaci».

Che altro posso dirle? Lei continua a piangere, chiusa in se stessa.

Mi sporgo verso il taxista: «Quanto ci vuole ancora?» E lui tutto allegro risponde canterellando che ci vuole un casino di tempo ma di non badare al tassametro perché il taxi è comunque molto più comodo della metropolitana, visto poi che stiamo andando in ospedale.

Viola gli sibila un *shut up* tra i denti poi subito si volta verso di me, mi stringe il braccio, anche lei come il ragazzino che aveva paura di volare, e sottovoce, d'un fiato, come se non ne potesse più di tenersi tutto dentro: «Ti ricordi? Al pranzo di nozze, dopo la torta? Quando gli è sfuggito il calice e ha rovesciato lo champagne sulla tovaglia?»

Annuisco.

«Ti ricordi che diceva di vedere tutto appannato? Che non distingueva più i colori?»

Annuisco di nuovo.

«Pensavamo fosse il vino, ricordi? Che fosse un po' bevuto».

«Ti prego, Viola...»

«Ma sì, ma sì te lo dico...», agitatissima, mi stringe forte la mano, per aggrapparsi a me, avvicina il viso al mio come per una confidenza indicibile. «Ascoltami bene: *atrofia ottica di Leber*», e lo dice sillabando, poi si lascia andare di nuovo sullo schienale come stremata dalla fatica.

«È una malattia ereditaria, se ce l'hai diventi cieco così, all'improvviso. Niente sintomi, avvisaglie, niente... Non esiste una cura. Ecco, te l'ho detto».

«No, scusa un attimo», mi manca il respiro. «Cieco... cioè...»

«Mark, ti prego», singhiozza lei. Poi: «Cieco vuol dire cieco», e ha talmente abbassato il tono della voce che devo accostarmi per sentire. «Perdita improvvisa della vista. È ereditaria, da parte di madre. I nervi ottici si sfasciano... Colpisce soprattutto i maschi giovani, Nic è la vittima ideale... ideale... Ho parlato con sua madre, non immagini com'è conciata per Nic, il suo adorato Nic... e si è ricordata di un prozio cieco... un difetto del DNA... Voleva dirtelo lui, come se non te ne accorgessi non appena lo...», e queste ultime parole finiscono in un sussurro.

«Scusa?», annaspo come quando cerchi di uscire da un incubo. «Ma per quanto?»

«Per quanto che cosa?»

«Per quanto rimani cieco».

Viola risponde secca: «Per sempre».

«Per sempre?», deglutisco di nuovo. Ho in bocca qualcosa che non vuole andar giù, come quando stai per piangere.

«Sì, perché le cure sono... sono tentativi, nient'altro che tentativi. Hai capito? Tentativi. Che cosa credi? Quanto pensi che si investa nella ricerca su una malattia rarissima, che praticamente non ha nessuno? Mi sono sbattuta per documentarmi, per conoscere le cure possibili, mi sono rivolta ai migliori specialisti. E costano cifre che tu neanche ti immagini. Ma la risposta è sempre la stessa, sempre la stessa».

Sono senza fiato.

E mentre ci stiamo fermando davanti all'ingresso del Mount Sinai Hospital il taxista dice ridacchiando: «Quel vecchio film, ve lo ricordate? *Love Story*. Visto mille volte. I due sono giovani, belli e si amano, lei si ammala e muore, lui si dispera. Quante lacrime…», tutto allegro mentre intasca i soldi, «e lui qui fuori con il padre, appena dopo che lei è morta, davanti a questo ingresso. La scena l'hanno girata proprio qui…»

«La smetta!», Viola alza la voce scendendo rapida e si becca all'istante un: «Ma guarda che isterica!»

Mount Sinai Hospital. Manhattan. Sono qui. Sono qui sul serio. Eppure, mi sembra di muovermi in una dimensione surreale.

Appena entriamo, prima che Viola si diriga verso gli ascensori, la fermo: «No, aspetta un attimo».

«Che c'è?», mi scruta accigliata.

«C'è che ho bisogno di un momento», mi guardo intorno, ho dentro un'agitazione intollerabile, «solo un momento, devo pensarci un attimo, scusa… c'è un bar, qui?»

Non apre bocca, mi prende di nuovo sottobraccio. Poco dopo siamo seduti a un tavolo e ho davanti una tazzona di caffè.

«Fammi tirare il fiato», e sospiro.

«Ma sì, Mark. Ti capisco. Io quando l'ho saputo sono quasi svenuta. La madre di Nic, non ti dico…»

Rimaniamo in silenzio.

«E… lui?», riesco infine a chiedere, sottovoce.

«Lui?», Viola rimesta a lungo nella sua tazza di tè. «Lui? Lui, sai una cosa? Lui quando l'ha saputo è rimasto di pietra e non mi ha più rivolto la parola. Si è chiuso in un silenzio per me spaventoso. Io non osavo più parlargli. Non faceva così solo con me, anche con sua madre. Parlava solo con i medici, gli infermieri», e continua a girare il cucchiaino nella tazza.

«E tu?»

Rimane in silenzio. Di sé non parla. Non dice quello che ha patito: paura, solitudine, disperazione e chissà quant'altro. Non una parola su di sé. Non i giorni e le notti accanto a un Nic cieco che non le rivolge una sola parola…

La guardo e mi si stringe il cuore. Per lui. Per lei.

«Sai una cosa?», dice infine, con una voce remota che non le conosco. «Detta fra noi…», e tace come se non volesse proseguire.

«Cosa?», mi fa una pena immensa.

«In questa cosa terribile che gli è successa, io… io mi sono domandata se mi ama ancora, se ne è ancora capace, se continuerà ad amarmi o se…», non riesce a trattenere le lacrime. «Ma non gli ho detto niente, credimi. Era terrorizzato da quanto gli stava capitando, poi i medici, poi la madre fuori di sé, lui non ti dico…», scuote la testa, «e allora l'amore, sai…», mi guarda con una tristezza infinita e non finisce la frase.

Un silenzio.

«Ma io non lo lascio, sai?», riprende lei. «Non lo lascio e non lo lascerò mai. Te l'ho detto. Io lo amo», e si alza con un movimento faticoso, voltandosi verso di me: «Sai quando ha ripreso a parlarmi? Due giorni fa. Ero nella sua stanza, d'un tratto mi dice: "Ascoltami", e a me va il cuore in gola, e lui sai che cosa mi dice? Mi dice che dovevo telefonarti per dirti di venire subito qui», raccoglie la borsetta. Le trema il mento. Riesce a non piangere. «E adesso andiamo da lui. Entrerai da solo. Mi ha detto che ti vuole parlare».

Quando entro nella stanza, Nic è seduto e mi volta le spalle, davanti a una finestra.

«Di che colore è la benda?», sono le sue prime parole.

«Sono Mark».

«Vai a quel paese, Mark, credi che abbia perso anche l'udito?», e quella sua voce graffiata dall'angoscia mi inorridisce e non riesco a dire più niente.

Dopo un momento prosegue: «Un musicista conosce il suono del mondo, compreso il suono dei tuoi fottutissimi passi, credi che non ti abbia sentito arrivare e riconosciuto subito?», e di nuovo mi strazia la sua voce alterata in un modo che non riconosco, dalla paura, dall'angoscia, dalla disperazione – ora la so la sua disperazione.

«Allora?», dice ancora sottovoce. Me ne sto rigido davanti a lui. Non tende una mano per stringere la mia. Io non faccio un gesto. Però dice: «È da matti usare questa parola, adesso, però sono *fe-li-ce* che tu sia qui», la sillaba proprio la parola e si morde le labbra. Forse anche lui sta per piangere, proprio come me. «Allora, questa benda? Che colore?»

«La tua benda è nera», sono davanti a lui. Continuo a ricacciarle, le lacrime. Non devo piangere. Non adesso.

«La voglio rossa. Nera è da condannato a morte. Sai, quelli che a cui sparano. O li impiccano. Io non sono un condannato a morte, cazzo!», suona il campanello e subito arrivano due infermieri. Dopo aver capito qual è il problema escono, poi uno di loro torna e io mi volto dall'altra parte mentre sostituisce la benda nera con una rossa.

Preferisco non guardare.

Nic si tocca la benda, se l'aggiusta sulla nuca, mentre io sono in piedi appoggiato al davanzale della finestra aperta da cui entra un freddo fumoso e puzzolente da cucina cinese di cattiva qualità, rivoltante, e mi sento… come mi sento? Non so descriverlo.

«Viola ti ha detto tutto, ovviamente. Vero?»

«Sì… certo».

«Non metterti a piangere adesso. Non tu».

«Non sto piangendo», stringo i pugni. Mi accorgo con una sorta di orrore che li stringo perché *so già* che lui non potrebbe vederlo quel mio gesto di disperazione.

È lì, e non mi vede. *Per sempre?* Non posso crederci.

«Bravo che sei qui», dice lui, sta seduto bello diritto, altero, stringe le mani una all'altra. Sul tavolo vedo appoggiato il violino, e accanto la custodia. Almeno potrà suonare, penso, e mi atterrisce anche quell'*almeno*... l'aver avuto questo pensiero, così in fretta, così fin da subito.

«Povera Viola», dice ancora lui, «povera piccina», e io mi stupisco, raramente gli ho sentito un tono simile. Di infinita dolcezza. Ed è la prima volta che lo usa, parlando di Viola. «Povera piccina», ripete. «Continua a dirmi che non mi lascerà mai. Di non aver paura, lei non mi lascerà. Che mi ama. Che qualsiasi cosa accada lei rimarrà con me».

«Questo lo ha detto anche a me...», ma non gli chiedo perché non le ha parlato per un sacco di tempo, anche perché so che mi risponderebbe che non sono affari miei.

«E sai qual è stata *la prima cosa* che ho pensato quando ho saputo di essere fregato per sempre?», riprende lui.

Mi fa impressione il suo modo di rivolgersi a me, parla come se fosse normale trovarci in un ospedale e lui con quella benda rossa sugli occhi...

«Per prima cosa ho pensato: adesso Viola mi molla. Io non ci vedo più e lei mi molla. E invece non è successo. E non credo che succederà mai. Di lei mi fido. Faccio male?»

«Fai bene».

«Mark piantala di avere questo tono di circostanza, di uno che fa visita a un povero Cristo...»

«Non ce l'ho affatto», protesto con forza. E ricaccio le lacrime.

«Ma smettila», e raddrizzando ancora di più la schiena: «e dammi retta, siediti. Lo sento che sei piantato lì, in piedi, e mi guardi dall'alto. Siediti. Ci sarà pure uno sgabello in questa stanza!»

«C'è, infatti», e siedo accanto a lui.

«Black?»

«Non l'ho portato».

«Male. Mi ci voleva Black qui. Mi ci voleva qualcuno di allegro. Qualcuno che se ci vedo o no per lui è lo stesso. Per lui sarebbe stato così. E io ho bisogno proprio di questo! Mi accasciate tu, mia madre, e anche Viola, povera stella… mi fate venire voglia di sbattere la testa contro il muro».

«Beh, se permetti non è semplice neanche per noi», replico malamente. Lo faccio apposta, voglio che si arrabbi, che urli, che tiri giù i muri per sfogare quella cosa spaventosa che deve torturargli la mente, il cuore, il corpo intero. Tutta la sua vita. Voglio che la smetta di fare quello che si controlla! E infatti…

«Vuoi ripetere?», fa lui a voce bassa, bassissima.

«Certo», e mi accorgo di avere paura. Ma con Nic, quando sei in ballo, sei in ballo. È sempre stato così e vale anche adesso. «Ho detto che se permetti non è facile neanche per noi».

«Vai sul sicuro, eh? Non posso alzarmi e tirarti un pugno in faccia ma è come se lo avessi fatto».

«Ti ci vuole di tirare un pugno. E non solo uno», e desidero violentemente parlare di nuovo con lui come abbiamo sempre fatto da quando siamo diventati amici, in totale confidenza… e mentre lui è lì a testa bassa e con le mani strette l'una all'altra, anche se ho il cuore tanto straziato da dolermi, mi riesce di ritrovare il tono di voce di una volta: «Dài, visto che non puoi tirarmi un pugno, c'è un'altra cosa che vorrei sapere. La prima cosa che hai pensato è che Viola ti lasciasse. E la seconda?»

Lui capisce che desidero ritrovare la nostra antica intesa: «Ecco, così va bene», mormora. «Adesso dammi il violino».

Mi alzo, prendo violino e archetto, e penso che stia per sfasciarli tutti e due.

«Dov'è?», ringhia lui e tende la mano. «Lo vedi? Uno che non ci vede tende la mano e aspetta... dannazione».

Con il violino gli tocco la mano protesa. Lo raccoglie con delicatezza amorosa. Lo appoggia alla spalla. Gli porgo l'archetto.

«Il violino, capisci? Questo non me lo può levare nessuno», dice sottovoce. «E i concerti saranno ancora miei. Questo è stato il mio secondo pensiero».

Accorda. Si mette a suonare. Johann Sebastian Bach. Di nuovo, con uno sforzo supremo, non piango. Mi mordo le labbra. Non è facile, per niente.

«Vedi», dice Nic staccando l'archetto, «vedi com'è assurda la vita. Tutto pieno di buona volontà ero arrivato qui e mi ero detto ok, starò a New York per la liuteria, mi impegnerò e rimetterò tutto a posto, e ci lavorerò come un matto. Continuerò a suonare, magari farò qualche concerto e per sfogarmi farò come fa Mark, andrò a correre. Prenderò uno bravo, che mi insegnerà e ci riuscirò bene anch'io, e me la godrò come fai tu con il tuo Black», fa una lunga, lunghissima pausa. Poi a voce bassissima: «Invece basta, chiuso, finito», e dopo un momento. «E dire che ho un corpo sano, asciutto, muscoloso, sono in ottima salute, un corpo perfetto per correre... però siccome gli occhi sono andati a quel paese, *finis*! Mi arriva addosso la catastrofe proprio adesso che ho cominciato a correre e che mi piace tanto. Proprio adesso».

Per un momento me lo rivedo accanto, Nic, il mattino del suo matrimonio mentre correvamo insieme seguendo Black. Me lo rivedo, ridente, felice, sano.

Mi trapassa, crudele, la coscienza della differenza tra noi due: entrambi giovani e sani e vigorosi, ma per lui la partita *correre* è chiusa. Eppure, è proprio in quel momento di strazio e desolazione, che mi balena dentro un pensiero straordinario e un po' folle. Se la corsa ha la capacità di insegnarti ad affrontare i guai della vita, non può forse aiutare anche Nic, che nei guai lo è eccome? Ma lo lascio scivolare via senza dargli forma. È presto, troppo presto per formularlo, così il pensiero si dissolve e rimango in silenzio.

Nic tiene il violino sulle ginocchia, e vi appoggia le mani con una delicatezza struggente. No, al violino non deve rinunciare.

E ricomincia a parlare: «Arrivando qui a New York, rispetto alla corsa, ho pensato anche, figurati... a quanto mi sarebbe piaciuto correre la maratona».

«La maratona?»

«Sei a New York? Sai correre? E non ti viene il pazzo desiderio di partecipare alla maratona più famosa del mondo? Li ho visti una volta, sai? Quelli che corrono e non hai idea di quanto possa essere emozionante! Ci viene gente da tutto il mondo, e allora, quando ancora non mi era successo niente, mi dicevo che l'avremmo potuta correre insieme, Mark, io ti avrei telefonato e tu mi avresti raggiunto, a novembre, perché no?»

Non riesco a dire una sola parola.

«E invece no, niente maratona!»

Riprende a suonare. La porta si schiude. Viola si affaccia per un attimo. Nic non smette di suonare. La porta si richiude lasciandoci soli.

Nic depone di nuovo il violino sulle ginocchia: «Adesso parliamo di cose serie».

«Scusa?»

«Ti ho chiamato per ricevere conforto, Mark. Sei il mio più caro amico. Avevo bisogno di averti qui. Ce la metto tutta per trovare un briciolo di coraggio in questa strafottutissima disgrazia...», si interrompe. Ma quasi subito riprende e incredibilmente è il tono deciso di una volta, del Nic che ha in mente qualcosa. «C'è un'altra ragione per cui ti ho voluto subito qui. È perché tu sei l'unica persona a poter prendere il mio posto. Io non ce la posso più fare».

«Il tuo posto?», non capisco.

«Sto parlando della liuteria. Avevo iniziato a risanare la situazione, ma adesso sono fuori gioco, è evidente. Oramai mancano i soldi anche per gli stipendi, l'azienda sta andando a rotoli. I pescecani hanno sentito l'odore del sangue e le stanno già girando attorno. È gente che ti presta del denaro all'unico scopo di spolparti, lo sai anche tu come funziona. Mark, solo tu puoi riuscirci a raddrizzarla, ci sai fare in queste cose finanziarie, la sai lunga, e solo di te mi fido, di nessun altro».

«Cioè, Nic?»

«Occupati tu della mia liuteria. Tirala fuori dai guai e falla ripartire alla grande, tutto il lavoro che c'è stato speso dentro lo merita. Prendi il mio posto».

Sono allibito.

«Aiutami. Rimani a New York. Aiutami».

Sa il cielo perché, ma in un lampo mi torna in mente Black che non aveva lasciato il fianco di Nic per tutto il matrimonio. Non l'aveva mai abbandonato. Sentiva che tutto questo sarebbe successo?

«Mi hai sentito?», incalza Nic. «Rimani ad aiutarmi?», ripete.

Scuoto la testa, istintivamente, in un gesto di diniego.

Nic non può vederlo, eppure esclama: «Non puoi dire di no, Mark. Non puoi, ti prego!»

Sono raggelato.

Dopo un momento che a tutti e due pare un'eternità rispondo.

«Va bene», non so come le parole mi escono di bocca, «faccio come dici tu. Rimango ad aiutarti, per tutto».

Capitolo Due

C'è Garibaldi in quella piazza di Manhattan. Proprio Garibaldi, solenne sopra un piedistallo.

Osservando quella statua mi accorgo che sguainando la spada avanza la gamba sinistra invece della destra... sguainare la spada con la mano destra per tagliarsi la rotula sinistra? Ma lo scultore ci stava con la testa o no?

Sono del tutto frastornato da quanto è accaduto a Nic, tanto da perdermi in questi pensieri sciocchi. Sono lì in un mattino gelido, nel ventoso perenne odore di cucina cinese... È quello l'odore di New York anche al mattino? Lo trovo rivoltante, difficile abituarcisi.

«Ma quanto olezza oggi la nostra amata *Stinky Town*!», la voce mi arriva dalla panchina vicino. Mi giro, ci sono due uomini, uno con un cappello da ranger e una sorta di pelliccione addosso, l'altro con il turbante e un cappotto lungo fino ai piedi.

«Con questi freddi speravo si sentisse meno», e il ranger strofina l'una contro l'altra le mani protette dai guantoni. «Io annuso frutta marcia», inspira rumorosamente, «topo morto, gas di scarico e guano di piccione».

«Solita roba, ma c'è una novità», ride l'altro e si sporgono tutti e due verso di me. Si sono accorti che sto ascoltando, vogliono tirarmi dentro nella chiacchiera. Ma io distolgo lo sguardo stringendomi nelle spalle e il loro interesse per me cade all'istante.

«E quale novità?»

«L'hanno detto in televisione. C'era un esperto, un meteorologo mi pare, che spiegava una cosa di cui non avevo mai sentito parlare. In poche parole, se ho capito bene, quando saremo in estate accadrà l'*inversione delle temperature*. È questa cosa qui: nella città resa bollente dal sole, durante la notte la temperatura cala rapidamente, e così gli odori della strada restano intrappolati sotto uno strato superficiale freddo. Con il primo calore del giorno questi odori riemergono, ormai liberi di ristagnare come piace a loro, e rimangono nell'aria anche dopo la rimozione dell'immondizia. Insomma, questa estate bisognerà andare in giro con la maschera antigas».

Li sento ridere, si alzano, se ne vanno, e io rimango lì a pensare all'estate… Chissà se sarò ancora qui. Ce la farò a sistemare la liuteria in tempo per godermi con Lia il caldo vento estivo delle Langhe sotto l'ombra dei tigli?

Rimango lì ai piedi della statua di Garibaldi, con il cuore a pezzettini, come dice Lia quando non riesce a salvare la vita a un animale. Mi siedo sui gradini del monumento sopra cui l'eroe dei due mondi sta per segarsi via la rotula. Siedo lì e penso e ripenso a quanto mi ha detto Nic la sera prima, a quanto mi ha chiesto, a quanto ho accettato di fare e con amarezza mi ricordo di quel lontano giorno di inizio ottobre in cui ero a casa mia, nel mio conquistato paradiso, il giorno in cui giurai a me stesso che mai più, ma proprio *mai più*, avrei fatto di nuovo il lavoro che facevo a Londra.

Lo avevo giurato. E lo avevo detto a quel tizio, quello che era venuto a offrirmi il lavoro. Gli avevo detto che quel lavoro lì non lo avrei fatto mai più. Neanche per tutto l'oro del mondo. Lo avevo mandato al diavolo. Mai più.

E invece a Nic ho dovuto dire sì. Il lavoro che mi ha chiesto di fare non è esattamente quello di prima, ma si tratta comunque di finanza! Ma è Nic… posso dirgli di no?

Impossibile!

In Washington Square Park, con le chiazze di neve sull'erba, fa un freddo cane. E per fortuna che ho i guanti. Non c'è praticamente nessuno in giro. Mi sento perso come fossi nell'ultimo posto al mondo. E penso che si può anche piangere in un mattino come questo, a New York, Manhattan.

Sono caduto a capofitto nella tragedia del mio più caro amico. L'amico di sempre, con cui mi ero lasciato alle spalle gli ultimi bagliori dell'infanzia per sfidare l'adolescenza e i suoi spasimi, con cui ero cresciuto via via, un anno dopo l'altro… e non era stato Nic, proprio lui, a portarmi nelle Langhe, letteralmente in una nuova vita ricca di senso? E quindi non è forse inevitabile che la tragedia che ha travolto la sua vita travolga anche la mia?

Iniziano a scendermi le lacrime, quelle che non ho pianto la sera prima, mentre ero al Mount Sinai Hospital accanto a Nic, e che non ho pianto quando mi ero ritrovato davanti Nora, sua madre, e non ho pianto neppure nella stanza dell'albergo, proprio dietro questa piazza, dove ero riuscito a rifugiarmi sfuggendo all'invito suo e di Viola, di fermarmi a dormire da loro. Avevo bisogno di non avere nessuno intorno, di stare da solo.

«Ehi *man*!»

Alzo la testa. C'è un uomo davanti a me, imbacuccato in un inverosimile giaccone farcito di toppe, con un berretto da marinaio calcato sulle orecchie, uno sguardo a spillo ma tra la barba grigia spunta un sorriso.

«Ehi, *man*», ripete e batte una contro l'altra le mani nascoste in grossi guantoni di lana, «attento che finisci per gelarti il culo a star seduto lì senza far niente», e mi studia con la testa inclinata da un lato – un vezzo che ha anche Nic – e fa finta di non accorgersi che sto piangendo. «Guarda quelli», accenna col pollice.

Con le lacrime in tasca, volto la testa e osservo i tavolini in pietra allineati in fondo alla piazza poco lontano dalla fontana.

«Quelli?», chiedo, e lui: «Sì, i tavolini con le scacchiere, li hai visti? Si sfidano a scacchi quelli di qui, tanti così bravi, che se ci andassero vincerebbero il campionato del mondo, ma qui ce ne fottiamo di essere i più bravi, qui siamo a New York», si strofina forte le mani, «la scacchiera è già pronta, ci aspetta, con tutti i pezzi al posto giusto, vieni, tu sei uno che sa giocare, si vede, muoviti invece di star qui a farti a pezzi l'anima», e subito mi gira le spalle avviandosi con un gran gesto della mano come a dire: coraggio, schiodati!

Io non mi muovo e lui mi torna vicino: «Li conoscono gli scacchi al tuo Paese, *man*?»

Se il mio Paese è quel villaggetto nell'Alta Langa, lì gli scacchi li conoscono, ma preferiscono giocare alla Cirulla, una specie di scopa con carte piemontesi, e ci giocano nel bar di Beppe, e sono partite accanitissime se non feroci. Ci gioca pure Nino: di lui si mormora che bari, ma nessuno è mai riuscito a dimostrarlo. E me lo vedo giocare ridendosela delle voci, e vincere, abilissimo e prepotente. Vince, ma poi offre da bere a tutti.

«Ehi, *man*...»

«Ah sì, certo scusami», mi riscuoto, «gli scacchi, sì, certo, so giocare», e mi avvio con lui al tavolo. Certo, so giocare, come no! Il bisnonno, sempre lui, mi aveva insegnato, partita dopo partita. E nonostante fossi solo un ragazzino, lui era implacabile; fino a quando una sera ero riuscito a batterlo, e poi altre volte. Allora mi aveva portato in non so quale club di scacchisti, faceva giocare me, vincevo contro non pochi adulti e il nonno esultava. Ho saputo dopo che quello era un posto di scommesse clandestine, e che lui scommetteva di brutto su di me e che per questo quando uscivamo mi diceva grazie.

«Ehi, *man*», un'altra volta.

«*Sorry*», mi calco il berretto in testa, «mi frullano un sacco di ricordi in testa oggi...», e vado a sedermi davanti a quella scacchiera, davanti a uno sconosciuto che sta offrendo uno svago alla mia tristezza. Il vento fischia tra gli alberi ma, di malavoglia, sta uscendo il sole.

Accanto alla scacchiera ci sono dieci dollari, fermati da un sasso, così il vento non se li porta via.

«Quelli li ho messi io, per invitarti. Metti i tuoi».

Lo faccio.

«Chi vince se li becca».

Tiriamo a sorte per i bianchi o per i neri e a me toccano i neri, il bisnonno diceva che i pezzi neri spesso portano sfiga ma che ognuno di noi, per imparare a lottare sul serio, deve beccarsi un po' di sfiga. Sarà anche vero, ma ne avrei volentieri fatto a meno. Sto pensando a Nic.

«Ehi, *man*, stacci con la testa. Non ti distrarre».

«Ci sono».

«Tieni», il tipo mi porge un thermos. «Puoi andare tranquillo. Non sono malato io, e tu?»

«Neanch'io», scuoto la testa e bevo: un misto infernale di bollente, piccante, tasso alcolico da pronto soccorso. Riesco a non tossire, è una botta da rianimare un dinosauro. «Caspita», mormoro restituendogli il thermos.

«Niente paura. Poi non senti più il freddo», avvita il tappo. «Londra?»

«Sì».

«Mai stato», e si mette a studiare la prima mossa. «Mai ci andrò».

Ingobbiti dal freddo, concentrati, ci siamo solo noi con i nostri pezzi e la scacchiera nel ventaccio in questa piazza sorvegliata da Garibaldi. Noi, la puzza e il thermos che ci passiamo l'un l'altro in continuazione, con quel beveraggio da bettola di Tortuga. A un certo punto, in effetti, smetto di sentire il freddo.

Vince lui. Poi io. Qualcuno passa. Osserva il gioco. Se ne va. Noi continuiamo, i dieci dollari sono ancora in ballo.

«Ehi, *man*, complimenti. Ci sai fare», dice infine, e stappa per l'ennesima volta il thermos: «Lo sai che quando si beve insieme questa formidabile porcheria si diventa fratelli?», e di nuovo mi studia con la testa inclinata su una spalla.

Ho un momento di vertigine. Nic è diventato cieco e io sto nel gelo di una piazza di Manhattan a giocare a scacchi con uno sconosciuto, con Black e Lia dall'altra parte dell'oceano, insieme con tutto il resto della mia vita. È tutto vero?

Mi ripassa il thermos: «Serviti. Poi vuota il sacco».

«Il sacco?», bevo e di nuovo mi sento bruciare dentro tutto, dalla gola all'anima.

«È con gli sconosciuti che si vuota il sacco», dice lui. «Mica con quelli con cui passi tutti i tuoi santi giorni. È con gli sconosciuti che la tiri fuori tutta la tua dannata esistenza, la metti in fila e la guardi, vedi quello che hai fatto, le stronzate e anche le non stronzate, capito, *man*?»

Ci credete? Mi metto a ridere. Ma sì, rido. Le sue parole, il gelo, l'assurdità di trovarmi qui a New York di mattina, le partite a scacchi all'aperto nel freddo, l'infernale thermos, non so che cosa mi facesse ridere. Ma sì, è quella roba che ho trangugiato! Rido: «Come si dice?», e tiro un altro sorso, «Psicanalista?», mi sembra buffissimo.

«Dai, vuota il sacco se no ci muori», lui non ride.

Smetto di ridere e butto fuori tutto, ma proprio tutto, dal principio alla fine. Anche del bisnonno, morto di colpo quel giorno che ero a scuola, avevo undici anni. E anche dei miei genitori che se la spassano in barca a vela da sempre. Tutto. Anche di Lia e del mio folle amore per lei, dico proprio *folle amore*, e che ero andato a prendermela a casa degli zii, e che ora viviamo insieme...

E lui serio, il mento poggiato sul palmo di una mano, ascolta e ascolta. Incamera ogni mia parola, lo vedo. Niente di quanto gli sto confidando va perso.

«E adesso... adesso sono fregato». Sarà il tasso alcolico, ma mi accorgo che mi scendono delle lacrime: «Sì, sono fregato in ogni caso... ho detto di sì a Nic e chissà per quanto tempo dovrò rinunciare alla mia vita. Ho paura che vada tutto in fumo e che dovrò pure tornare a fare un lavoro che odio, odio, odio, capisci?» Piango. Poi un altro sorso, e: «Ma non posso lasciare Nic, sarebbe come tradirlo, abbandonarlo da solo nel suo buio. Non quando lui mi ha aiutato a uscire dal mio. Non potrei mai essere felice, se lo facessi».

Serro i pugni e ci appoggio la fronte, come per nascondermi. E fra le lacrime gli parlo ancora di Nic, della nostra amicizia, di cosa gli è successo.

Forse qualcuno passa e si ferma, il tipo probabilmente gli dice di sparire, lo sento parlottare ogni tanto, ma sono troppo impegnato a disperarmi.

Quando tiro su la testa siamo di nuovo soli. Sotto quel po' di sole i prati fumigano. Incontro lo sguardo dell'uomo seduto davanti a me. Mi osserva. Accigliato. Ora il thermos ce l'ha lui. Beve un altro sorso e me lo restituisce.

Dopo un momento riprendo: «Gli ho detto di sì. Che rimarrò. E quando l'ho lasciato ieri sera», e mi sembra di parlare con uno che conosco da tanto, qualcuno come Pietro, grossomodo, «quando l'ho lasciato siamo rimasti d'accordo che sarei tornato oggi da lui, ovviamente. Vuole parlarmi della liuteria, dei guai finanziari, di non so quale altro accidente, e di come mi sarei sistemato qui a New York, e di tutto questo casino che ora tocca a me risolvere...»

«Capisco».

«Tra poco torno da lui».

Silenzio. I prati che continuano a fumigare. Il vento. Odore di mare e d'involtini primavera, salmastro e agrodolce. Qualche passero che frulla via. Un rumore come un continuo e cupo borbottare: il rumore di New York? Quante persone mi hanno ripetuto, deliziate, che la città si sente perché *pulsa*? Il solo termine *pulsa* a me fa girare le scatole.

Di nuovo chino la testa e appoggio la fronte sui pugni chiusi. Mi sento le gomme a terra con tutti i parafanghi. Totalmente a terra.

«Ascoltami».

«Sì?»

«Ascolta uno che la vita sa come gira».

«Ti ascolto», replico, senza rialzare la testa.

«Hai fatto bene a dirgli di sì al tuo amico», e la sua voce profonda e roca ha qualcosa di sofferente. «Hai fatto bene a dirgli che sei con lui. Che lo aiuti. Sì a tutto quanto, credimi».

A me batte forte il cuore. Non dico niente.

«Io una volta ho detto di no», riprende il tipo. «Era un no importante. Ti giuro, è tutta la vita che me ne pento», eccola dov'è la sua sofferenza. È lì, in quel rimpianto. O rimorso, non so. «Hai fatto bene ad accettare».

«Come no!», e sollevo la testa di scatto, «ma chissà per quanto tempo devo star qui? E cosa ne penserà Lia? Lei non lascia il suo lavoro, non se lo sogna nemmeno, non può venire qui con me… Stiamo lontani, per quanto? Mesi? O ancora di più? Io di qui e lei di là? Ecco com'è la maledetta situazione! E il mio cane? Lo faccio venir qui? Corre sul cemento? Corre in quest'aria irrespirabile, in questo cazzo di inquinamento e…», e mi metto a imprecare.

«Calmati», lui alza una mano per frenarmi. «Calmati», tace, sembra riflettere. Mi fissa: «Alla tua donna gliel'hai detto del tuo amico? Le hai detto che cosa è successo?»

«No».

«Davvero non gliel'hai detto?»

Sospiro e scuoto la testa. «Non è facile al telefono. L'ho chiamata due o tre volte, ma non sono riuscito a dirle la verità. Non mi piace mentire, ma mi sembrava una cosa talmente grave da dire al telefono. Impossibile, così mi sono tenuto tutto dentro. Le ho detto solo che Nic ha una malattia pesante, che non si capisce ancora. Lei era addolorata, inquieta, e continuava a dirmi *ma tu quando torni?*», quella frase mi si è scolpita nella testa, mi sembra di risentire la sua voce, quando me la dice. *My goodness*, penso, che guaio!

«Ma come fai a non dirle niente, a lei…», borbotta il tipo come se parlasse tra sé, come se ripensasse a qualcosa riguardante la sua vita.

«Sai, c'è un mio amico», prendo a dire con tono sommesso, «un mio carissimo amico, molto saggio… Lui dice che quando stai con una donna, una che ami, ci sono un bel po' di cose che devi tenerti per te. Non bisogna dirle tutto. Sì, anche se la ami».

«Ah sì?», dal tono non sembra d'accordo. «E come si chiama questo modo di fare quando sei in coppia?»

«Lui dice che si chiama armonia».

«Ma che stronzata». Ride. Subito aggiunge sarcastico: «E la tua donna era presente? Le ha sentite queste sagge parole?»

«Sì, Lia ha sentito e non ha detto niente».

«Credo bene», sbuffa lui. «Io penso che se non le dici tutto e subito vai nei casini. Conosco una che si incazzerebbe di brutto...», e fa una smorfia, «una che si è incazzata di brutto», si corregge brusco. E abbassa la testa come per nascondere la faccia.

Un silenzio.

«Ma Lia e io», sospiro dopo un lungo momento, «lei e io ci siamo messi a convivere da poco, come faccio a dirle ciao ci vediamo tra un anno, poco più o poco meno?»

«Tira fuori le palle», il tipo scandisce ogni parola, con quella sua voce roca. «Devi uscire da questa storia a testa alta».

«La fai facile».

«Per niente», riacchiappa il thermos, beve un sorso, «ne è restato un fondo. Finisci tu. E guarda che un uomo che è un uomo non lascia nella merda l'amico di una vita restando a casa propria a godersela. Un uomo che è un uomo non lo fa», mi rimette davanti il thermos. «Tu ti sei comportato da uomo. Bravo».

Si alza.

«Dove vai?», mi alzo anch'io, con un'ansia strana addosso, non voglio che se ne vada.

«Ci salutiamo».

«Ma dove ti trovo? Dove vivi?»

«Tu?»

«Io all'albergo...», e gli dico il nome di uno dei due alberghi lì davanti alla piazza. «E tu allora?»

«Io in giro», fa un vago cenno con la mano. Il mignolo spunta da un buco del guanto. «In giro dove capita».

«Ok». In qualche incomprensibile modo sono commosso. «Sei in gamba tu», gli sono riconoscente, gli sono davvero riconoscente per avermi ascoltato. E mi domando se dargli dei soldi, non ha certo l'aria di passarsela divinamente. Incontro il suo sguardo. Deve aver intuìto, e mi fissa in un modo tale che mi passa all'istante la voglia di metter mano al portafoglio.

«Prima o poi vedrai che ci rivediamo», prende il thermos ormai vuoto. «E tanto per continuare a farmi i cazzi tuoi, se vuoi un consiglio cercati una casa dove stare, quando tornerai qui. Non vivere con madri, mogli, parenti del tuo amico. E neanche in albergo. Stattene per conto tuo perché sarà dura».

«Tornare? Da dove?»

«La tua donna non sa che cosa ti è successo. Come glielo dici?» Scuote la testa. « Per certe cose non si usa il telefono», sottolinea poi, scuotendo la testa. «Ci si guarda in faccia. Vai in Italia. Vai a dirglielo di persona», e raccoglie i pezzi degli scacchi per riporli in un sacchetto di cuoio, a uno a uno, con delicatezza. «Poi riprendi l'aereo e torna qui», fa un cenno di saluto, e con un mezzo sorriso: «Sì, lo so, è uno schifo ma non hai scelta», e si avvia rapido.

«Come ti chiami?», gli grido dietro.

«Che ti frega come mi chiamo?», ride senza voltarsi e mentre lo guardo allontanarsi penso che se la gratitudine avesse un nome, sarebbe il suo.

Lo vedo sparire oltre l'arco e mi resta addosso la pesante sensazione di essermi perduto in una giungla e la giungla non era solo quella città, era qualcosa di nascosto, di devastante…

Allora mi metto a camminare, a girare per le strade nel freddo, sotto lo sferzare del vento, mi pare di stare vagando su un altro pianeta, tra alieni. Sono stordito, forse per la paura di quanto mi aspetta o per l'angoscia che mi sento dentro e che non mi abbandonerebbe neanche se per disperazione dicessi a Nic che no, non lo aiuterò e me ne tornerò a casa.

Una cosa inconcepibile.

In un pub irlandese qualcuno mi mette nel piatto uno stufato troppo grasso e piccante, e con quello sullo stomaco e ben altri pesi sulla coscienza mi infilo in un taxi.

«Mount Sinai Hospital», e non ho finito di dire la mia destinazione che il taxista – pure lui! – prende a raccontarmi il film, *Love Story*, per filo e per segno, mentre mi spiega che lui su New York la sa lunga anche se non è americano. Ma io non lo ascolto, concentrato come sono su quello che mi aspetta: prendere da Nic le consegne per organizzare il mio futuro lavoro in liuteria, prenotare un volo per l'Italia e un altro per ritornare a New York.

Da non credersi…

Tre giorni dopo sono sull'aereo.

Il volo da New York a Roma. L'unico su cui ho trovato un posto. E niente coincidenza Roma-Torino. Tutto occupato. Devo prendere un treno. Troverò Pietro alla stazione. Lia si è scusata non so quante volte durante le telefonate che le ho fatto prima di partire da New York. Si scusava di non poter venire a prendermi, ma ha un'operazione troppo importante e non può farsi sostituire. «Ci troveremo a casa», continuava a dirmi – e sentivo il suo sorriso, sentivo la sua gioia – quanto fosse felice che avessi fatto proprio come le avevo promesso: «Pochi giorni e torno».

Di Nic sono rimasto sul vago. Non le ho detto niente di vero. E non le ho detto niente neppure, ovviamente, di tutto il resto.

Pensarci mi dà i brividi.

Il viaggio di ritorno non è per niente un viaggio di ritorno. Stivato nel mio sedile in un aereo affollatissimo, non mi sento uno che torna, mi sento uno che va a dire addio. Il bisnonno consigliava di ricordare i tempi felici per evitare di rimuginare tormentosamente, ma questa volta non riesco a seguire il suo consiglio.

Non la smetto più di interrogarmi su come parlarle di tutta la faccenda. Della cecità di Nic, della liuteria e soprattutto di me: «Ciao, amore, me ne vado a New York a fare il mio vecchio lavoro e chissà quando torno». Mi tormento pensando a come reagirà e non mi sembra così assurdo sentirmi dire che, se all'inizio della convivenza, due devono separarsi in modo tanto brusco e per chissà quanto tempo, beh, allora è meglio chiuderla lì.

Ho paura che mi lasci, che se ne torni dagli zii. Che mi dica che non crede nell'amore a distanza. C'è un sacco di gente che non crede nell'amore a distanza. Neanche io del resto. Ne ho sentiti tanti, quando ero a Londra, che andavano a lavorare in Cina o in Australia, insomma non precisamente dietro l'angolo, e dopo un po' chiudevano la relazione, perché magari si erano infilati in un'altra. Oppure l'aveva fatto chi era restato.

La lontananza logora l'amore…

L'aereo vola nella notte e a me sembra di essere entrato in un tunnel senza fine.

Il tipo nel sedile accanto al mio continua a bere, e a un certo punto si gira verso di me e in un inglese incerto: «Ma scusa, non ti plachi mai, tu?», e mi spiega che avevo acceso e spento lo schermo per vedere un film non so quante volte, e questo era veramente fastidioso.

«Ok», borbotto, chiudo gli occhi, e subito mi vedo davanti il viso di Lia, la sua espressione quando dorme, la spalla nuda, il collo, l'onda dei capelli…

Mi manderà a quel paese?

Quando scendo dal treno, a Torino, sono uno straccio. Ho un sussulto di gioia nel riconoscere Pietro tra la gente che aspetta in testa al binario. Mi sembra una visione, come se tornassi da un viaggio planetario che mi ha tenuto lontano anni luce.

«Finalmente!», tuona appena mi vede. Poi, con altro tono: «Ma che faccia hai», e mi prende per le spalle. Mi scuote. «Che diavolo è successo? Adesso me lo dici! Tutto questo tacere, con me e anche con Lia, non farci saper nulla: Viola che si cuce la bocca, Nic che sparisce, tu che fai il misterioso, che mi liquidi con un "ti dirò quando torno" e io, io che ci sto male e mi arrabbio!»

Con decisione mi toglie di mano la borsa e afferrandomi per un braccio come si pilota un ragazzino, si dirige sparato verso l'uscita.

Sotto una pioggia battente ci infiliamo nel suo furgone. Caro, vecchio furgone, penso. Annuso l'odore familiare che c'è là dentro, mosto e odor di fieno. Socchiudo il finestrino. Inspiro l'aria umida, fredda. Non sa di cucina cinese. Neanche di vernice o altra robaccia. È aria che sa di montagne qui vicino. Di alberi. Di casa.

Incredibile non essere più a New York! E tra poco, pochissimo rivedrò Lia. E naturalmente Black.

«Adesso parla», seduto alla guida Pietro si volta verso di me. Ingrana la marcia: «Andiamo subito, ma tu parli. Tu mi dici tutto. Dalla A alla Z».

Ci impieghiamo quasi due ore per arrivare al paese, piove davvero forte e Pietro guida cauto. Io parlo e parlo, lui zitto non fa un commento. Quando gli spiego la malattia di Nic e il fatto che non guarirà, gli sfugge un'imprecazione in piemontese. E gliene scappa un'altra quando gli dico che cosa vuole Nic da me.

Quando arriviamo in paese, si ferma davanti al locale di Beppe.

«Finito?», si volta di nuovo verso di me. Labbra tese, è fuori di sé. «È tutto?»

«Sì. Non c'è altro».

«*Boja fauss*… con Lia le abbiamo pensate tutte, ma a questa non c'eravamo arrivati», e aprendo la portiera, prima di scendere: «Immagino come ti sei sentito in questa storia».

«Uno schifo», forse sarebbe meglio dirgli che mi sento addosso una tristezza infinita. Ma so che Pietro capisce lo stesso. «Sì, uno schifo».

«Allora entriamo da Beppe a farci preparare qualcosa da mangiare».

«Voglio tornare a casa subito».

«Da Lia ci vai dopo. Prima mangi e ti tiri su», mi spinge nel locale, «dai retta, hai una faccia che fa paura».

«Ma a Lia glielo dico io. Non tu. Le spiego tutto io».

«Tranquillo. Certo. Dài, adesso si mangia e ti riprendi».

Ha ragione, naturalmente. Quando arrivo a casa sto un po' meglio. Mi sento meno fragile, più saldo. Più rilassato. Come se le angosce di quel difficile viaggio si fossero un po' ridimensionate. Ovviamente è solo un'illusione.

Sono nel cortile di casa mia. Mi guardo intorno: i due gatti a dormicchiare sulla mia moto, la Dolly, sempre lì. La porta di casa aperta, il frusciare del vento nella grande quiete delle Langhe… e Lia? E Black? Dove sono?

«Siamo qui. Dietro di te».

È lei, in piedi sotto i tigli. Proprio lei. Tiene Black per il collare. «Finora sono riuscita a tenerlo zitto e buono», e lo lascia andare.

È un'esplosione di uggiolii e latrati, mentre mi arriva addosso come un proiettile, con una gioiosissima violenza, pazzo di felicità, trasformato in un ciclone, e guaiti, e testate, e colpi di muso, e su in piedi per appoggiarmi le zampe al petto e poi di nuovo intorno, e io lo abbraccio, lo lascio andare per carezzarlo, e di nuovo lo abbraccio e alzo lo sguardo verso Lia, ferma accanto al tavolo sotto i tigli dove tante volte ci siamo seduti insieme. La guardo, felice, e rido.

Rido.

Lei no. È seria e mi fissa.

«Lia...»

Lei rimane zitta. Riesco a liberarmi di Black.

Sono di fronte a lei. Pallida dall'emozione, bisbiglia: «Sei stato via un sacco!», non riesce neppure a sorridermi. «Tre giorni sono un sacco di tempo per me».

Me la mangerei di baci. Il suo viso, gli occhi, la bocca, quei capelli... l'amore. «Vieni qui», sussurro e subito me la sento stretta sul petto, le sue braccia mi circondano con forza, e che dire d'altro? La sua bocca, la sua pelle, il suo profumo nella tenera curva del collo, le sue parole sottili, e ancora le sue labbra morbide, il suo corpo tra le mie mani...

«Cos'è successo a Nic?»

«Non è stato molto bene, ma ora va meglio. Ti racconto tutto domani». E la bacio più forte che posso. Lei non insiste. Ho mentito di brutto, d'istinto. Non so nemmeno perché l'ho fatto, non volevo rovinare l'istante. Una reazione stupida, lo so, ma non volevo affrontare subito tutto quanto. Una cosa da vergognarsi, ma ormai è fatta e non voglio rischiare di peggiorare la situazione cercando di spiegare, di giustificarmi.

Glielo dirò, ma non subito, non adesso, non stanotte. È egoista, certo, ma decido di non pensare più a quello che dovrei dirle. So che cambierà tutto quando l'avrò fatto, che ci saranno tristezza, e paura, e grandi punti interrogativi, e non voglio affrontarli ora.

Domani.

Adesso, stasera, stanotte, voglio che siamo solo noi due. Noi due e nient'altro.

Noi due e nient'altro, penso a occhi chiusi, quando lei mi si addormenta addosso e io la tengo tra le braccia.

Noi due, penso a occhi chiusi e non mi riesce di addormentarmi.

Riesco a prendere sonno che sta albeggiando.

Lia è già andata al lavoro quando mi sveglio. Sul tavolo un biglietto: *Però torno presto, per cena senz'altro,* e subito in un angolo cerco la parola scritta in piccolo: *Love*. C'è.

Black è alla porta e mi guarda impaziente. Dalla finestra entra il freddo umido di quella mattina grigia, il frullare degli uccellini, un trattore lontano.

È tutto come sempre, è la vita di sempre, felice.

Continuo a impedirmi di pensare. Ho ritrovato il mio mondo.

Vado a correre. Volo inseguendo Black lungo un itinerario inconsueto. Ha cambiato strada: non è il solito sentiero quello su cui mi sta trascinando, fatto di grandi salite toste, tostissime, e discese a capofitto. Poi di nuovo su. Black sembra ridersela, come se dicesse: hai voluto lasciarci, adesso ti sistemo io. Corri!

A un certo punto sono costretto a fermarmi, lui torna indietro lemme lemme, scodinzolando, viene a farmi due coccole, si appoggia a me, mi lecca la mano quando voglio carezzarlo, io ansimo: bastava saltare qualche giorno per ritrovarsi con la lingua di fuori?

Tornando a casa incontro Pietro in cortile.

«Gliel'hai detto?», e mi fissa scuro in viso.

«A Lia?», scuoto la testa. La maglia fradicia di sudore mi si attacca sgradevolmente al corpo. «No, non gliel'ho ancora detto. Me la sono cavata con una mezza verità, forse un po' meno di mezza. Insomma, volevo godermi le ore con lei, si può capire!»

«Si incazzerà. Di più. Si incazzerà che non glielo hai detto subito. Tutto subito».

«Spero di no».

«Scommettiamo? Quella è come me: le cose le vuole sapere. Comunque, oggi ho telefonato a Nic. Sono riuscito a parlargli. Gli ho detto che so, che voglio andare a trovarlo. Si è commosso. Povero figlio», mi volta bruscamente le spalle e monta sul trattore che aveva lasciato acceso. Se ne va verso gli orti. «Diglielo, a Lia, devi dirglielo subito», mi grida. «Non star lì a far finta di niente».

È vero. Sto facendo finta di niente. Come se quella sciagura non fosse successa. Mi faccio la doccia e continuo a non pensarci. Salto su Dolly per andare a fare un po' di spesa. Poi due chiacchiere in paese, del più e del meno. Appena a casa acciuffo Black e lo lavo nella solita tinozza, lo asciugo e spazzolo. E preparo la cena. Per apparecchiare metto anche dei fiori sul tavolo, me li ha dati Rosetta, dalla sua piccola serra. Sono i prediletti di Lia: narcisi. I *daffodils* della poesia di Wordsworth, così mi metto a canterellare *I wandered lonely as a cloud* quando Lia appare sulla porta. Si scioglie la sciarpa dal collo con una mano, mentre con l'altra tiene la sua borsa da medico.

«Sei qui...», appoggio sul tavolo le posate che tengo in mano. Incontro il suo sguardo.

E mi sento perduto.

Infatti: «Ho visto Teresa in paese», dice in tono piatto.

Io zitto.

«Ho saputo tutto da lei. Bello eh?», depone a terra la borsa, butta sciarpa e giaccone su una sedia con una tale forza da rovesciarla. Ed è così veloce nel raddrizzarla che non riesco a farlo io.

Chiude la finestra e ci si appoggia di schiena. Incrocia le braccia sul petto. Sguardo glaciale. Pietro aveva ragione: non è arrabbiata. È arrabbiatissima.

«*Non è stato molto bene, ma ora va meglio?* Mi hai raccontato un sacco di balle...», le trema il mento, trattiene a fatica le lacrime o forse si trattiene dall'urlare o tutt'e due le cose, «e invece a Nic è successa una catastrofe e tu non me lo dici».

Mi avvicino di qualche passo.

«No, non mi toccare», sibila. Lascia che le lacrime le scivolino tonde tonde giù per le guance, come se quel pianto le fosse dovuto, piange e mi punta addosso uno sguardo furibondo, «io ho studiato, lo so che cos'è la *neuropatia ottica di Leber*. Povero Nic, lo so benissimo. Quello che mi lascia stupefatta è che tu abbia fatto finta di niente, sorrisoni e baci e abbracci e tutto il resto», e continua a piangere scossa dai singhiozzi. «Hai fatto finta di niente e non mi hai detto che il tuo migliore amico ora è cieco. Sei fantastico!»

E continua a fissarmi con occhi ostili e sofferenti che non riconosco, e capisco che non posso abbracciarla o confortarla, posso solo starle impalato di fronte a sostenere il suo sguardo e a darmi del coglione.

Nient'altro.

«E poi la faccenda della liuteria, e la richiesta di Nic e tu che gli dici "sì, va bene, me ne occupo io". Teresa era informatissima, lei! Tu vieni qui non per restare come credevo o, meglio, come mi hai fatto credere. Ma con me fai quello tutto contento, come non fosse successo niente, niente di niente, e facciamo l'amore e tutto quanto: ma Nic è cieco e tu tra un paio di giorni te ne vai a New York e non torni. Vai e ci resti!», e ormai grida.

«*My goodness* Lia, perdonami!», urlo, «io volevo solo stare con te come una volta, insieme come prima, capisci? Solo noi due, senza la tragedia di Nic. Almeno per una sera e una notte. Ti avrei parlato stasera...»

«Ma lascia perdere!»

«Volevo regalarmi alcune ore felici con la mia donna...»

«*La tua donna*? Uno, quando ha la *sua* donna, le cose gliele dice. E quelle che contano gliele dice subito», si asciuga con rabbia le lacrime. E dopo un momento: «Tu non hai bisogno di una donna», scuote la testa: «tu hai bisogno di un veterinario... e non sto parlando di me!», scappa via e va a chiudersi nella nostra stanza. È talmente arrabbiata che non sbatte neppure la porta.

Un veterinario. Giusto, *sono una bestia*, sospiro. Come darle torto?

Teresa le ha raccontato tutto, ma proprio tutto: che ho detto di sì a Nic, che ho già prenotato il volo per tornare a New York e che ci resterò chissà per quanto a rimettere in sesto la liuteria. Quello che Pietro ha saputo da me l'ha detto a Teresa, che certo non si è tenuta la lingua tra i denti.

D'altronde, qui tutti si fanno i fatti tuoi, no?

Black mi scruta alzando il muso verso di me, accucciato ai miei piedi, a orecchie basse. Mi punta addosso i suoi dolci occhi bruni. E anche nel suo sguardo leggo un rimprovero bruciante. Gli appoggio una mano sulla testa. Rimango lì, accasciato in cucina, davanti alla tavola apparecchiata, con la cena che si raffredda, e guardo la struggente grazia dei *daffodils*, e penso a Lia, lì, vicino a me, ma chiusa nella nostra stanza, straconvinta che lei e io, non avendo condiviso quanto è accaduto a Nic e le sue conseguenze, non siamo una vera coppia. Questo ha compromesso la nostra relazione.

Lei è capace di pensare in prospettiva. Io invece mi sono fermato all'attimo presente, me ne sono fatto inghiottire e ho avuto paura che il peso di tutta questa tragica faccenda rovinasse le poche ore che ci erano concesse.

Due giorni dopo sono di nuovo in aereo. In volo per New York.

E da quanto mi trovo di nuovo a New York ora? Boh, mi sembra un sacco di tempo ormai. Ho preso in affitto una casa a Red Hook. L'avevo presa già prima di tornare in Italia per rivedere Lia. Anche questo fa parte delle cose che non le ho detto.

Sono al secondo piano. La finestra si affaccia su una strada del tutto anonima sorvegliata da qualche albero così scheletrico da non sembrare neanche un albero. E quando apro la finestra mi entra in casa un'aria densa della solita puzza, con in più l'odore del catrame. Di notte il grido di qualche rimorchiatore mi raggiunge nell'insonnia e mi sveglia, tanto per farmi sapere che là in fondo c'è il mare e che il deserto di cemento che mi circonda è un'isola. E tanto per ricordarmi, come una coltellata, che non sono a casa mia e che non ho Lia qui abbracciata a me.

E fa così freddo che se mi dimentico i guanti quando esco al mattino devo tornare su di corsa a prenderli.

La liuteria di Nic si trova nella Fifth Avenue, a Manhattan. Per andare a lavorare prendo il traghetto e poi la metropolitana, ci metto un bel po' di tempo. Molto lontano da Brooklyn.

Senza Lia. E senza Black.

E la corsa? Non se ne parla. Con la corsa ho chiuso anch'io.

Come Nic.

Capitolo Tre

Quella foto l'avevo vista da Giulio: era la prima cosa che vedevi entrando in casa sua, ingrandita fino a farne un poster, rappresentava un grande ponte visto un po' dall'alto, gremito d'una marea di gente in corsa, tutti con la loro bella pettorina con il numero, ammassati come uno sterminato branco di sardine.

«La maratona di New York», mi aveva spiegato lui tutto orgoglioso. C'era andato e non era certo arrivato fra gli ultimi. Era stata la grande impresa della sua vita.

Ora una foto quasi identica o forse addirittura la stessa me la ritrovo davanti agli occhi appena entrato in un locale in fondo a Columbia Street. La foto, che ritrae la stessa marea di podisti in corsa sul famoso ponte, prende l'intera parete alle spalle del bancone del bar. A lato, su una colonna, ne sono appiccicate altre: gente esultante, la folla che tifa per quelli che si ammazzano a correre. Immagini tanto intense e vive che a guardarle sembra di sentire gli applausi, lo scalpicciare di migliaia di piedi calzati per correre, gli ansiti di quella moltitudine in movimento e tutto il resto.

La maratona di New York.

La maratona più famosa del mondo, continuano a ripetere i tizi seduti vicino a me, tutti su di giri e birra in mano. Io sono appoggiato al bancone a mangiare un qualcosa di preconfezionato e riscaldato non voglio sapere come, qualcosa che la cameriera mi ha schiaffato nel piatto senza troppe cerimonie. E piantandoci la forchetta non posso fare a meno di rimpiangere i tartufi, proprio loro, affettati sui *tajarin*, i famosi tagliolini piemontesi. Forse ho finalmente *capito*, come aveva predetto Cristina.

E intanto la frase *la nostra è la maratona più famosa del mondo* continua a rimbalzare dall'uno all'altro dei quattro, perché se quella è la maratona più famosa del mondo, come affermano, loro che hanno partecipato – e su questo nessun dubbio a sentirli – allora non possono che trovarsi automaticamente una spanna al di sopra di tutti gli altri esseri viventi su questa Terra, ovviamente me compreso.

Mastico lentamente quanto ho nel piatto. Mastico, inghiotto e ascolto più o meno distrattamente perché a me non è mai fregato niente di maratone e di gare, proprio niente. Io corro perché mi piace. Solo per questo. Mi piace da matti correre con il mio Black.

All'improvviso mi tornano in mente le parole di Nic e la sua faccia. Non ci avevo più pensato, ma ora risento vividamente anche la sua voce, la sua disperazione, quando mi ha parlato del suo pazzo desiderio di correre insieme la maratona di New York.

E lo rivedo mentre faticava a starmi dietro sui sentieri delle Langhe, le prime volte, inquieto per un concerto, e io lo trascinavo dietro dicendogli che la corsa guarisce tanti mali, soprattutto l'ansia. Poi lui aveva imparato a correre e ci aveva preso gusto, lui e io correvamo, Black davanti, e mi sorrideva.

E così le parole *maratona di New York* hanno per me un nuovo significato: il sogno di Nic andato a pezzi.

Perché certi sogni, mi dico, sembrano nascere apposta per schiantarsi e lasciarti solo il rimpianto? Mi sento ancora più infelice...

Quelli accanto a me sono dei runner, corrono. Non lo facevo anch'io, un tempo? Un tempo che mi sembra lon-ta-nis-si-mo.

Qui a New York, l'ultima cosa che mi viene in mente di fare è andare a correre. A parte che non ne ho il tempo, visto che sto inchiodato tutto il giorno negli uffici al piano rialzato della liuteria di Nic, a spulciare documenti e carte e pagamenti e fatture e disastri vari.

E poi correre dove? Sull'asfalto, facendo lo slalom tra pedoni e automobili, all'ombra dei grattacieli? Ma certo, mi hanno detto che ci sono parchi favolosi in questa mitica città, ma che abisso rispetto a quando aprivo la porta ed ero subito nella natura insieme a Black!

Ah, Black... se lo avessi accanto in questo momento, sarebbe tutto concentrato a fissare quello che sto mangiando: ogni volta cerca di ipnotizzare il mio cibo per farlo scivolare direttamente dal mio piatto alle sue fauci. E Lia storcerebbe il naso: «Ma che diavolo gli dai?»

Ma non ci sono, né Lia né Black.

I quattro runner continuano a chiacchierare. Alti, asciutti, muscolosi, biondi, capelli a spazzola, mascella in tensione, mento forte, tutti e quattro con la stessa espressione tipo: noi siamo tosti. Neanche fossero pronti a un combattimento. Le loro parole attraversano l'aria come proiettili.

«Sì, lo so, alla maratona mancano ancora molti mesi, ma sarei un pazzo se non mi stessi allenando già adesso, persino le loro voci si somigliano tanto da fondersi tra loro».

«Non basta la solita corsetta di ogni giorno, io per la mia maratona, io...», risatina e poi quell'espressione che avrei sentito mille volte, «*I want to spit blood*», altra risatina, «voglio sputar sangue da questo istante fino allo sparo del via!»

«E io allora? Io mi alleno alternando un minuto di corsa a dieci *burpees* per dieci ripetizioni nel più breve tempo possibile!»

«*Yeaaah*... e poi crepi!»

«Prova anche tu. Ce la fai. Vieni a correre con me oggi e ti faccio vedere».

«Certe volte mi chiedo se sono matto a trentott'anni a fare tutta questa fatica... ma se me lo chiede qualcun altro mi girano».

Più o meno la mia età. E la grinta di uno con cui non vorresti mai litigare.

«Fatica, sudore, dolore, impegno... a me non manca niente», prosegue a testa alta. «Ma certe volte ne farei a meno».

«Guarda che ogni goccia di sudore che butti fuori in allenamento è una lacrima in meno nella maratona».

«Romanticone», scherza il più alto di tutti, uno quasi rasato, e a muso duro specifica, «ma tanto per dire, quando mi chiedono se mi piace correre, gli rido in faccia. Io non corro per piacere, sia chiaro... ma va' là!», e dà fondo alla birra, «io corro per la sfida. È la sfida che mi muove, è quella la mia motivazione! Spaccare i secondi! Vincere!»

Sfida? Spaccare? Vincere? Mentre mando giù gli ultimi bocconi di quel cibo imprecisato ricordo la mia corsa in Alta Langa, da una panchina gigante all'altra. Correvo contro niente e nessuno, in solitaria, per il mio piacere. Non per sfida. A me piace correre. Sì, di vincere non me ne frega proprio niente, chissenefrega di gareggiare, di dimostrare che sono io il primo e tutti gli altri dietro... eppure, penso di nuovo e di nuovo mi stupisco, eppure Nic avrebbe voluto partecipare proprio con me alla maratona pur sapendo che a me non è mai interessato competere: era sicuro di potermi convincere a entrare nel suo sogno.

«E tu? Che ci ascolti zitto zitto?», la frase è rivolta a me. Mi stanno tirando in mezzo.

«Sei uno che corre?»

«Secondo me corre… sta troppo attento, non si è perso una parola».

«Sono queste», accenno alle fotografie alla parete. «Le vedi ovunque. È inevitabile non pensarci. Uno che viene a New York non può ignorare la vostra formidabile maratona e che non…»

Ma non riesco a finire la frase: «*Cockney! Real cockney*, non uno di quegli invertebrati che fingono l'accento solo per darsi un tono. Vera Londra, vero?»

Eh già.

«E non corri? La faccia di uno che corre ce l'hai».

«Ma com'è la faccia di uno che corre, secondo voi?»

«La faccia di uno che ascolta quando si parla di correre», ride quello più alto sporgendosi verso di me.

«La faccia di uno che sa che cos'è la fatica fisica», butta lì un altro. «Per esempio».

«Beh, non si conosce la fatica solo a correre», mi scappa detto, mentre mi tornano in mente – e con che nostalgia! – le bestiali sudate negli orti, e nelle vigne e nelle cantine, ma quei quattro mi hanno già girato le spalle e sono all'uscita, poi uno di loro torna indietro e gentile: «Quando hai voglia di correre trovati qui», propone. «Al mattino presto. Che scarpe usi?»

«A3 di solito», rispondo prontamente, senza stare a pensarci.

«Lo vedi che corri anche tu, eccome se corri!», esclama lui trionfante, e ridendo: «Dài che la maratona più bella del mondo ti aspetta».

«Per carità!», sbotto alzando le mani come per respingere anche solo l'idea.

«Ehi», dice lui, «ma che mani c'hai tu?»

«Cioè?», stupito mi osservo i palmi.

«Guarda lì che calli! Che lavoro fai? Vestito come uno che vive davanti al computer ma con mani da manovale», sghignazza e raggiunge gli altri in strada.

Ok, penso, non andremo a correre insieme. Io la corsa l'ho lasciata nelle Langhe, insieme col resto della mia vita, comprese la zappa, la vanga e le piantine d'aglio da infilare in terra e con tutto quel lavoro che amo tanto e che fa venire i calli alle mani.

E va beh.

Rimango lì a finire la mia birra e a chiedermi che cosa diavolo sia il *burpees* e mi ricordo che Nic una volta, quando correvamo insieme sui miei sentieri li aveva nominati, mentre parlava con Giulio.

Nei giorni successivi ogni tanto mi tornano in mente quei quattro uomini del bar, per la loro arroganza da runner di prima categoria e per quella smania di partecipare alla maratona di New York. E rivedo lo stupore del tipo, quando aveva notato le mie mani callose...

Beh, quei calli se ne stanno andando poco per volta, e me ne accorgo quel mattino sul traghetto Ikea che da Red Hook mi porta a Manhattan, per l'esattezza al molo 11, vicino a Wall Street. Me ne sto rintanato all'interno per proteggermi dal vento ghiacciato, senza spendere un'occhiata verso il panorama e penso alle mie mani ormai quasi senza calli e al sogno di Nic, alla *sua* maratona di New York perduta per sempre: possibile che non ci sia una via d'uscita?

Appena sbarcato, mi inoltro nel vento per dirigermi verso la metropolitana che ogni giorno mi porta alla liuteria, nella Fifth Avenue. Un bel viaggetto da casa alla liuteria, e mi muovo insofferente tra la gente, una gran folla sospinta da una fretta inesorabile verso appuntamenti importantissimi, lontanissimi e a cui si deve arrivare puntualissimi! Una folla di facce tese, una folla che deve sbrigarsi, sbrigarsi, sbrigarsi. Una folla che non ti guarda mai. Una folla per cui non sei nessuno.

Cammino fra tutta quella gente, e mi pare di essere nel vuoto assoluto.

Per fortuna sono cresciuto e vissuto a Londra, fossi nato e cresciuto nelle Langhe avrei fatto non poca fatica a cavarmela nel groviglio di metropolitane o autobus o traghetti che porta da Red Hook, Brooklyn, a Manhattan, e puoi scordarti di chiedere un'indicazione a qualcuno. Se sei per strada qui a New York non ti rispondono, tirano avanti e ti ignorano, come se tu non esistessi. Ho sperimentato che solo se sei in un locale o in un giardinetto o in un parco ti senti rivolgere la parola o puoi fare incontri come quello che avevo avuto con il giocatore di scacchi di Washington Square. Speravo di incontrarlo ancora, infatti il giorno che Nic è uscito dall'ospedale sono tornato in quella piazza e mi sono seduto su una panchina guardandomi intorno. Ma di lui niente. Rimarrà uno di quei saggi metropolitani che questa strana città sembra allevare nelle sue pieghe.

Non riesco a smettere di pensare a Lia, una volta di più adesso mentre sfreccio in metropolitana verso Manhattan per andare al lavoro. Rivedo per la millesima volta quell'ultima sera insieme quando si era chiusa nella nostra stanza dopo avermene dette di tutti i colori e con quanta ragione!

Io me n'ero rimasto da solo in cucina con la mano sulla testa di Black, disorientato e confuso e addolorato e sentendomi un idiota per non averle detto di Nic e di tutto il resto. Dopo un po' mi ero alzato per andare a bussare alla porta ma nello stesso momento lei la aprì. E mi guardò. Seria, adorabile, tutta da amare. Con la voce di chi ha pianto, come se facesse fatica a parlare mi disse: «Torna in cucina».

Basta, è la fine, pensai. E girai sui tacchi. Invece lei mi seguì. E quando fummo in cucina mi fece cenno di sedermi e venne a mettersi sulle mie ginocchia, come facevamo tanto spesso. La commozione che provai a quel gesto di pace mi impedì di dire anche solo una parola. La strinsi a me e le baciai il viso, lei mi mise le braccia intorno al collo: «Mi è insopportabile che tu vada via», disse con una voce sottile e dolente, «insopportabile. E non so per quanto tempo. E mi è insopportabile che non ci sia qualcun altro a potersi occupare della liuteria e che Nic…», e non finì la frase. Poi ci baciammo.

«Ascolta», dice e si scosta appena, per guardarmi negli occhi, così grave, così intensa. «Ascolta… hai deciso di star vicino a Nic, di aiutarlo. E io ti dico che hai fatto bene a decidere così. Nic è Nic, la sua disgrazia è enorme. Ti ha chiesto aiuto, l'ha chiesto a te perché siete amici, non potevi dirgli di no. Io sono dalla tua parte. Mi spiace non essere riuscita a fartelo capire subito. E così ti è presa la paura che io ti lasciassi perché sei obbligato a star lontano chissà per quanto. Lo so che è così», scuote la testa. «Macché lasciarti, Mark! Non ci penso proprio, non-ti-la-scio»

La notte, abbracciati stretti non eravamo riusciti ad addormentarci, e il mattino dopo era stato così difficile…

Sembrava un addio.

Ma in metropolitana verso Manhattan per andare al lavoro. E risento il tono della sua voce, quando mi disse: «Guarda che ti amo... ricòrdatelo sempre», e mi tranquillizzo.

Appena esco dalla metro mi ritrovo sotto il solito cielo newyorkese di fine inverno, accigliato e malevolo. Con il pensiero di Lia perennemente in testa. Nelle nostre ultime telefonate mi ha detto: «Riprendi a correre, ci sono dei parchi magnifici lì», e ha anche domandato: «Perché non vai a correre sulla spiaggia a Coney Island? C'è l'oceano!»

No, niente corse, la sola idea mi irrita. O, forse, mi rattrista troppo farlo senza Black.

Me ne vado in liuteria, a lavorare, nel mio ufficio al primo piano: *la mia galera*, come lo chiamo tra me e me.

Sì, lo ammetto, non la sto prendendo per niente bene, ma come fai a prendere bene una situazione del genere?

Sulla mia scrivania trovo una foto, con tanto di cornice: Lia e io che sorridiamo guardando l'obiettivo, le tengo un braccio intorno alle spalle, lei si appoggia a me. Una foto del giorno del matrimonio di Nic e Viola, al Castello di Prunetto. Un pensiero di Viola. «Così ti fa compagnia», ha sorriso affettuosa, «e ti consola...»

Decisamente non funziona.

Mi metto a lavorare sui soliti documenti ma devo voltare la fotografia di Lia dall'altra parte per riuscire a concentrarmi su quel mare di cifre sconclusionate.

Quando faccio una pausa dopo alcune ore, trovo Nic in liuteria.

«Hey, Mark», dice appena spingo la porta, ha riconosciuto subito i miei passi.

«Hi, Nic».

«Scendi solo adesso? Sono quasi le tre».

«C'è molto da fare», e cerco di riassumere nel modo più eloquente possibile la situazione. Tutt'altro che confortante.

«Mi stai dicendo che siamo fregati?»

«*Esageruma nen*», protesto, lasciando affiorare il poco piemontese che ho imparato.

«Appunto. Tu ci riuscirai. Sono tranquillo».

«Eh già...», annuisco e mi dico: *dài, che ce la fai, Mark...* la mia frase magica d'incoraggiamento. Il mio mantra.

«Non hai mangiato?»

«No».

Nic porta un paio di occhiali da sole. Sta seduto accanto a un bancone, su cui ci sono il suo violino e l'archetto. Una mano su un ginocchio e l'altra sul violino. Sta lì, fermo, e ha l'aria di uno impegnato a tendere l'orecchio per sentire – non potendo più vedere – *sentire* l'ambiente che ha intorno. Naturalmente a lui il negozio è notissimo, ma adesso gli è necessario sondarlo in modo diverso, con altri sensi, dettaglio dopo dettaglio.

Anche se di musica non capisci un accidente o non te ne importa, appena ti ritrovi all'interno provi una sensazione potente, e questo me lo dicono in tanti. Non sei più a Manhattan, non sei più a New York. Sei altrove, in una sorta di tempio, dove si aggira una divinità misteriosa. In quello spazio solenne, tutti quei violini, muti ma densi di suono, diffondono uno strano silenzio.

Entrando, mi viene spontaneo gettare uno sguardo a quel soffitto alto, so che non è propriamente a volta ma istintivamente mi aspetto che lo sia, come se davvero fossi nella navata di una chiesa, mi spiego? Una volta spaziosa e fresca per meglio racchiudere il significato profondo di quei banconi da lavoro che si susseguono lungo le pareti, sormontati da file di utensili e ovunque, stesi per terra, appoggiati ai muri o appesi in verticale, violini a vari stadi di lavorazione. I liutai, ognuno di rara maestria, creano i loro strumenti in questa bottega artigianale di New York esattamente come avevano fatto i loro colleghi di quattrocento anni prima nelle botteghe di Venezia, Cremona, Firenze. Quando passo sollevano lo sguardo dal lavoro e mi sorridono, sanno che chiuso da mattina a sera su negli uffici mi sto sbattendo anche per loro.

Un luogo del genere può andare in malora, chiudere, fallire? Può scomparire per colpa della malagestione di qualcuno?

«Stai qui un momento prima di tornare in ufficio», dice Nic.

«Volentieri». Mi siedo accanto a lui e mi sembra di tornare indietro nel tempo: io e lui vicini e solidali come eravamo fin dai tempi della scuola, nei banchi dell'odioso collegio.

Lui rompe il silenzio, intuendo il mio pensiero: «Ti ricordi l'odore disgustoso che ristagnava in quelle aule? Quello che veniva su dalla mensa? Qui invece...», inspira.

Ormai lo riconosco il particolare odore della liuteria, un odore accogliente e antico, che sa di natura, di resine, di legni stagionati, e muschio e sottobosco di aceri e di pini. Un luogo dove si mescolano buoni odori in questa città che odora di tutt'altro.

«Invece qui, lo senti?», dice infatti Nic e accenna un sorriso. Il terzo sorriso per l'esattezza – li ho contati da quando ero tornato a New York per rimanervi: il terzo sorriso.

«Sai...», e mi volto verso Nic, lui non gira la testa verso di me, fa solo un cenno come a dire continua. E io: «La prima volta che sono entrato qui dentro ho ritrovato un'emozione provata tanti anni fa nella chiesetta di St. Mary's Parish a Rye, nell'East Sussex. C'ero andato col bisnonno, che, prima di varcare il portone, mi aveva detto: "Trattieni il respiro e preparati perché qui dentro oscilla il pendolo del tempo e sentirai il divino che si aggira, rizza le orecchie… e senti il suono del tempo. In fondo il divino è quello"».

«Il divino qui è il suono», dice Nic, e tiene sempre la mano appoggiata sul violino. Gli è cambiata la voce, in una tonalità più profonda, prudente direi, come se con lo spazio circostante, che lui non vede più, dovessero misurarsi anche le sue parole. Quel Nic baldanzoso e arrogante di una volta affiora pallidamente solo in certi momenti, quando si irrita, ma per il resto chissà dov'è andato a finire quel Nic lì. Ora sembra un altro: un uomo in cauta attesa, troppo silenzioso, troppo paziente, troppo diffidente. Attento a nascondere la misura della propria infelicità.

«Sì, il divino è il suono… e anche se quei violini che vedi appesi sono muti perché nessuno li sta suonando, è come se io lo sentissi il loro suono, lo custodiscono», e solleva il violino e se lo appoggia sulle ginocchia. «Mi ascolti, Mark?»

«Certo che ti ascolto».

«È successa una cosa strana, sai? Io di questo mio violino preziosissimo ho avuto sempre una cura estrema. Qualcuno qui diceva *maniacale*. E sai che cosa mi ha combinato, quando sono diventato cieco?», a sentire quella parola a me balza il cuore, ma lui seccamente la usa nuda e cruda, come a dire: questa è la realtà, la *mia* realtà, inutile girarci intorno.

«Che cosa gli è successo?», e guardo la sua lunga mano nervosa su quello strumento con cui aveva affrontato non so quanti concerti.

«Non è successo solo a me, anche il mio violino si è inflitto un danno grave. Potenzialmente fatale…», muove le dita con delicatezza, «la tavola armonica si è fessurata in corrispondenza dell'anima, sai che cos'è? L'anima è un bastoncino di legno lungo due dita, incollato nella cassa del violino tra la tavola armonica e il fondo... capisci di che cosa sto parlando?»

«Grossomodo».

«Lascio perdere i particolari tecnici. Ti dico solo che è la presenza dell'anima a consentire allo strumento di sviluppare tutte le risonanze di cui è capace. Quando però il legno si fessura in corrispondenza dell'anima, la risonanza va perduta. Capisci che cosa è successo? L'ultima volta che ho suonato era intatto. Quando l'ho ripreso in mano qualche giorno fa... un male insidioso lo ha colpito e ne ha soffocato la voce, le ha tolto ogni brillantezza. Insomma è fregato anche lui».

«A volte capita che la voce di un violino migliori dopo la riparazione di un danno così grave», interviene autorevole qualcuno dal bancone accanto a noi. È Antonio, il più anziano dei liutai, uno che ha lavorato a lungo a Cremona. «Perché non dovrebbe migliorare dopo una riparazione ben fatta? I violini sono esseri viventi». Si alza, sfila il violino da sotto la mano di Nic: «Purtroppo non posso riparare te», e torna a sedersi, «ma per suonare di nuovo come un angelo vai bene anche così come sei».

Né io né Nic riusciamo più a spiccicare parola, non so se una dichiarazione del genere avrei mai avuto il fegato di farla, ma è ciò che Nic ha bisogno di sentirsi dire in questi momenti.

«Non credere che gli dèi abbiano smesso di proteggerti, Nic», riprende Antonio dopo essersi rigirato il violino tra le mani, «riavrai il tuo violino con la sua voce, forse ancora migliore di prima, come ti ho detto. Ho visto il danno. Per metterci mano ci vuole una destrezza quasi sovrumana. Ci vuole del talento, molto talento, e un po' di fortuna».

«Tu potresti averli entrambi», dice Nic.

«Infatti. Entrambi», Antonio sorride sotto i baffoni bianchi così folti da nascondergli le labbra, si capisce che sorride dalla voce. «Ma tu sai bene che anche se la riparazione riuscirà perfettamente... Beh, il valore di mercato del tuo prezioso violino si abbasserà di molto. Ma tanto tu non lo vendi», e lo si sente di nuovo sorridere.

Una settimana più tardi, mentre sto lavorando come al solito negli uffici sopra il laboratorio della liuteria, mi arriva il suono di un violino. Ho sentito troppe volte suonare Nic e il suo violino per non riconoscerne immediatamente la voce, di un'intensità forse ancora più sconvolgente di una volta. Sta suonando l'attacco della famosa *Opera 64* di Mendelssohn.

Non sono solo in ufficio. C'è la madre di Nic, seduta alla scrivania accanto alla mia. Mi ha salutato con un breve cenno gentile, poi ha ripreso a sfogliare delle carte, come se non volesse essere distratta. È la prima volta che la vedo in liuteria, la incontro solo quando vado a cena da Nic, c'è spesso anche lei, silenziosa e cortese.

Appena sento il violino di Nic, interrompo il lavoro, scosto la sedia dalla scrivania e la musica mi prende. Mi sembra di galleggiare nel vuoto, portato dalle note. Ho un unico desiderio, quello di telefonare a Lia, per averla in qualche modo vicina. Tutta la faccenda in cui siamo coinvolti mi sembra terribilmente triste e ingarbugliata e ci ha messi al tappeto, sì, proprio al tappeto, mentre questo meraviglioso violino, grazie ad Antonio, il mago della liuteria, è riuscito a salvarsi la vita e a ritrovare la sua voce.

«Bravo, eh?»

Mi giro verso di lei. Mi rivolge una lunga occhiata commossa in cui leggo la certezza che Nic non si sarebbe fatto abbattere da quel colpo del destino e che ancora una volta avrebbe dimostrato di essere uno che non getta la spugna.

«Bravo eh?», ripete come per sottolineare che Nic è fatto di acciaio. «E tra non molto vorrà riprendere i suoi concerti».

Ascolta la musica reggendo finemente il mento col dorso della mano sinistra, mentre con l'altra tamburella il ritmo. È ancora una bella donna, impeccabile da capo a piedi: pettinatura, orecchini, collana, abito e scarpe firmati anzi firmatissimi. Ma Nora ha perso l'aria altezzosa, di chi deve avere sempre ragione, di cui mi aveva spesso parlato Nic.

«Guarda che cosa gli ho preso», e mentre il violino continua a far salire la sua voce fino a noi, Nora toglie dalla borsa un astuccio. Lo apre. «Lo vedi? È per lui, ovviamente», e me lo porge.

Un orologio. Mi sembra strano alla prima occhiata. Lo esamino. E mi rendo conto del senso di quell'avverbio, è un orologio *ovviamente* per Nic. Per chi non vede.

«Ecco. Lo tocchi e capisci che ore sono, solo con le dita. E inoltre parla», continua a spiegare Nora, «ti dice anche i minuti e i secondi. Cronometra».

Cronometra...

Quindi se Nic potesse ancora correre, penso turbato, sarebbe un ottimo compagno di allenamento.

«Gli piacerà?»

«Non lo so», le rendo l'orologio. Nic è molto orgoglioso, difficile che accetti aiuto da qualcuno o qualcosa, persino da qualcosa di così piccolo e innocuo come un orologio.

Lo sentiamo iniziare da capo l'attacco del concerto. Non era soddisfatto. Mi chiedo come deve essere per lui suonare a occhi chiusi.

«Sai, Mark, come fa lui a sapere l'ora, adesso? Deve sempre dipendere dagli altri anche in questo. Deve dipendere da quell'orientale che abbiamo assunto per stargli vicino, Wyn Lu. Anche se ha delle ottime referenze, quell'uomo a me non piace troppo. Certo, è un istruttore molto capace, ma non mi convince», e ripone con cura l'orologio nell'astuccio. Viola e Nora avevano messo un annuncio sul giornale per cercare qualcuno che potesse aiutare Nic ad adattarsi una volta uscito dall'ospedale e il curriculum di Wyn Lu spiccava. Aveva fama di essere uno dei migliori nell'insegnare l'autonomia a chi aveva subìto gravi danni fisici. «E adesso», inforca gli occhiali che aveva lasciato sui documenti davanti a sé, «vuoi spiegarmi per bene che cosa pensi della circostanza in cui si trova la nostra azienda e di come potrà riprendersi?»

Sono grato a Nic che continua a suonare, mentre espongo a Nora quella che lei chiama la *circostanza* e che fra me e me chiamo invece *la fossa delle Marianne,* l'abisso in cui la liuteria era stata lasciata affondare. Le mostro il registro contabile, una sfilza di documenti e tutto il guazzabuglio con cui mi son dovuto misurare da quando ho messo piede in quegli uffici. Mentre parlo, con un orecchio continuo ad ascoltare l'appassionata voce del violino, che passa da Mendelssohn a Schuman e poi a Vivaldi su cui Nic insiste non poco: sa che lo sto ascoltando e vuole ricordarmi le nostre feroci discussioni. Lui sosteneva che Vivaldi scrivesse sempre la stessa musica mescolando i soliti quattro moduli, io invece gli dimostravo il contrario, come mi aveva insegnato il bisnonno, appassionato vivaldiano. Ascolto e intanto continuo a illustrare a Nora tutti gli svarioni, gravissimi, compiuti dal precedente responsabile dell'amministrazione… ma sapendo che era un suo stretto conoscente non faccio commenti sul fatto che si è volatilizzato prima del mio arrivo. Spiego a Nora che ho preso contatto con varie banche, che sto valutando prestiti e interessi, le mostro dove sono riuscito a mettere un paio di pezze. Poi smetto di spiegare perché mi accorgo che non mi sta più seguendo, si è distratta e tende l'orecchio al brano di Shostakovich con cui Nic è alle prese.

«Ma sta sbagliando! Sbaglia in continuazione», esclama, scuotendo la testa e continuando a ripetere queste parole. Si alza e raccoglie la borsa, poi si avvia rapida verso la porta. Voltandosi: «Mark, sono sicura che risolverai le cose al meglio. Naturalmente, senza che si debba metter mano, neppure per un dollaro, al mio patrimonio personale e neanche a quello di Nic. Ho molta fiducia in te». Torna indietro, mentre da basso Nic continua a infilare una nota sbagliata dopo l'altra.

«Mark», e mi fissa come fossi ancora il ragazzino che aveva conosciuto tanti anni prima, «Mark... vuoi spiegarmi *why the hell* perché non hai voluto venire a vivere con noi? Il tuo appartamento sarebbe del tutto indipendente, anche se sullo stesso piano del mio. Nic e Viola stanno al piano superiore. Saremmo tutti insieme e tu gli saresti più vicino. Devi farti chilometri da casa tua a qui e da casa tua a casa nostra. È assurdo. E Nic ha bisogno di te».

«Per quale ragione sarei qui, se non sapessi che Nic ha bisogno di me?»

Silenzio. Anche il violino tace.

«Hai ragione, scusami», ammette Nora dopo un momento. «Però, vieni a cena più spesso, almeno questo».

Per tornare a casa mi faccio un gran pezzo a piedi, confuso nella fiumana di gente, e rimpiango con intensità tale da starci male di non avere accanto almeno Black. E intanto penso che mai avrei accettato di vivere gomito a gomito con Nora, Nic, Viola. Sono solidale con Nic, su questo non ci piove, ma ho bisogno di uno spazio mio, dove immusonirmi ogni volta che ne ho voglia, imprecare liberamente, ritrovarmi e ritrovare le energie… e il piccolo appartamento in Columbia Street – di cui avevo saputo grazie a un annuncio su un giornale di quartiere – sembra fatto apposta.

Continuo a camminare, c'è freddo e i tombini fumano sbuffando dense e alte nuvole di un fumo biancastro che ammorbano e annebbiano l'aria tutt'intorno, ti danno l'impressione di trovarti all'improvviso nel nulla. E questo nonostante tiri quel ventaccio che comincio a detestare, un vento cattivo che stavolta sa di birra e pesce, pesce e birra, vai a capire perché. Mi infilo nel primo parchetto che mi si apre al fianco. Preso dalla malinconia, telefono a Lia. Segreteria telefonica. È ancora al lavoro. Telefono a Pietro, che invece risponde. Non voglio travolgerlo con il mio umor nero e allora per scherzare gli chiedo di passarmi Black.

«Non credere. Quando Lia non c'è mi sta appiccicato. Se ne sta mogio mogio».

«Non me lo dire. Già non sto una favola, così mi fai stare peggio».

«Anche Lia non è un fiore, se vuoi saperlo».

«Ho telefonato per farmi confortare, ma tu…»

«Spiacente. Non c'è nessun conforto in questa storia. Bisogna solo avere le palle. Tu le hai».

«Adesso sì che sto meglio…»

Più passano i giorni, le settimane, più sto peggio. L'unica modesta nota positiva è qualche minimo progresso che sono riuscito a realizzare a favore della liuteria. Minimo, però. Sono riuscito a trovare i fondi per coprire stipendi e spese, ma mi manca il giro di carte giuste con cui risolvere davvero le difficoltà. Soldi.

Servono i soldi, un bel gruzzolo, per strappare la barca alla risacca sugli scogli e sono alla ricerca di qualche investitore.

Inoltre, a proposito di barche, ho ricevuto un paio di telefonate dai miei che si trovano in Florida, con la loro meravigliosa barca a vela d'epoca. Vogliono venirmi a trovare, visto che sono a New York. Così, dicono, potrebbero finalmente ringraziarmi a voce per il bonifico che ogni mese non faccio mancare sul loro conto.

«Sei contento di vederli, i tuoi?», e questo me lo chiede Nic, una sera che ceno da lui, nella bella casa di Gramercy Square. La sala da pranzo dove ci troviamo è un filo troppo lussuosa e noto che Viola, abituata alla semplicità delle Langhe, ci si muove con una punta di disagio. Ci sono vasi di rose bianche ovunque, nonostante la stagione. Rose di serra. Che Nic senta almeno il loro profumo…

«È passato un sacco dall'ultima volta che li hai visti, o sbaglio?», continua Nic. Li aveva conosciuti anche lui e non gli erano piaciuti.

«Un sacco, sì», e non aggiungo altro, sono seduto di fronte a lui, alla tavola apparecchiata con porcellane raffinate. Ai lati siedono Nora e Viola.

«Sarai contento di riabbracciarli», e questa è Nora, severa. Per lei le famiglie devono essere famiglie modello, unite e contente. «Ti saranno mancati».

«Non mi pare gli siano mai mancati», obietta Nic, e rivolge la testa verso la madre. Porta sempre gli occhiali scuri e questo mi fa impressione. «Perché avrebbero dovuto mancargli? Quei due passano la vita in giro per il mondo a spassarsela mentre Mark caccia la grana. Punto».

Non fosse successo quel ch'è successo, Nora gli avrebbe subito dato addosso sgridandolo per il suo tono tagliente; invece, stringe solo un istante le labbra. Poi si rivolge a Viola, insinuante: «E tu che cosa ne pensi?», vuole farsi dar ragione dalla nuora, vuole la conferma che un figlio è sempre ben contento di rivedere i genitori.

«Veramente stavo pensando che stasera c'è un bellissimo concerto», risponde con gentilezza Viola, davvero abile a sventare i giochini della suocera senza mettersela contro. Appoggia una mano su quella di Nic: «Ci andiamo?»

«Eccome se ci andiamo!», risponde subito lui, improvvisamente di buon umore. «Ma viene con noi anche Wyn Lu. Con lui vicino mi sento più sicuro, ti dispiace se c'è anche lui?»

«Ma no, Nic. Va benissimo», voce amorevole, gioiosa come sa essere lei, anche adesso. Ma nell'occhiata che mi lancia colgo un filo di amarezza. Non era stata lei, nei primi tempi, a far camminare Nic per ore e ore, tenendolo sottobraccio? Adesso non le è facile doversi fare in continuazione da parte davanti alla madre e davanti al nuovo istruttore, ma continua a essere sempre vicino a Nic soprattutto nei momenti davvero duri, quelli in cui lui si dispera. So che di questi momenti ce ne sono molti, me lo ha detto lui. E mi ha anche detto che solo Viola riesce a confortarlo.

Li osservo, Viola e Nic. Lei continua ad amarlo, glielo si legge addosso in ogni occhiata, ogni gesto, ogni momento. Sposto lo sguardo su Nic. E lui?

«Buona idea quella del concerto», sta dicendo: formale, cortese, impeccabile.

«Sì, buona idea», ammette Nora: formale, cortese, impeccabile. «Ma io stasera ho le carte».

«Tu Mark vieni con noi, vero? Tutto Vivaldi». Viola mi sorride.

«No, Viola, vado a casa. Un'altra volta».

Non vedo l'ora di telefonare a Lia, ce ne infischiamo del fuso orario noi due, se è giorno o notte, ci telefoniamo il più possibile. E anche stasera. Tra poco.

«Un'altra volta però ci vieni», dice Nic, maneggiando con attenzione la forchetta. Con quella se la cava da solo, più o meno. All'inizio era Viola a doverlo imboccare. Nic sta imparando, ma è nervoso. Mi si stringe comunque il cuore, quando lo vedo esitare in cerca del boccone. E deve stringersi il cuore anche a Viola che lo tiene d'occhio ma non interviene.

«Scusa un attimo», e Nic fa un cenno verso di me, come a richiamare la mia attenzione, «c'è una cosa che voglio dirti e te la dico subito. Bada, non te la voglio chiedere. Voglio dirtela».

«Sarebbe?»

«Riprendi a correre».

«Io?», e sono così colpito da quelle parole per me del tutto inattese, da tirarmi indietro sullo schienale e subito vorrei che fossimo soli, noi due, lui e io, e non sotto lo sguardo preciso di Viola e Nora.

«Hai capito benissimo», Nic depone la forchetta, «Riprendi a correre. So che ti fa bene. Io non posso. Tu sì. Dammi la tua parola che lo farai».

«No, scusa un attimo...»

«Da domani, capito? Da domani cacciati in testa che devi ricominciare a correre».

«Stai scherzando, Nic».

«Per niente».

«Ma perché?»

«Te l'ho detto. Io non posso più farlo. E mi piaceva tanto, lo sai. Non posso più correre e quindi lo fai tu».

«E quindi lo faccio io? Ma che significa?»

Le due donne mute e allarmate: c'è sospeso nell'aria uno scontro?

«Te l'ho detto, quando sono arrivato qui sognavo di partecipare alla maratona con te», Nic alza la voce. «Questo sogno per me è morto. E allora, visto che io non potrò esserci, alla maratona ci andrai tu».

«Addirittura», sbotto io. «Ma che cosa credi? Non sono mica il tuo *alias*, io!»

Nic abbassa la testa serrandosi le mani insieme dietro la schiena. Da un po' di tempo fa così – me ne sono accorto – quando vuole impedirsi di perdere le staffe. Le due donne vedono il gesto, lo riconoscono – anche loro –, si alzano ed escono svelte senza una parola.

«Bene!», fa Nic con voce sorda, «adesso siamo soli».

«Nic, ascolta. Sono venuto qui perché avevi bisogno di me. Ho preso il tuo posto per rimettere in sesto la liuteria, e d'accordo, ci sono e lo faccio. Ma non puoi certo pretendere che mi faccia carico dei tuoi sogni andati al diavolo», e subito mi pento per quelle ultime parole che mi sono proprio sfuggite.

«Secondo me hai detto una cattiveria», dichiara iroso Nic e continua a tenere strette le mani l'una all'altra.

«Scusami, non volevo».

Un lungo silenzio.

«Ehi, Mark», dice infine lui. Gli è passata la rabbia. «Non voglio litigare. Né sono qui per costringerti a fare qualcosa. Ma so quanto ti piace correre e sento che sei teso e lo diventi sempre di più ogni giorno che passa. Sei a New York, sfrutta l'occasione. Almeno pensaci. Alla fine, sarai felice di aver partecipato».

Sorride.

Mi fa male quel suo sorriso dolente, così diverso dal sorriso del Nic di una volta. È il sorriso di chi si è arreso.

«Riprendi a correre, dài».

Capitolo Quattro

Ho avuto un paio di appuntamenti di lavoro fuori ufficio. Quando arrivo alla liuteria, nel pomeriggio, trovo in laboratorio Nic e Antonio, entrambi con il violino in mano. Antonio davanti al leggio su cui è aperto uno spartito. Viola è seduta più in là.

Colgo nell'aria una certa tensione.

«Ciao, Mark. Me lo fai un favore?», mi domanda Nic in modo sbrigativo. «Accompagni Viola al bar qui vicino? Credo che le faccia piacere non andarci da sola...», e rivolto a Viola: «Vero?»

«Certo», fa lei e si alza in fretta.

Usciamo nella folla che aggredisce i marciapiedi, un viavai frenetico come al solito. E un'idea di pioggia nell'aria che inumidisce i consueti odoracci.

«Al 236 Fifth?», propongo. È il bar più snob e lussuoso della città, tutto tavolinetti in alabastro e poltroncine di velluto. Non mi piace per niente ma è poco lontano dalla liuteria e ho fretta di riprendere il lavoro.

«Ma no», Viola fa un cenno, «andiamo lì», e si infila in una strada laterale.

Appena siamo seduti uno in faccia all'altra, di fronte a due tazze di cioccolata, si appoggia allo schienale, non accigliata ma molto seria.

«Si è arrabbiato. Ha alzato la voce. Fa spesso così. Devo imparare a tenergli testa».

«Ho notato la sua espressione tesa, ma sono sicuro che a lui dispiace quanto a te...»

«Oddio, non difenderlo», mi interrompe lei. «Basto io a difenderlo», con un gesto brusco si leva il basco di pelliccia e se lo appoggia accanto, sulla panca di legno. «È andata così... Avevo scoperto che per i ciechi non esistono solo i libri scritti in Braille, ci sono anche gli spartiti! È una cosa ovvia, ma io non lo sapevo. Nic sta già imparando a leggere in Braille con Wyn Lu, e quindi ho pensato di procurarmi questi spartiti speciali, ma oggi, quando sono arrivata e glieli ho proposti ha dato i numeri...», le si incrina la voce e si interrompe. Beve qualche sorso. «Scusa, non è che devo mettermi a piangere adesso», sbatte le palpebre per ricacciare le lacrime.

«Non preoccuparti, Viola», e intanto mi domando come faccia Nic a non essere amorevole con una donna come quella.

«Avevo trovato uno spartito in Braille proprio con il concerto che sta studiando. Beh, subito si è messo a sbraitare, mi ha detto di non rompergli più le scatole e che lui vuole studiare con Antonio e che il sistema che si è inventato è il migliore».

«Con Antonio?»

«Ma sì, non li hai mai sentiti? Devi sentire come fanno... insomma, si è arrabbiato, e poi mi ha chiesto scusa».

«Beh...»

«No, guarda, devo imparare a tenergli testa. Con tutto l'amore e la dolcezza possibile, ma credo che sia giusto anche per lui. In fondo tu gli tieni testa, vero? Allora, perché non io?»

«Sono d'accordo», e lo sono sul serio. «Più che d'accordo».

«E poi mi ha detto di starti addosso e di insistere anch'io per convincerti a… Hai capito?»

«No…», ho capito benissimo dove il discorso sta andando a parare. È farina del sacco di Nic, che Viola si è caricata in spalla.

«Dài, Mark… la corsa, no? Nic però ha ragione quando dice che ti stai intristendo ogni giorno di più. Mi dispiace un casino vederti così. Stai andando in crisi, secondo me. Stacci attento, qui non hai Lia. Non pensi che correre ti possa aiutare? Ti piaceva tanto…»

Tace, e in silenzio usciamo dal bar.

Ma prima di lasciarmi: «Nic continuerà a insistere», dice ancora Viola osservandomi con tenerezza, «io ti ho avvertito». E si infila nel taxi che ho chiamato al volo.

In effetti Nic non smette di insistere: inizia a ripetermelo ogni volta che ci incontriamo, il che vuol dire quasi tutti i giorni, e quando vado a cena a casa sua, e in liuteria dove viene a esercitarsi al violino e, soprattutto, quando mi chiede di fargli compagnia mentre si impegna nei suoi esercizi di *camminata nel vuoto*, come chiama lui quell'andare avanti e indietro nel parco di casa. In poche parole, quando *impari a muoverti anche se non ci vedi.*

Naturalmente ci muoviamo sotto l'occhio attento di Wyn Lu, o l'Orientale, come lo chiama Nora. Enigmatico ed elegante, silenzioso e di ammirevole pazienza fin dai primi giorni. Del resto, Nic non ha tutte le ragioni per essere insopportabile, in certi momenti?

«Ho sempre amato questo parco», Nic cammina avanzando cauto un piede dopo l'altro, come uno che esita a fidarsi dell'appoggio che gli offre il mio solido braccio. «È privato, possiamo venirci solo noi residenti. Paghiamo una fortuna di manutenzione, ma ne vale la pena».

«Beh... stile Manhattan, no?», replico.

«Sì, certo. Un luogo per privilegiati», ribatte lui secco. «Come tanta altra roba qui a New York. Però il nostro parco è grande, bello, alberato, pulito e tranquillo», elenca lui. «Non come altri parchi qui intorno, dove la gente va e viene, spazzatura e schifezze ovunque». Si ferma, e tira un profondo respiro.

«E tu puoi venire a correre qui», aggiunge, voltandosi verso di me.

Impara a correre tu, piuttosto, mi viene da dirgli di impulso, ma mi trattengo. Lui è lì che sta saggiando il suolo, senza staccarsi da me, passo dopo passo. Un piede dopo l'altro. Con estrema cautela.

«C'è un negozio non lontano. Ci andiamo insieme», si ferma di nuovo. «Anche se non vedo un cazzo vengo con te a comperare scarpe adatte, tipo le A3 che usi di solito, e poi pantaloncini e maglie e tutto quello che serve».

«Io sono abituato a correre con Black», rispondo cercando di non alzare il tono. Me lo rivedo, il mio labrador, lo rivedo in un attimo davanti a me, mentre corro lungo le vigne. Mi rivedo in una giornata di sole, quando Black volta tutto allegro il muso per controllare la nostra distanza e poi via al galoppo...

«Beh, imparerai a correre senza Black», Nic riprende a tentare un passo dopo l'altro. «Poi una di queste sere ti mostro il materiale che ho raccolto sulla maratona di New York... entusiasmante, credimi!»

«*Arrivo prima di tutti* è una frase che non fa per me. E non ho voglia di *raccogliere una sfida*».

«Ma certo», fa lui ironico, «perché mai dovresti?»

Forse è lui ad avere un disperato bisogno di raccogliere una sfida, senza però avere il coraggio di farlo, senza crederci davvero... in definitiva ha paura di provare a vivere.

E lui, intanto: «Insomma, scendi sulla Terra e torna alla corsa. Ti piace? Riprendi. Dico bene?», fa rivolto al suo istruttore.

«Perché no?», è la laconica risposta di Wyn Lu.

«E allora...», inizio io, e dopo un istante di esitazione decido di rischiare: «e allora scusa, visto che ci tieni tanto che corra io, perché non ti metti a correre anche tu? Perché non reimpari?»

«Non dire idiozie!», scatta Nic.

«Macché idiozie! Dietro la tua aria calma e posata, credi che non la veda la tua paura di aver chiuso con la vita? Credi che non capisca come ti senti? Vinto. Perso. A terra. Con già un piede nella fossa... Lo so, Nic, e so anche per esperienza personale che la corsa aiuta, aiuta immensamente a farti affrontare le difficoltà, i momenti neri».

«Tu non sai cos'è veramente un momento nero. Magari, dico magari...», e il suo tono è sferzante, «magari è non vederci. Questo è il nero di cui tu parli a vanvera».

Che posso rispondergli? Niente.

Segue un altro dei nostri lunghi silenzi.

«Scusami, Mark, ma penso che sia proprio per questo che devi riprendere a correre. Hai una voce, da un po' di tempo... basta sentirti per capire che sei a terra, caro mio».

E io: «Credi che non le abbia lette anch'io le sviolinate sulla maratona di New York?», e di fronte alla sua espressione desolata sento salirmi dentro un misto di rabbia e sconforto. «Credi che non lo sappia che possono partecipare anche i ciechi?» L'ho detto.

Nic sbianca.

«Glielo dica anche lei!», e mi rivolgo all'Orientale.

«Wyn Lu, *shut up*!», scatta Nic. «Attento... se apri bocca ti licenzio».

«*Hush*», risponde calmo l'altro.

E la cosa finisce lì.

A New York non mi sono portato dietro nulla per correre. Così qualche giorno più tardi entriamo tutti e tre nel negozio superlusso per runner di cui mi ha parlato.

Ho ceduto *ovviamente* per far piacere a Nic, ma non solo per questo. Ho ceduto perché ha preso a frullarmi in testa l'idea che forse, se mi metto a correre io, se ricomincio, vuoi vedere che ci si mette anche lui? In fondo, non ero stato io, nelle Langhe, a convincerlo a correre? E continuo a pensarci: ho sempre corso per il mio piacere, un piacere tutto incentrato su me stesso. Forse da egoista? E se ricominciassi, ma da generoso? Non solo per la mia gioia personale quindi ma per tirar dentro anche il mio amico, per aiutarlo a ritrovare il gusto di vivere, correre con lui per strapparlo al suo totale sconforto. Per farlo rinascere.

Quindi: chi se ne frega se non ho voglia di correre. Ricomincio per aiutare Nic! E chissà, magari alla fine la correremo davvero insieme la maratona. Ma bisogna fare un passo alla volta...

Appena entrato con Nic e Wyn Lu nel famoso negozio, gestito da commesse eleganti e pieno di clienti che trasudano dollaroni, già solo ad aggirarmi tra prezzi da capogiro e firme altisonanti e tutto l'armamentario griffatissimo, mi viene il nervoso e prendo a rimpiangere la mia vecchia maglia sdrucita e i miei pantaloncini sfilacciati e soprattutto le mie scarpe A3 così fantasticamente mie.

Nic mi obbliga ad acquistare tutto l'occorrente. Di stralusso, ovviamente, anche se io non ho mai sopportato tutti quei marchi superlativi impressi su ogni accessorio e su ogni capo che indossi.

E giusto al momento di scegliere le scarpe, mi telefona Lia per dirmi che sta andando a camminare con Black, e che aveva voglia di sentirmi. Sono partito da parecchio tempo ormai, anche lei ha una furibonda nostalgia e suggerisce che dobbiamo metterci d'accordo, trovare una soluzione, non possiamo stare tutto questo tempo senza vederci, non è giusto…

E io la ascolto, seduto in un negozio di Manhattan a provare delle scarpe che mi danno sui nervi. Che follia! E quando la telefonata finisce, rimango lì come un derelitto, ad allacciarmi e slacciarmi le scarpe, e continuerei così se Nic non mi riscuotesse: «È ovvio che verrai a correre nel mio parco. Gramercy Park. Non sei residente ma basta una mia parola».

In certi momenti ritrova il tono arrogante del Nic dei vecchi tempi. Forse è un bene.

«Senti Nic», mi cavo le scarpe. Ok, vanno bene. «È tanto che non corro. Ci riprovo perché insisti. Ma per le prime volte devo mettermici da solo. Per le prime volte voglio trovare un posto in cui mi sento ispirato. E poi non so come farò a correre senza il mio cane…»

«Il tuo cane?», si intromette un ragazzo che si sta provando le scarpe proprio vicino a me. «Corri con un cane, tu? Ma da dove vieni, scusa?», e mi guarda strabiliato.

«Dall'Italia perché?», e intanto penso che è proprio vero che qui a New York la gente attacca discorso ovunque, eccetto che in strada.

«Ah ecco! Mi sembra strano. Intanto, perché per avere un cane qui ci vogliono parecchi soldi!», esclama il ragazzo. È a piedi nudi e indossa una canottiera, firmata naturalmente. È uno che non sente il freddo, almeno così ti assicurano i newyorkesi.

Si mette a spiegarmi che, se vuoi un cane in questa città, devi affrontare un sacco di difficoltà. «Perché non ti lasciano andare da nessuna parte, è tutto vietato per i cani. Però se allunghi una bella mancia si girano dall'altra parte mentre passi con il cane. Io ci ho provato a correre con il mio. Poi l'ho lasciato ai nonni, che stanno in campagna. Avere un cane a Manhattan è una cosa tutta da ridere», raccoglie le scarpe e, a piedi nudi com'è, si dirige alle casse.

«Visto?», commenta Nic. «Niente cane. Ma sono sicuro che appena cominci a correre ritroverai il tuo entusiasmo, anche senza Black».

Evito di dirgli: *guarda che se ricomincio lo faccio per te!*

Comunque, ormai sono in ballo. Così il mattino dopo prendo posto al bancone nel solito locale, quello del cibo preconfezionato, ma soprattutto quello della gigantografia della maratona alla parete, e aspetto.

Accanto a me, come mi aspettavo, il gruppetto dei quattro runner sta scolandosi la solita birra. Del resto, ho letto da qualche parte che la dieta dei runner, a base soprattutto di carboidrati, ospita anche la birra. Io, intanto, mastico la mia colazione.

Mi avevano detto e ripetuto che nei locali di New York si mangia bene, ma io vengo dall'Italia, sono difficile da accontentare. O forse è il mio stato d'animo da esiliato a rovinarmi anche i sapori oltre gli odori?

I quattro chiacchierano di brutto a una velocità tale che in certi momenti faccio fatica a capirli, forse non mi hanno visto oppure fanno finta di niente.

«*Hi, men*», comincio, all'americana per così dire. Si girano tutti e quattro a fissarmi, birra in mano e risolino in faccia. Nel complesso non follemente simpatici.

«Eccolo lì quello che corre e non ce lo dice».
«È geloso del suo allenamento, ha paura che lo copiamo».
«È sicuro di vincere la maratona…»
«Basta guardarlo per capirlo!»
Una frase a testa poi giù tutti a ridere, e quello più alto mi rifila una pacca sulla spalla da farmi volare a terra se non avessi nei muscoli di tutto il corpo la forza accumulata con la corsa e con le infinite ore di fatica contadina.
«Sentite un po'», continuo, mentre li guardo. No, non mi sono simpatici, ma ho bisogno di loro e condisco le parole con un sorriso… un sorriso da runner. «Volevo chiedervi un favore…»
«Non mi dire!», ride quello alto. «Vuoi correre con noi?»
«E quindi è vero che corri. Anche tu!»
«Sei come noi!»
«Avevamo visto giusto».
«Io però di solito corro da solo», e tralascio che di solito, invece, corro con il mio cane per non ingolfarmi di nuovo in estenuanti spiegazioni circa le enormi differenze fra l'avere un cane in Italia e l'averne uno a New York. «Sì, corro da solo ma questa volta ho bisogno di una guida. Non conosco questa città, vengo dall'Italia. E non ho il tempo per sapere dove…»
«Ma sì, ma vai tranquillo, verrai con noi», mi interrompe subito il più alto. Sorride. Amichevole. Tutto contento della richiesta. Pronto ad aiutare. Me lo avevano detto che qui a New York se hai bisogno di qualcosa trovi sempre qualcuno ben contento di aiutarti. Beh, all'incirca è vero. Tipo lo sconosciuto degli scacchi.
«Ti mostriamo noi dove si corre».
«I percorsi migliori, ci scommetti?»
«Vedrai! Mica fra la gente. Mica sul cemento».

Sembrano entusiasti di avermi per compagno e cominciano a bombardarmi di mille domande, e come mi alleno, e quanti secondi per tot chilometri, e quanto sono competitivo, e com'è il mio scatto, e che cosa mangio, e via così. Poiché alle domande in realtà non rispondo che vagamente, il più alto si sporge a guardare nel mio piatto, ancora quasi intatto: «Ma questa roba qui non fa mica bene quando si corre, troppo grasso, troppe proteine, ma voi mangiate così? Eppure, dall'Italia sai quanti ne arrivano per la maratona? E sono bravi, la sanno lunga su tutto, anche sul cibo».

«Carboidrati, caro mio! Quando corri, solo carboidrati. Tanto riso. Pasta. Patate. Pizza anche, qui ci sono una marea di ristoranti italiani, noi ci andiamo sempre per fare un bel carico di carboidrati e poi via a correre... pizza, capito?»

«Però devi prenotare, sono sempre pieni».

«Il riso lo mangiamo dai thailandesi, lì ti riempi poi voli!»

«Te li mostriamo noi i posti dove mangiare giusto».

«Naturalmente per bere c'è la birra», e ridono alzando i boccali.

«E maratone? Quante ne hai fatte?»

Mi fissano, muti, in attesa di sentire chissà quale invidiabile esperienza. Imparerò velocemente che con quelli che corrono o si parla di allenamenti o si parla di cibo, o si parla di maratone. Quelle che hai fatto o che vuoi fare.

«Quella di qui, la nostra, mai?»

«Sono quarantadue chilometri e centoventicinque metri, e sai noi, due anni fa, sai il nostro tempo?»

«Scusate», mi alzo. «Devo andare al lavoro».

«Ok... allora venerdì mattina qui alle sei?»

Alle sei. Con questo freddo.

«Ci stai?»

«Certo. Venerdì. Ci sarò. Grazie».

Tutti vogliono stringermi la mano. Sono diventato uno di loro, no?

«Sì, ma quante maratone hai fatto?», il più alto insiste.

«Nessuna», ecco, l'ho detto.

Il loro interesse cade di colpo. Me l'aspettavo. Mi guardano con la delusione di una madre ambiziosa dopo che il figlio le ha confessato di essere stato bocciato.

«Nessuna?», si stupisce il più alto, ma sottovoce, come fosse una cosa da non far sapere in giro.

«Corro perché mi piace», e me ne vado alla svelta, temo mi dicano di lasciar perdere, che non sono uno a cui valga la pena insegnare i loro esclusivi percorsi da runner. Che mi dicano che a loro quelli che non sono competitivi non interessano.

Decido di raccontare a Nic l'incontro con quei quattro, si divertirà e soprattutto sarà contento di sapere che ho deciso di riprendere a correre, come vuole lui.

Non gli dirò che in testa mi frulla non solo l'idea di convincerlo a correre di nuovo ma anche il progetto di iscriverci insieme, lui e io, alla maratona. Ci sono dei ciechi, certo, l'ho letto, ma che forza di volontà hanno? Che indole? Che tempra? A lui è successo tutto così all'improvviso che è come se insieme alla vista gli avessero tolto anche la capacità di reagire, l'avessero distrutta.

Lo trovo in liuteria, al suo solito posto, con il violino in mano. Di fronte a lui Antonio, il liutaio di Cremona come lo chiamo fra me e me, anche lui con un violino in mano e davanti al leggio su cui è aperto uno spartito.

Mi fermo a qualche passo di distanza: eccolo qui, penso, il metodo di studio di cui mi ha parlato Viola.

Antonio suona seguendo lo spartito. Suona un rigo, poi si ferma. Nic ascolta, poi ripete. Prima Antonio, didattico.

Poi il violino di Nic con la sua voce straordinaria. Riconosco il brano. Shostakovich, *Concerto per violino*.

Nota per nota Nic sta imparando con quel sistema: per leggere lo spartito usa Antonio. O meglio, gli occhi di Antonio. Ascolta. Ripete. Chiede ad Antonio di ripetere. Ascolta, e via e via. E va più sicuro, più spedito. Non sbaglia.

Io ascolto e lo guardo.

In quel momento un lampo mi trapassa la testa. Non dico che sia stato un lampo di genio, ma per me è rivelatore.

Se per imparare uno spartito Nic può far conto sullo sguardo di un altro, come sta facendo adesso, perché non potrebbe far conto sul mio sguardo per riprendere a correre?

Non posso precederlo io nella corsa studiando il terreno, così da sapergli dire come e dove mettere i piedi? Mi ci vedo, a correre di nuovo con lui nel verde, ma subito mi rendo conto, con una stretta al cuore, che nella scena che sto vivendo nella fantasia, manca una figura fondamentale: Black!

Sì, Black!

Proprio lui, con il suo intuito, con quella misteriosa marcia in più che hanno gli animali rispetto a noi umani. Black si renderebbe conto immediatamente di come Nic vive il suo buio e saprebbe fiancheggiarlo molto meglio di me, guidare i suoi passi, rassicurarlo poco per volta, per trasmettergli l'attenzione necessaria ad affrontare il terreno. Per fidarsi.

Ecco, Black è indispensabile. Come potrei senza di lui far ritrovare a Nic la fiducia nel proprio corpo in movimento? Aveva imparato proprio inseguendo Black, lungo i nostri sentieri in Langa. Certo, allora ci vedeva, ma adesso potrebbe provare a imparare di nuovo. È molto difficile, ma perché gettare la spugna senza prima aver tentato?

Sono questi i pensieri che mi girano e rigirano nella mente mentre ascolto Nic e il suo struggente violino.

Sarebbe bello, ma mi rendo conto che è troppo da esprimere ad alta voce in quel momento, così mi tengo tutto dentro e a lui non dico niente di quel mio progetto, forse prematuro. Forse non sono io la persona adatta a insegnare a un non vedente. Ci vuole forse un coach vero e proprio, qualcuno che lo porti più in là di quanto potevamo insegnargli l'Orientale e io?

Nic e io decidiamo di andare a pranzo insieme, un panino e una birra in uno di quei lussuosissimi bar che stanno sulla Fifth Avenue. Wyn Lu non c'è, così per arrivare al bar si appoggia leggermente al mio braccio. Sento la sua tensione. Non è facile destreggiarsi fra la gente, raggiungere un tavolo, sistemargli la sedia.

Quando finalmente siamo seduti, ciascuno con il panino e la birra davanti, racconto a Nic di quello che farò venerdì mattina. Vuole che gli descriva per filo e per segno i quattro runner che ho conosciuto.

Poi mi dà un consiglio: andare a correre per conto mio, prima di incontrarmi con loro, tanto per capire fino a che punto sono spompato. Siamo a lunedì. Ho tre giorni per saggiare muscoli e piedi, prima di lanciarmi chissà dove insieme a quei quattro.

«Guarda però, Nic, che non me ne frega niente se quelli lì vanno più forte di me. Io voglio solo sapere dove andare a correre, che mi mostrino un percorso insomma».

«Scusa sai, ma intanto un percorso te lo posso dire anch'io... guarda che proprio ai lati di Manhattan scorrono due strade con percorsi ciclabili e pedonali. Sui pedonali puoi andare a correre. Mi ero studiato proprio quel tragitto quando ancora pensavo di poterlo fare», rimane in silenzio un momento, quel momento di cui ha bisogno per continuare a reggere. Poi riprende senza un sospiro: «Puoi andare a correre lì, tu. Senza rischiare di fare una figuraccia con i tuoi runner, che saranno allenatissimi, ci puoi giurare. A parte che non capisco perché non vuoi correre nel mio parco...», e intanto tasta il tavolo davanti a sé cercando con la punta delle dita. «Il mio panino?»

«Più a destra».

«Sai che cosa mi scoccia?», dice lui mentre libera il panino dal tovagliolo in cui è avvolto. Ha gesti cauti e attenti. «Sai che cosa? Il pensiero che mentre armeggio mi guardate. Voi mi guardate. Immagino che prima o poi non ci baderò più», e dopo un momento, con un sorrisetto: «Un po' come ai concerti, ricordi? Ti avevo detto che quando salivo sul palco, lo sguardo di tutta la platea mi paralizzava... Beh, ci pensi? Adesso quello sguardo non lo vedrò più, ma saprò che c'è».

Eh già.

E cerco di immaginare come si sentirebbe a sapere di essere guardato mentre tenta di imparare di nuovo a correre. Altri ci sono riusciti, penso subito, perché non dovrebbe riuscirci lui?

«A che stai pensando?»

«A niente».

Ci dedichiamo ai nostri panini.

Il giorno seguente, un plumbeo martedì, fa un freddo dannatissimo alle prime luci dell'alba, quando, con addosso pantaloncini leggerissimi e maglietta neanche fossi in Florida, mi ritrovo a correre lungo la strada pedonale che si snoda per tutta la lunghezza di Manhattan.

C'è una sorta di caligine e l'aria sa di qualcosa di indefinibile che arriva dal fiume. Per la verità non corro. Trotterello. Mi sembra di avere non so quanti chili sulle spalle; eppure, so di non aver messo su peso da quando sono a New York, anzi. Il fatto è che ho da muovere un corpo rigido e greve, che quasi non sento come mio, ogni passo mi costa uno sforzo. Mi sfrecciano davanti altri runner, leggeri e agili come lepri, sembrano rimbalzare sul terreno o volare rasoterra. Un paio sono a torso nudo. E fa così freddo che anche qui, lungo la pedonale, i tombini fumano.

Vengo superato anche da un ragazzo con i pattini a rotelle. Fila via tracciando curve sinuose ed è praticamente in slip e nient'altro, un codino gli sventola sulla nuca e ha le inevitabili cuffie per sentire musica. Lo ritrovo più avanti, fermo ad armeggiare con il cellulare, alza gli occhi e mi sorride: «Siamo alle prime armi, eh?», dice e continua a sorridermi amichevole, «ti ho visto prima, non scoraggiarti, quando si inizia a correre ci si spompa subito, poi poco a poco comincia a piacerti... se permetti, dovresti ritmare diversamente il passo, ti vedo un po' stile pachiderma. Eppure, sei magro», e ride con simpatia.

Stile pachiderma? Alle prime armi? Lo ringrazio fiaccamente e mi allontano con la sgradevole certezza non di correre ma di ballonzolare stupidamente, senza un perché, a casaccio. La motivazione mi è caduta di tasca e ora è dietro di me, persa chissà dove. È la prima volta che corro senza Black.

Mi fermo. Al diavolo, penso. Anche con il respiro non va bene. Come se avessi dimenticato come si fa a respirare con il naso quando si corre. Insomma, come si fa a correre in generale.

«*Hi, man*», è di nuovo il pattinatore. Mi si ferma davanti. Ha grandi occhi scuri che vagamente mi ricordano Black. Mancano però della sua *caninità*, straboccante di comprensione e solidarietà...

«Come gira?», mi scruta ma gentile.

«Va così».

«Dacci dentro e non cedere. Per correre ci vuole forza di volontà, generosità, disciplina».

Eh già! Come non le avessi mai sentite queste tre parole.

Il tipo mi sorride, sopra quei pattini torreggia esibendo un largo petto nudo ricoperto di tatuaggi, barche a vela che si inseguono su un mare in tempesta.

«Correvo anch'io, poi ho smesso», indica i pattini.

«Hai fatto la maratona?», la domanda mi sembra di prammatica e di nessun interesse.

«Qui se puoi la fai. A me è andata malissimo», punta un dito verso l'infilata dei grattacieli, «la senti l'aria che viene da lì?»

«Fredda».

«Non solo fredda, annusa... senti che puzza?»

«Sento. È la *Stinky Town*».

«No. Questa è puzza di sfiga, *man*!», sistema gli auricolari. «Puzza di sfiga. La riconosci subito e vien da lì. Stacci attento: se ti lasci andare questa città ti schiaccia».

Fila via tracciando ghirigori sull'asfalto. Alza il pugno al cielo mentre mi grida: «Non mollare l'osso, *man*!»

E invece io l'osso lo mollo. Eccome se lo mollo!

Forse il tipo con i pattini a rotelle non ha tutti i torti a proposito della puzza di sfiga, perché subito dopo me ne succedono di tutti i colori.

Tanto per incominciare è proprio quel mattino e su quella pedonale che mi cadono a picco qualsiasi motivazione e ogni interesse per la corsa. Tutto quello che avevo progettato sulla corsa, la mia, quella di Nic, correre insieme, forse la maratona... beh, va tutto in fumo. Trotterello sempre più fiacco e la voce interiore non mi dice *che bello, che piacere, che meraviglia,* come quando Black correva davanti a me.

Adesso mi dice: che cavolo ci faccio qui, chissenefrega, qui non posso correre, io sono uno che corre solo nelle Langhe e con il suo cane, qui mi si bloccano i piedi, mi dispiace per Nic ma non ce la faccio. Mi sento tutto sbagliato e ho solo voglia di salire su un taxi e tornarmene nella mia tana in Columbia Street.

Ed è esattamente quanto faccio all'istante. Passa un taxi, lo fermo.

E quando ci arrivo, nella mia tana, scalcio via le scarpe e mi cavo di dosso maglietta e pantaloncini firmati giurando a me stesso che li farò subito sparire, non ne voglio più sapere. E sotto la doccia che va a singhiozzo per non so quale guasto all'impianto idraulico dello stabile, penso che neanche morto andrò all'appuntamento di venerdì.

Il consiglio di Nic si è rivelato geniale. Andassero tutti al diavolo. Io con la corsa ho chiuso, e lo dico a Nic, quando vuole sapere dell'allenamento: «Con la corsa ho chiuso», e glielo ripeto un paio di volte con un tono così perentorio che chiunque altro ammutolirebbe.

Invece lui chiede: «Ma… e quei quattro di venerdì? Mi stai dicendo che non approfitti dell'occasione?»

«Non hai sentito? Ti sto dicendo che non mi va più di correre. Mi dispiace ma non ce la faccio».

«Ti hanno offerto di farti conoscere i loro percorsi più interessanti e tu? Li farai aspettare per niente?»

«Li ho visti stamattina al bar», preciso senza alzare il tono anche se sono esasperato. «Li ho avvertiti che non ho tempo. Chiuso. Mi dispiace, ti dico e ti ripeto che non ce la faccio. Mi sono sopravvalutato credendo di potermi rimettere a correre qui. Non sono nelle Langhe, non c'è Black… non funziona».

«Figurati», dice secco lui. «Chiuso l'argomento, fai come vuoi tu».

Ma quando sono invitato a cena, cioè quasi tutte le sere, lo trovo piazzato davanti a un video della maratona di New York che si è fatto installare sul computer da Viola. Ovviamente non vede le immagini ma spara ad alto volume il giornalista che racconta tutta la rava e la fava dell'evento più atteso al mondo e con che toni trionfalistici! Nic lo fa apposta. Tanto per farmi capire che sto rinunciando a una magnifica, unica, impagabile ed eccezionale esperienza.

So dentro di me che se non mi rimetto a correre io, mai più ci proverà lui. Accorgermi di avere gettato la spugna è davvero deprimente: mi manda l'umore di traverso.

A cascata segue tutto il resto.

Intanto vanno storte un paio di trattative che avevo aperto con una certa fatica per ottenere quei finanziamenti oramai indispensabili alla liuteria. Le condizioni proposte sono inaccettabili, tanto vale strangolarsi con le proprie mani. E nel giro degli stramiliardari che avevo contribuito ad arricchire durante il mio fulgido periodo da broker, soltanto uno accetta di incontrarmi, in nome dei vecchi tempi. Purtroppo, è un inguaribile taccagno.

E non basta: oltre al fronte finanziario, sotto i colpi della sfiga, sta cedendo anche il fronte abitativo: l'impianto idraulico della casa in Columbia Street è talmente sgangherato che sempre più spesso dai rubinetti scendono a stento poche gocce. In attesa che i proprietari si arrendano alle riparazioni noi inquilini in affitto dobbiamo fornirci di taniche d'acqua.

E ancora non basta.

Le lunghe telefonate con Lia non mi danno più conforto, anzi! Lei continua a dirmi che quando due si amano, la lontananza rafforza l'amore. Ma a me la lontananza sta mangiando l'anima. Del resto, sento spesso Lia tesa e spenta e questo mi riempie la testa di pensieri snervanti: mi ama ancora o no?

Lei dice di sì.

Mi sto perdendo. Eppure, non è la prima volta che vado in crisi. Nelle Langhe c'ero arrivato dopo aver mollato Londra e il mio lavoro, nel pieno di una crisi nera dalla quale ero uscito a forza di correre. Era stato difficile, ma ce l'avevo fatta. Mi ero sentito rinascere al punto d'essere sicuro di aver ormai conquistato un mio centro, per così dire inattaccabile, al riparo da qualsiasi difficoltà.

Beh, la crisi di adesso, qui a New York, è peggio. Molto peggio. È come se stessero riaffiorando le fragilità di un tempo, ho perso la stabilità emotiva che credevo di avere conquistato, mi sento privo di qualsiasi riferimento, dannatamente solo, in questa città che per me, come per un'infinità di altre persone, è davvero la "città delle solitudini".

E il fatto di aver rinunciato al progetto di correre con Nic mi fa un gran male. La mia autostima sta colando a picco, anche lei.

Avvilimento, malessere, ansie di ogni tipo mi angustiano per tutta la giornata e mi rendono ancora più penoso il lavoro. La sera sono stanco e nervoso. La notte poi non ne parliamo, devo difendermi dai ripetuti attacchi dell'insonnia. Mi sento assediato. *Under attack, under attack!*

Naturalmente con Nic devo far finta di niente, ma la sua cecità sembra aiutarlo a intuire più a fondo gli stati d'animo altrui, cioè miei, di Viola, di sua madre e degli artigiani della liuteria, compreso quello assunto da poco, giovanissimo, che in cuor suo detesta New York. Nic l'ha capito, gli dà addosso ma il ragazzo non cambia idea: New York è faticosa e dura, borbotta.

La penso come lui, ma non lo dico. E tra me aggiungo: inoltre puzza di sfiga… ha ragione il tizio sui pattini a rotelle.

«Che ti succede?», è la domanda quotidiana di Nic.

«Niente».

«Devi rimetterti a correre», di nuovo il solito ritornello, «Correre ti tira fuori dalla crisi».

«Dacci un taglio, Nic».

«Nel caso tu non l'abbia ancora capito», ribatte lui secco secco, «devi riprendere a correre».

E io penso: anche tu. Ma non lo dico. Piatto, spento, grigio.

Insomma, mi sta andando da cani.

Ma non basta ancora.

Il padrone di casa dopo aver fatto riparare l'impianto idraulico aumenta considerevolmente l'affitto. Ora non è che sono povero in canna, ma New York è una delle città più care al mondo e io lavorando per Nic non prendo ovviamente uno stipendio. Quindi ci vivo per conto mio, in più c'è da pensare ai miei che ogni mese aspettano il loro assegno. E c'è anche la casa nelle Langhe, che non lascio certo sulle spalle di Lia.

Vado a parlare con il padrone di casa. Non c'è verso. Pagare un affitto così alto, per quei due striminziti locali, mi fa incazzare.

Scivolo in uno stato d'animo via via peggiore. Un buco nero.

E al telefono, la sera, anche Lia se n'è accorta: «Non posso più sentirti così», una protesta indubbiamente amorosa, ma alle mie orecchie suona come un rimprovero.

«Faccio del mio meglio».

«Non ne dubito, Mark. Però non ti riconosco più. Stai male».

«Stanchezza».

«Non è stanchezza. È come se tu avessi smarrito l'orientamento e non sapessi più da che parte girarti...»

«È esattamente quello che mi è accaduto», rispondo tra i denti. «Senza te e Black è come se fossi perso».

«Ma smettila...», dice lei, e sento che lo dice amorevolmente, me la tirerei sulle ginocchia se fosse qui, ma non è qui, e io: «Come ti viene di dirmi di smetterla? Credi sia facile?»

«Dài, amore, hai tutte le ragioni per starci male. Ma ne usciremo... non so che cosa darei per venirti a trovare, purtroppo non posso muovermi. Non si trovano sostituti, quei pochi non hanno il tempo e neppure le competenze».

«Fregatene per una volta, prendi un volo e resta con me qualche giorno».

«Tu potresti piantare in asso Nic e la liuteria? E venir qui per qualche giorno? No, non potresti, lo so. Siamo sulle due sponde opposte dell'Atlantico ma siamo sulla stessa barca».

E finisce lì.

La nostalgia mi sta triturando l'ultimo pezzo di cuore, il resto se n'è già andato.

Qualche pomeriggio dopo, alla liuteria io e Antonio stiamo esaminando gli ordini riguardanti il materiale necessario per assemblare i violini e spuntiamo i prezzi dei legni pregiati, aceri e altro, di cui abbiamo bisogno. Lavoro tanto e lavoro bene. Lì continuo a tener duro, lì non mollo il colpo!

A un certo punto mi arriva una telefonata di Pietro.

«Devo dirti una cosa».

«Non adesso, Pietro. Sto lavorando. Ti richiamo».

«No, dammi retta».

«Sto lavorando, ti ho detto».

«Sono all'aeroporto».

«Scusa?»

«Sono arrivato adesso al... Kennedy. Sono in un bar dell'aeroporto. Lia voleva portartelo lei, Black, ma non poteva. Perciò te l'ho portato io».

«Pietro, ma...»
«Oh, ma sei rimbambito? Black. Lia ti ha mandato Black».
«Qui? A New York? Qui?»
«Sì, Black è qui con me».
«Black...»
«Vieni a prenderci, Mark. Che cosa aspetti?»

Parte terza

Capitolo Uno

La telefonata che faccio a Lia dal bar dell'aeroporto me la risento ancora nelle orecchie: è un balbettante séguito di *grazie, ti adoro, non ho parole, ma come hai fatto*. Devo essere abbastanza buffo, ma Lia sa che nell'esprimere i sentimenti io sono una mezza frana e non le è perciò difficile capire l'essenziale: la mia felicità. E la mia gratitudine.

Quando finisco la telefonata, con Black non dico in braccio ma quasi, incontro lo sguardo di Pietro, commosso anche lui: non dev'essere stato uno scherzo venire fino a New York per portarmi il mio cane! Ma non è venuto fin qui solo per questo. Non solo.

«Andiamo subito da Nic, vero?», mi sta infatti dicendo, e annuisce, come a dire: e non sarà facile.

Sentendoci vicini come non mai, lui, Black e io, andiamo insieme da Nic, che ci aspetta a casa sua. Black gli fa un sacco di feste, ma senza farmi uscire dal centro della sua attenzione. Per tutta la cena non si stacca da me neanche di un millimetro. Non riesco a buttar giù niente, sono troppo emozionato. Neanche Pietro riesce a mangiare: è seduto di fianco a Nic e so bene che cosa sta provando.

Dopo cena li lascio, quei due, a parlare fitto fitto, per tornarmene in Columbia Street, come ho fatto tante altre sere. Ma questa volta... beh, questa volta è ben diverso!

«Black...»

Dal braccio di mare che circonda quest'isola mi raggiunge, anche questa notte, il grido del rimorchiatore. Due, tre volte. Sono sveglio, ma non per l'insonnia.

Sono sveglio per la gioia.

Mi impedisce di dormire la felice agitazione che ho addosso. Non riesco ancora a convincermi che qui, a più di seimila chilometri dalle Langhe, qui al limite estremo di Brooklyn, in Columbia Street 84, Red Hook, New York, qui, io da questo letto se sporgo il braccio posso appoggiare la mano sulla testa di Black.

Devo convincermi di questa realtà.

«Black».

Sente la mia voce. Anche lui sveglio. Scodinzola. La coda batte sorda sul pavimento.

«Black».

Si tira su e appoggia il muso al bordo del letto.

Ci guardiamo nella penombra della stanza. Black mi contempla con uno sguardo non incredulo ma sereno, che conferma il profondo legame tra me, l'essere umano, e lui, parte di quel regno vivente a noi vicino ma misterioso. Un regno in cui la dedizione prende la forma dell'ineffabile: la pantofola riportata, gli scrolloni e i salti di gioia, le musate per svegliarti o per pretendere una carezza, l'attesa paziente davanti alla porta. Il gesto invece che la parola.

Ne sono sicuro: lui sente la mia emozione come io sento la sua. La sua presenza mi arriva potente. È la presenza del *daimon* tornato per avere cura, proteggere, ma soprattutto ridarmi quel senso della vita che io temevo fosse rimasto impigliato nei sentieri che Black e io percorrevamo, fianco a fianco. Quel senso della vita che credevo di aver smarrito, per sempre, e invece eccolo, ora che ho vicino il mio incredibile labrador nero.

Solo chi ama il proprio cane come io amo il mio riuscirà davvero a capire che cosa significhi per me essere di nuovo con Black.

«Black».

Ma sì, sembra dirmi, stai tranquillo, sono qui, adesso tu e io ricominceremo a fare tutto per bene e, vedrai, anche a correre.

E poi si lascia andare poco per volta disteso sul tappetino, ai piedi del letto.

Continuo a tenergli una mano sulla testa e lo sento quando scivola nel sonno, russa sottilmente, ha affrontato il viaggio in aereo, da solo, chiuso in quella specie di bagagliaio, probabilmente pazzo di paura e in cui deve aver patito un freddo becco.

Dorme. È con me. Sorrido, a occhi chiusi, e non riesco a prendere sonno.

Il grido del rimorchiatore mi raggiunge ancora una volta e un altro battello gli risponde. Quel grido ripetuto proveniente dal mare questa volta, però, si colora del respiro di Black e non è più il rumore aspro che buca la notte e conferma la mia solitudine. Si trasforma in un suono. Racconta di marinai che stanno lavorando nell'oscurità, nel vento, nelle onde, racconta che ho un mondo, intorno. Riesco finalmente a sentirne la presenza, così sprofondo nel sonno dolcemente come non mi è mai accaduto da quando ero a New York.

Black è con me.

L'alba o poco dopo. Mi sveglio, la faccia leccata da un cane impaziente di uscire. Pioviggina appena, odore pungente di mare, di salsedine, e fuori, nelle strade strette e lunghe, ancora deserte, di questo quartiere, io e Black – incredibile, vero? proprio io e Black – ce ne stiamo andando verso il molo, e superiamo caseggiati di mattoni rossi, vecchie insegne fatte dondolare da un vento sabbioso, tagliente, in questa avara primavera.

«Com'è Black? Ti piace questo posto? Tu non sei mai stato al mare, ora ci arriviamo».

Gli dico anche che sono pazzo di gioia, glielo dico mentalmente, so che lui capisce, alza il muso, vedo che è felice anche se non gli piace per niente di essere al guinzaglio e non è abituato all'asfalto.

«Non sarà facile, Black, qui non c'è la libertà che hai a casa e non ci sono i nostri sentieri», e lo dico proprio quando mi affaccio sul molo che si allunga tra le onde, e là in fondo vedo svettare dal mare la Statua della Libertà, guarda fisso verso di me che porto il mio cane al guinzaglio invece di lasciarlo libero come avrebbe diritto, voglia e desiderio. Qui bisogna stare legati. Pietro mi ha portato il guinzaglio e anche la museruola, ma quella gliela risparmio.

Sta guardando l'oceano per la prima volta in vita sua. Ha davanti la grande distesa di onde oblique battute dal vento.

Eccitatissimo si blocca, alza il muso, fiuta, freme, si agita, poi mi urta, si spinge contro di me, uggiola, poi abbaia. Mi sta dicendo lasciami andare e tira il guinzaglio, sento che vuole lanciarsi, correre, girare, annusare, lasciare il segno della sua presenza in questo luogo marino all'estrema punta di Brooklyn.

Come dire: sono arrivato, ci sono anch'io qui!

Black è forte e strattona e non si capacita che io non lo lasci. Mi guarda come a dirmi ma che cavolo stai facendo con quel coso che mi lega?

Davanti a me si stende grandioso il Valentino Pier. Da questo molo, me l'avevano detto, la vista sulla baia è magnifica, ma non c'ero mai venuto e non mi era mai passato per la testa di venirci. Ora sono qui, con Black.

E allora mi decido: lo sgancio, e all'istante lui scatta con tutta la forza e corre, corre avanti e indietro, avanti e indietro sull'immenso arco della baia, neppure velato da questa minuta pioggerellina. Corre sotto lo sguardo della Statua della Libertà, che cerca con gli occhi la Francia, sotto questo cielo che ne ha viste di vicende umane, terrificanti o gloriose, a iniziare dagli indiani che vivevano qui, in pace, prima che arrivassero gli europei a rovinargli la vita.

Il vento agita e scrolla l'erba intorno a me e io rimango lì a bocca aperta davanti al fantastico paesaggio, a guardare Black, il mio cane, il mio adorato cane che sta dando una straordinaria dimostrazione di che cosa siano la vitalità e la gioia di vivere, nonostante tutto.

La vita, che altro?

Infine, mi siedo da qualche parte, mentre lui continua a galoppare in giro. Continuo a seguirlo con lo sguardo e intanto telefono a Lia. Mi risponde subito. La sua voce, la sua cara voce: è la terza volta che le telefono da quando Black è arrivato, e ogni volta, appena la sento, qualcosa di molto simile alla commozione mi stringe il cuore. Non so come ripeterle la mia gratitudine per avermi letteralmente salvato dalla disperazione, perché è esattamente questo che ha fatto mandandomi Black. Come le è venuto in mente? Le è venuto in mente perché mi ama, aveva capito che stavo andando a picco.

Per la terza volta le dico quanto in queste poche ore sia già cambiata la mia vita e come anche questa stessa città stia cambiando davanti ai miei occhi, di momento in momento. Non mi sembra più un luogo di spettri, sta diventando viva e ricca di memoria. Ora che Black è qui con me.

«Ma hai guardato nella borsa che ti ho mandato?»

«Quale borsa?»

«Pietro non ti ha dato una borsa?»

«Ah, sì, è vero», ricordo di averla mollata in un angolo appena entrato in casa con Black.

«Non l'hai aperta...»

«Ero troppo preso da Black».

La sento ridere. Me la mangerei di baci.

«Mi manchi terribilmente»

«Ma la borsa?», e subito aggiunge: «Non sai quanto mi manchi tu, Mark».

«Appena ritorno a casa ci guardo dentro», non riesco a continuare perché c'è qualcuno sotto un ombrello strattonato dal vento, qualcuno che mi si pianta accanto, un uomo alto e grosso.

«È tuo quel cane?», domanda rabbioso, quasi grugnendo. «Non solo lo lasci libero di azzannarci tutti, ma gli lasci fare la cacca là in fondo. Da dove vieni tu per non sapere...», e comincia una veemente filippica indicando Black, che capisce di essere al centro dell'attenzione e galoppa ancora di maggior gusto, ci viene un momento vicino, per riprendere poi a correre volgendo il suo testone verso di noi, mentre il tipo mi chiede di nuovo da dove vengo e sciorina un elenco di Paesi del Terzo Mondo. Ovviamente l'elenco comprende anche l'Italia.

Dico a Lia che la chiamo dopo, mi scuso con il tipo e lui mi conduce, a dito teso verso la prova fumante della maleducazione mia e di Black; per fortuna Pietro ha attaccato al guinzaglio un pacchetto di appositi sacchettini.

«E adesso lo leghi», tuona il tipo dopo che ho buttato il tutto nel contenitore, «e gli metti la museruola perché qui da noi usa così», e se ne va nel vento sotto il suo ombrello di sghimbescio e gonfio di rancori.

Metto il guinzaglio a Black, ma non la museruola. Quella no. E infilo quelle strade lunghe e strette per tornarmene a casa. Telefono a Nic e gli dico che oggi mi prendo un giorno di vacanza e lui mi risponde che se lo aspettava.

Passiamo davanti a magazzini di mattoni rossi, e solo ora che sono con Black mi accorgo che qua e là, in qualche cortile o giardinetto, c'è chi ha creato dei piccoli orti urbani, proprio sotto certe case popolari... riconosco cavoli, verze, carote e cetrioli, e mi sembra siano passati secoli da quando ero io ad avere cura di queste verdure autunnali... una botta di nostalgia che Black cancella strattonandomi.

«Lo vedi quel caseggiato, Black?», dopo un po' mi fermo di nuovo. «Quello lì, lo vedi?»

Alza il muso e guarda, proprio come sto facendo io. Adesso, non per vantarmi, ma vorrei sapere quanti sono i cani che quando gli dici guarda lì, si fermano e guardano davvero lì, più umani di un umano.

«Sai chi ci stava lì?», come ho detto la città si sta velocemente rianimando, ora che non mi sento più solo, mi riporta la sua storia e mi va di raccontarla. «Qui ci stava Al Capone, il re della malavita di Chicago. Red Hook ai tempi era un quartiere tostissimo, malavita, gangster, miseria, ma volevo dirti...», e Black sta attento, orecchie diritte, «un giorno Al Capone esce di casa, c'è uno con il rasoio che gli vuole tagliare la gola, qui dove siamo noi o all'incirca e invece lui si tira indietro all'ultimo, si salva la pelle ma ci rimette la faccia perché quell'altro lo sfregia». Black non sembra impressionato dalla faccenda, e io: «Lo chiamavano *Scarface* per quello, capito?»

In quel momento mi passano vicino due ragazze, sorridono e mi chiedono: «Stai parlando con il cane?»

«No, è lui che parla con me!»

Se ne vanno ridendo e si girano per salutarmi, mentre io: «Dài, Black, ce ne andiamo al bar, adesso».

Niente bar. Con il cane non si può entrare. I cani qui a New York non entrano in nessun locale.

«Ti metto un tavolino fuori, se resisti al vento», mi dice gentile il proprietario, e in un attimo ecco tavolino, sedia, caffè, più il dolce e il salato che divido con Black. Penserò dopo alla sua dieta sana, oggi è giorno di festa.

Mi si piazzano intorno un paio di uomini, birra in mano, a far commenti su Black. «Bel labrador», dicono, ottimo per la caccia, per la palude, riporta le anatre se riesci a tirarle giù, uno dice di averlo sperimentato di persona, però con un labrador non suo. Lui non vuole cani, troppo complicato a New York. E mi avvertono che non potrò portarlo da nessuna parte, in questa città il cane per andare in giro deve stare in un trasportino.

«Cioè?»

«Una gabbia. Lo chiudi in gabbia e te lo porti dietro».

«E se pesa una trentina di chili come il mio?»

Ridono e mi dicono: «Ti arrangi».

Non lo toccano, non gli fanno carezze, tanto Black non le vuole dagli estranei, se ne sta buono accanto a me, mi fissa e fissa loro e uno aggiunge che il labrador è un formidabile cane da ciechi, parla di un suo zio, ne ha uno che lo porta in giro, è bravissimo…

Cane da ciechi, ho capito bene?

Appena a casa dico a Black: «Cane da ciechi? Hai sentito?», la cosa mi ha colpito tantissimo. «Mi hai sentito? Se lo sa Nic...», e mi torna alla mente quella mia fantasia, quella che mi ha colpito quel giorno in ospedale, ma che non ho avuto il coraggio di dire neanche a me stesso: Nic che ricomincia a correre e Black che gli fa da guida. Fantasia? Ma no, non può essere solo una fantasia!

«Ehi, Black, potresti fare un corso, lo sai? Cane guida per ciechi... ma sì, mi sembra un'idea formidabile».

Lui non mi ascolta è con il naso nella borsa di tela che ho lasciato in un angolo.

La apro e Black non è più vicino a me, ma accanto alla porta e mi guarda. Riconosco quello sguardo, mi sembra di ritornare d'un tratto nelle Langhe quando stavamo per andare a correre, Black mi fissava proprio così e aspettava paziente che mi sbrigassi.

«Ah, ecco!», e trovo nella borsa i miei sfilacciati pantaloncini, le mie amatissime scarpe A3, le mie maglie, tutto. Lia mi ha mandato tutto quello che mi serve per correre, come a dirmi *amore mio, ritrova te stesso...*

Mi giro ridendo verso Black, lui lo sapeva che cosa avrei trovato nella borsa ed è per questo che mi sta attendendo alla porta, pronto.

«E allora...», dico senza stare a descrivere come mi sento né quanto forte mi batte il cuore, parole superflue con Black, «...e allora si va? Subito?»

Alla tassista sgancio un bel po' di soldi, non ne vuole sapere di Black, mi dice che i cani non si può portarli in giro, che New York non è un posto per loro, e alza il prezzo per lasciarmi tenere Black vicino, invece che nel bagagliaio dove avrebbe voluto rinchiuderlo. E quando le dico che andiamo a Coney Island scuote la testa: «Che ci va a fare con un cane al Luna Park? Poi è ancora chiuso. Fa troppo freddo, aprono in aprile», e continua a borbottare tra sé.

Ci mettiamo quasi mezz'ora ad arrivarci da Red Hook. Io abbracciato a Black, lui con la testa appoggiata sulla mia spalla. Siamo felici.

Non so come mi sia venuta l'idea di Coney Island. Credo sia perché avevo visto una fotografia di un uomo che camminava su quella spiaggia lungo l'oceano in una grigia giornata, da solo, e il suo cane poco più avanti, in corsa.

E rivivo con Black quell'immagine e c'è poca gente anche sulla Boardwalk, la lunga passerella di legno che costeggia la spiaggia. Il Luna Park muto, vuoto, spento.

Black e io corriamo in riva al mare, lui è pazzo di gioia... le onde si abbattono schiumose sotto il cielo color piombo. È una giornata fredda e cupa, ma noi ci ritroviamo a correre come facevamo una volta, lui davanti a galoppare e a voltarsi ogni tanto per guardarmi, io dietro, correndo giusto sul bagnasciuga, per non crepare al decimo passo affondando nella sabbia.

Sento che le gambe mi fanno subito male, i muscoli dei polpacci non ne parliamo. Non riesco a respirare con il naso. Ho la stessa sensazione accasciante che ho provato quell'unica volta che sono andato a correre sulle pedonabili di Manhattan.

E se lasciassi perdere?

Ma Black va avanti e indietro. Torna verso di me, poi si volta e riprende, poi mi torna vicino e mi guarda e sembra dirmi: le prime volte che correvamo insieme eri una schiappa, spompato quasi subito, come adesso...

È vero. Ma erano le prime volte. Poi ce l'ho fatta.

Tira vento, trotterello, non demordo, non lascio perdere... resisto e cerco di ritrovare un ritmo, il battito cardiaco riprende vigore, non mi sento più il cuore in gola. Ora va meglio, corro, una falcata dopo l'altra, senza sforzare.

Dài, che ce la fai!

E d'un tratto mi trapassa lo stesso lampo felice di quando correvo nelle Langhe.

«Ti alleni qui? Sulla sabbia è da campioni, lo sai?», è uno che mi supera. Lo sbircio, è giovane, ha un compagno, sono in due, praticamente in mutande come me, nel vento freddo di cui anche loro si infischiano. «Ti alleni per la maratona?», ammiccano, si fermano continuando a saltellare.

«No, non la maratona», mi fermo e saltello anch'io. Black torna di volata verso di me, lingua di fuori, sembra che stia ridendo.

«Il cane?»

«È il mio apripista».

«È tosto allenarsi sulla spiaggia, la sabbia pesa un quintale», ridono e saltellano, «noi abbiamo cominciato oggi, la maratona è a novembre, in sei mesi ce la fai...»

«Dovresti trovarti un buon coach, da soli è difficile prepararsi».

«Ce l'ho già il coach», rido e indico Black.

Ridono anche loro e schizzano via come due cavallette, li vedo correre con un bel ritmo elastico, fianco a fianco, due macchine in perfetto sincrono, beati loro.

Tiro un respirone, ho di nuovo il fiato corto, Black mi guarda con la testa inclinata su un lato, le orecchie mobili e sembra dire: ma che fai? Ti fermi? Molli?

Mi viene in mente il tipo con gli schettini, quello sulla pedonabile. Mi aveva detto non mollare. Io invece avevo mollato.

«No, Black. Stai tranquillo. Non mollo più», e mi chino ad abbracciarlo, lui salta via.

Si mette a piovere. Riprendiamo a correre, io con il fiato fra i denti ma mi sento salire qualcosa dentro, una forza che avevo dimenticato, una passione…

«Black», urlo, «ce la faremo, vedrai! Ce la faremo, tu, Nic e io!»

Torniamo a casa in taxi, questa volta il tipo non vuole un dollaro in più per via del cane, dice che i cani per lui sono come le persone. A casa mi infilo un maglione, poi torno in strada con Black al guinzaglio a cercare l'occorrente per lui: cibo appropriato, due ciotole, una tinozza per lavarlo, spazzole e sapone anche questi appropriati, che però non riesco a trovare, mi arrangerò alla bell'e meglio.

Lo immergo nella tinozza riempita con acqua calda al punto giusto. Lo lavo, mentre lui gioca con la schiuma, è allegrissimo, almeno fino a quando lo asciugo… è incerto se protestare o godersela solo quando lo strofino. Infine, lo spazzolo e dopo faccio la doccia: l'acqua non viene più giù a singhiozzo. Se ci fosse Lia mi sentirei al settimo cielo.

Va beh.

Gli do da mangiare, io me la cavo con un panino e una tazza di caffè, poi di nuovo fuori: a Manhattan ci aspettano Nic, Viola e Pietro.

Arriviamo alla fermata del traghetto. Ma sono di nuovo problemi: col cane non posso salire. Il cane deve avere il trasportino. Mi metto a discutere con il sorvegliante che, dopo avermi spiegato e rispiegato la situazione, non mi sembra proprio irremovibile. Così insisto e lui mi fa salire a bordo rifiutando una mancia ma guardando da un'altra parte.

Vado ad accucciarmi all'esterno, in un angolo. Mi ripiego su Black, a fargli io da gabbia con il mio corpo, ad avvolgerlo tutto. Ci sono altri passeggeri là fuori, alcuni indifferenti, altri, devo dire i più, visibilmente infastiditi, se non ostili. E fa proprio freddo. Black è caldo. Forse è lui che sta abbracciando me.

«Scusa, ma...», ed è una ragazza, giubbotto tirato fino alle orecchie e berrettone rosso.

«Abbi pazienza, tra poco arriviamo, siamo quasi all'approdo», le rispondo.

«Cockney, eh? *Real Cockney!*», e mi sorride con simpatia. «Anch'io ho un cane e figurati se mi dà noia il tuo. Solo che non puoi andare da nessuna parte così. O prendi un taxi o vai a piedi, ma in questa città... io ho un meticcio, grosso, pesa una tonnellata, e con lui vado ovunque, su qualunque mezzo».

«Magia?», sorrido.

«Sacco».

«Cioè?»

«Seguimi bene...», si china verso di me, «compera uno zaino, bello grande naturalmente. Ci fai due buchi in basso e ci infili il tuo cane, le zampe posteriori le fai uscire dai buchi. E la testa da sopra, ovvio. Chiaro? Siamo in molti qui a New York a portare in giro così un cane grosso, in un sacco sulle spalle: non possono dirti niente perché è come se tu mettessi il cane in gabbia. Sta nel sacco e non può muoversi».

Geniale!

Attracchiamo al molo e scivolo via con Black, il tipo del traghetto fa come se fossimo trasparenti, uno protesta e gli dice: «Ma guardi un po' quel cane!» Lui si volta e gli domanda gentilmente: «Come dice, scusi?», mentre dietro la schiena ci fa il gesto di sbrigarci a scendere. Noi non ci facciamo certo pregare e in un baleno siamo già lontani,

Black al guinzaglio che strattona, io che lo trattengo e penso alla faccenda del sacco: «Capito Black? Ti posso portare ovunque. Adesso andiamo a trovare Nic e gli altri e poi, domani, andiamo a prendere questo zaino».

È la prima volta che mi trovo con Black in una strada affollata. Sono preoccupato: quando mai nelle Langhe gli è capitato di doversi destreggiare fra centinaia e centinaia di gambe? Non so bene come reagirà stretto tra tutti questi sconosciuti e già mi vedo i titoloni dei giornali: *Ex broker di Londra linciato dalla folla inferocita. Portava a spasso un labrador nero. Il cane, di grossa taglia e molto pericoloso, è riuscito a fuggire ed è ora attivamente ricercato dalle unità speciali della Guardia Nazionale*. Rido tra me perché in realtà le cose vanno abbastanza bene: Black è un po' intimorito, si tiene più che può ben attaccato alle mie gambe, ma non rinuncia ad annusare tutto l'annusabile sul nostro percorso. E la nostra presenza, per quanto irregolare, passa sostanzialmente inosservata.

Cammino veloce tra la gente, nessuno mi chiede se parlo con il cane o se è il cane a parlare con me, pensano che io parli al cellulare come tanti altri che mi passano accanto. Sono strani quelli che parlano e parlano a chi non c'è, a chi non è presente, io invece parlo a qualcuno che c'è, eccome se c'è, io parlo a Black, al mio cane.

Dobbiamo prendere di nuovo un taxi, in metropolitana non posso portarlo.

Anche questo tassista non vuole un dollaro in più e mi lascia tenere Black accanto, ma appena gli dico la destinazione mi lancia uno sguardo dallo specchietto retrovisore: «*Cockney*, eh? *Real Cockney*? Londinese vero o finto?», scuote la testa ridendo come se fosse una stramberia avere l'accento di quella città. «L'unica volta che sono andato a Londra è stato per correre la maratona...»

«Conosco la maratona di Londra, ma quando vivevo lì io non correvo».

«Quando vivevo lì... vuoi dire che adesso corri, giusto?»

«Sì, adesso corro», e do un buffetto a Black.

«Però, senza offesa, la nostra non ha paragone con la vostra, la nostra è un'emozione totale, fotonica, stellare, voi a Londra siete, come dire? Imbalsamati? Noi no, noi abbiamo un'energia, noi americani siamo un popolo giovane, non abbiamo nemmeno trecento anni. A Londra incomincia adesso la vostra eh? Il 21 aprile, tra poco, ma se tu sei qui mi sa che non ci vai».

«Penso proprio di no».

«E allora guarda...», mi allunga un biglietto, lo leggo: nome, telefono, indirizzo, e lui prosegue, «Io sono Bill, e lì sopra c'è il mio nome, il telefono, tutto. Se vuoi allenarti per la maratona ti porto al traguardo nel modo giusto, ti insegno tutte le tecniche della corsa». A un semaforo rosso gira verso di me una faccia ossuta e scarna, dal sorriso entusiasta: «Sono uno dei più bravi coach in circolazione, mi credi?»

«Ci credo», mi è simpatico il tipo. È uno simpatico e inarrestabile.

«Tu sai che è in novembre, la maratona, non perderti l'occasione di partecipare, la prima domenica di novembre, hai giusto sei mesi e se ti procuri i documenti d'accompagnamento necessari, secondo me ci porti anche il tuo cane a correre con te. Non vi separate mai, scommetto. Basta guardarvi».

«Sentito, Black?», e gli rifilo un altro buffetto.

Il tipo si mette a ridere e scuote la testa: «Un cane, eh? Credimi, molto meglio di un essere umano, un cane non ti tradisce mai; invece, tanto per non girarci attorno: mai avuto una donna che ti tradisce? Io sì».

E siccome ce ne vuole per arrivare fino a Gramercy dove sta Nic, mi snocciola l'interminabile e indubbiamente penosa vicenda di un tradimento, mentre Black mi fissa e il suo sguardo significa una cosa sola: quando scendiamo da questo coso?

Mi faccio lasciare nelle vicinanze di Gramercy Park, voglio camminare un po' con Black prima di arrivare.

«Eccoci», dico a Black quando finalmente ci siamo. Il tassista è venuto ad aprirmi la portiera: «Dammi retta, partecipa alla maratona!»

«Non mi interessano le gare», ma penso a Nic.

«Guarda che non è questione di vincere, è un'altra cosa. Non è nemmeno tigna di competere, di dimostrare agli altri che sei uno tosto e loro delle merde, no. È qualcosa che puoi scoprire solo correndo con gli altri. Correre in mezzo a quella gente, è accorgersi di essere la gente. *We are the People,* ce l'hai presente? Intendo quella di Lou Reed, non quella cavolata dell'Inno degli Europei di calcio del 2020. Guarda, è un'esperienza, ma insomma, tu non sei stupido, cerca di capire, hai sei mesi per allenarti, fallo con me o con un altro o con chi cavolo vuoi. Ma fallo». Guarda Black, poi me: «Per entrambi sarà una cosa indimenticabile». Con il pollice accenna a se stesso: «Ho fatto questa maratona tre volte, lo sai con che tempo? Due e dodici… mica male no? E sai quanti anni ho? Un bel po'», ride e si infila alla guida.

«Ehi, aspetta!», gli dico.

Ha appena innestato la marcia, si ferma, si sporge dal finestrino.

«È che volevo chiederti», mi avvicino, «un cieco può partecipare alla maratona? Che ne dici?»

«Perché no?», scuote la testa, sorride, «un cieco mica è senza gambe, no? Certo che può correre», e fila via scomparendo nel traffico.

Rimango lì, fermo, con la sensazione che qualcosa stia per accadere. Non subito magari. Ma qualcosa: è Black che mi riscuote, mi strattona.

«Ma sì, Black, andiamo!»

Vuole che lo liberi, ma qui non posso assolutamente. Mi avvio e cammino veloce per rendergli meno penoso lo stare al mio passo. Cammino e ripenso alle parole di quel tipo, a Nic e a tante altre cose mentre sto passando davanti alla cancellata del Gramercy Park. In fondo al viale di quell'esclusivo parco c'è Nic.

Mi fermo.

Si muove appoggiandosi appena appena al braccio di Wyn Lu. Stanno venendo verso di me. Wyn Lu fa come se non mi avesse visto, e così taccio anch'io e non mi muovo e non si muove neanche Black. Entrambi fissiamo silenziosi Nic che fa i suoi passi, poi si stacca dal braccio di Wyn Lu, esita, avanza con un piede, poi con l'altro, procede da solo, fidandosi solo del bastone. Wyn Lu gli sta al fianco ma non lo tocca, non lo facilita. Poi mi guarda, fa un cenno con il mento. Capisco e chiamo: «Ehi, Nic, sono qui».

«Oh, ciao», fa lui, calmo, come fosse roba da niente imparare di nuovo a camminare da solo, un passo dopo l'altro, senza vederci nel buio quasi totale in cui è stato brutalmente immerso.

«Ciao... sei al cancello?», lo sa dove mi trovo, capisce da quale direzione proviene il suono della mia voce.

«C'è Black con me. Non l'ho lasciato a casa. Sono riuscito a portarlo».

«Lo so che è con te».

Lo sa? Come fa a saperlo? *Sente* che Black ora sta scodinzolando come un matto? Continua a camminare, da solo. Certo è esitante, certo tasta il suolo prima di fidarsi, certo, certo, certo. E vorrei urlarla questa parola *certo* tanto mi fa impressione vedere il mio amico che sta di nuovo imparando a muoversi su questo benedetto pianeta senza farsi sorreggere.

Non dico niente, mi si stringe il cuore e Wyn Lu mi guarda e sul suo volto orientale solitamente impassibile si accenna un sorriso, in una trionfale espressione d'elegante sottigliezza.

Nic ce la sta facendo.

«Eccomi», e anche Nic sorride, e mi ricorda il sorriso con cui a scuola tornava al banco dopo aver dimostrato al rigido professore di matematica che una certa complessa equazione si poteva risolvere anche in un *altro* modo, più semplice e talentuoso e il professore restava di stucco. Prendeva voti eccezionali.

«Visto? Ci arrivo». Alza le mani, trova le sbarre della cancellata, le stringe saldamente. «Lo vedi?»

«Lo vedo», e sto a guardarlo mentre carezza Black, che gli fa festa, affettuoso e prorompente come ha sempre fatto: nessuna differenza per lui con il Nic di una volta... nessuna!

«Che ne dici?», Nic scuote le sbarre della cancellata con il gesto di chi vuole uscire da una galera. «Che ne dici? Me la sto cavando, eh?»

E se uno che ha un guaio come il suo riesce davvero a imparare di nuovo a camminare da solo – questo il pensiero che mi attraversa la mente – può *davvero* reimparare a correre.

Ma certo che può.

Capitolo Due

Svegliarmi ogni mattina con Black che mi lecca la faccia è una novità di New York, prima non l'aveva mai fatto. E mi par di capire che la sua non sia impazienza d'uscire di casa ma un modo per dirmi: come sono contento che siamo di nuovo insieme!

Lo dimostra in tutti i modi, anche quando siamo a casa di Nic. Da quando è arrivato Pietro, ceno lì ogni sera. Dal momento in cui ci sediamo a tavola, Black non fa che andare dall'uno all'altro, scodinzola e uggiola, poi si ferma ad appoggiare il muso sul mio ginocchio. Io lo carezzo e penso: siamo tutti di nuovo insieme. A parte Lia, naturalmente.

Black si accorge della sua assenza? Si accorge della fatica che faccio a non farmi schiacciare dalla nostalgia?

«Se ne accorge eccome!» Pietro mi ha letto nel pensiero, mi conosce bene, sa che questa sera ho la faccia dei momenti difficili. Mi osserva serio e affettuoso, appoggiato allo schienale e con le braccia incrociate sul petto. Mi fa un effetto davvero straniante averlo qui di fronte, come fossimo nelle Langhe, nella mia vita di una volta, quella che ho la sensazione di avere perso.

«Davvero Black se ne accorge? È sensibile fino a questo punto?», si stupisce Viola. È seduta accanto a Nic, e noto con piacere che lui le stringe una mano. «Davvero un cane può capire qual è il nostro stato d'animo?», e guarda Pietro con un sorriso sospeso, come se temesse uno scherzo, una presa in giro.

«Dài, Viola», risponde lui con l'espressione schiva di uno che la sa lunga ma non lo fa pesare, «vuoi che non capisca la nostalgia, proprio Black che l'ha provata ferocemente quando Mark è partito? Se ne stava ore in cortile, sulla porta di casa, immobile, in attesa che tornasse».

Black, con il muso sul mio ginocchio, mi rimanda uno sguardo di totale devozione.

E Pietro, che lo guarda con occhi colmi d'affetto: «Un cane ha dentro un mondo che tu non hai idea, caro mio», sussurra, quasi più rivolto a se stesso che a noi, come fosse una scoperta appena fatta.

«Caro Black…», dico a mezza voce. Qualcosa mi stringe la gola.

«Sappiamo tutti perché Lia ha deciso di mandarti Black», riprende Nic, «io non ci sono arrivato, mi limitavo a insistere per farti riprendere le tue corse quotidiane, sperando che ti aiutassero a uscire dal buio. Eppure, me l'avevi detto che senza Black non corri!»

«Scusaci», esclama Viola. «Ti abbiamo fatto venire qui ad aiutarci e non abbiamo pensato a quello che hai sacrificato per noi. Ti abbiamo visto in questi giorni, sempre più triste, sempre più assente, più estraneo… ci faceva male vederti così. Ma non ci è proprio venuto in mente di portarti Black».

«Per fortuna ci ha pensato Lia», dice Nic, che ora tiene la mano di Viola fra le proprie, un gesto che non gli ho mai visto. Lo conosco come fin troppo riservato, per niente espansivo, neppure con lei. Adesso, invece...

«Ma di cosa», rispondo io a Viola e continuo ad accarezzare Black, «non dovete scusarvi di niente... proprio di niente».

Rimaniamo in silenzio, di colpo tra di noi è sceso un notevole imbarazzo.

La cameriera mette davanti a ognuno una tazza colorata e fumante, una tisana fragrante, riconosco la salvia, il tarassaco, la melissa, lo zenzero: è una delle tisane preparate con le erbe aromatiche che ha portato con sé Viola. Sa di casa.

Finalmente Pietro rompe il silenzio: «Io e Lia ne abbiamo parlato molte volte, la sera, davanti a qualche bicchierino...», racconta. «Avrebbe tanto voluto saltare sul primo aereo perché ti sentiva spaesato e giù di morale. Mi ha detto che non sei un tipo facile tu, e che ci sono un sacco di cose di te che non capisce. Però ha detto anche una cosa che mi ha molto colpito, ha detto che per lei...», si ferma, si concentra un momento. Poi: «Ha detto che per lei amare significa accettare l'enigma di una persona in quanto tale. Ha detto anche che sentiva la tua anima vacillante».

Smette di parlare. Noi tutti zitti.

Mi ripeto quelle parole: *la tua anima vacillante*... La mia anima.

«Lia mi ha detto che aveva deciso di mandarti Black», riprende Pietro, «e mi ha chiesto di accompagnarlo. Non voleva imbarcarlo da solo su un aereo. Un cane non si spedisce come fosse un pacco postale».

Di nuovo silenzio.

E infine è Viola a parlare: «Che strana espressione... *amare l'enigma di una persona*», e si volta verso Nic: «Che significa esattamente?»

«Significa che ognuno ha il suo modo di amare», risponde lui con un mezzo sorriso. La sua espressione è indubbiamente tenera, si può notare anche dietro agli occhiali scuri che gli coprono mezza faccia. Li porta sempre anche di sera come se volesse nascondere la cecità.

Poi Nic solleva la mano di lei alle labbra e la bacia non sul dorso ma sul palmo, aprendole le dita a una a una. «Così per esempio», e amorevole: «Eh?»

Vuoi vedere che a Viola passerà la paura di non essere più amata?

Viola gli appoggia la fronte alla spalla. Un gesto rapido, ma così denso di sentimenti da farmi rendere conto, questa sera, di quanto profonda sia l'unione che si è creata tra quei due. In questi mesi terribili Viola è riuscita in una cosa per niente facile, che non tutti riescono o vogliono fare: mettersi nei panni di Nic. Si è immedesimata nella sua situazione, nella sua condizione, nei suoi stati d'animo... è riuscita a capirlo davvero. A essere sempre dalla sua parte.

«A guardarvi così insieme...», Pietro si schiarisce la voce, «beh, mi sembrate due al primo incontro».

«In un certo senso», annuisce ridendo Nic. «Anche se a questa qua ora devo farci attenzione... mi molla».

«Come sarebbe a dire?», interviene Nora, accigliata. «Viola ti molla?»

«Ma figurati...», ride Nic.

«Non lo mollo affatto, è un'altra cosa e siamo tutti e due d'accordo, Nic ed io». Viola indica la scatola delle tisane posate sul tavolo: «In un certo senso nasce tutto da lì. Perché, vedete, qualche tempo fa ho scoperto un negozietto d'erboristeria poco lontano dalla liuteria e naturalmente sono entrata. Ci lavorano due ragazze, molto in gamba. Mi hanno spiegato che la bottega esiste da oltre cinquant'anni, una delle due è figlia della persona che ha iniziato l'attività... Insomma, ci sono tornata varie volte e ho raccontato della mia erboristeria ad Alba e di quando ho incominciato a interessarmi delle piante officinali e aromatiche. Loro mi hanno descritto quelle dell'erbario nordamericano, io quelle della tradizione erboristica italiana, dai medicamenti naturali all'arte, poi la cucina e le usanze popolari, e anche del ruolo fondamentale delle donne sapienti». Mi sembra di rivedere la giovane donna di una volta, gioiosa, allegra, sorridente, piena di iniziative e di entusiasmo. «Per farla breve, le due tipe erano talmente interessate da offrirmi di collaborare con loro. Dicono che contribuirei ad arricchire l'offerta del loro negozio, con tutta l'esperienza e le conoscenze che ho».

«Cioè lavori? Riprendi a lavorare?», chiede Nora, non contrariata ma indagatrice. E a Nic: «E tu che ne dici?»

«Dico che Viola è fantastica e ci tengo che faccia questo lavoro, so quanto la appassioni». La stringe a sé. «Non è una che può stare con le mani in mano».

«Infatti», Viola gli dà un bacio.

Guardo Pietro. Mi sorride e mi fa un lieve cenno come a dire: li vedi? Loro due ce l'hanno fatta. E continueranno a farcela.

Ed è questo che mi torna in mente al risveglio. Ripenso alle parole di Lia, che mi ha riferito Pietro, e a Viola capace di uscire dal cono d'oscurità proiettato dalla sventura di Nic e di aprire un altro scorcio di vita. E penso a come Nic le prende la mano, come stia diventando sempre più amorevole con lei... *innamorato.*

Sto lì, sdraiato nel letto, per un lungo momento a riflettere e ad ascoltare il silenzio intorno a me, bucato all'improvviso dal solito grido dei rimorchiatori. Infine, con la faccia letteralmente lavata da Black nelle sue manifestazioni d'affetto, mi alzo.

Sono appena le cinque, non sta nemmeno albeggiando, ma voglio andare a correre con lui a Central Park.

Le regole del parco sono rigidissime: per farti sapere quello che puoi fare o no con un cane a New York, ti danno un opuscolo…

Dobbiamo andarci presto perché, dalle sei alle nove, entro certi spazi si può lasciare il cane libero di correre e di andarsene in giro per conto suo. Dopo le nove, invece, bisogna mettergli il guinzaglio ovunque si vada. C'è scritto persino che devi raccogliere, a parte le cacche, anche tutti i peli che il tuo cane lascia in giro. Come gli viene in mente?

Appena usciamo di casa mi assicuro che non ci sia nessuno intorno, così per una decina di minuti posso lasciare Black libero di andarsene a correre, ad annusare ovunque e a lasciare i suoi segnali di presenza. Poi gli metto il guinzaglio e alla svelta ci affrettiamo verso l'attracco del traghetto Ikea che mi porta a Manhattan. È l'occasione per provare il famoso "zaino da cane" che ho comperato e che mi sono portato dietro. Ora si tratta di verificare se funziona per davvero e se Black intende collaborare. La prima volta, a casa, ho faticato non poco a infilarcelo dentro, è stata una lunga e sofferta lotta. Ripeto l'operazione prima di salire sul traghetto, lui resiste ma fiaccamente, ha capito che gli tocca.

«Dài Black, meglio stare insaccato qui dentro che rinchiuso in una gabbia, ti pare? E poi per una gabbia sei troppo grosso. Dài, sii più collaborativo…»

Non lo è per niente collaborativo, e non è facile fargli uscire le zampe posteriori dal fondo dello zaino. Alla fine, ce la faccio e me lo carico in spalla. Si dimena un po'. Pesa dannatamente. Passo sorridente davanti al sorvegliante. Adesso mi saluta anche lui con un gran sorriso ma mi avverte che, naturalmente, devo stare fuori. Perché, visto che quando andiamo in metropolitana stiamo ovviamente dentro il vagone e tra la gente? E non sono l'unico che si porta addosso il cane infilato in uno zaino.

Va beh, sto fuori, metto a terra il sacco con Black che mi lecca una gamba e mi guarda penosamente da sotto in su. Sto gelando, dato che sono in tenuta da corsa: maglietta e pantaloncini. Ci sono due o tre persone fuori al gelo con me, divertite da come ho sistemato il cane, chiacchierano tra di loro, non so in che lingua. Mi ha detto qualcuno che qui New York c'è qualcosa come centosessantasette etnie diverse. Chiacchierano e accennano piccoli inchini verso di me, sorrido e rispondo anch'io con piccoli inchini e dopo questo amichevole scambio di inchini ricarico Black in spalla: siamo arrivati al molo 11.

Mi infilo veloce in un taxi, con il mio *sacco con cane* al fianco e il tassista mi chiede se sono matto ad andare a correre con questo freddo e che quando lui vede quelli che corrono a novembre nella maratona, con il vento gelido che viene dall'oceano, pensa che il mondo è pieno di fuori di testa. Non mi fa pagare niente in più per il cane, mi dice di riguardarmi che mi verrà senz'altro la polmonite: «Non sei americano, tu, e solo quelli che a New York ci sono nati possono andare in giro in mutande in inverno senza ammalarsi». Poi mi chiede se anch'io mi alleno per correre la maratona, e aggiunge che lui pensa di sì, che la faccia del fuori di testa ce l'ho anch'io, mi chiama proprio *crazy*.

«Maratona anche tu, quindi?»

«E chi lo sa!», butto lì ridendo e mi accorgo sorpreso che è la prima volta che non dico *no, neanche per idea, io non sono competitivo* eccetera eccetera.

Non ho detto no questa volta. Ho detto: *e chi lo sa!*

Appena dentro Central Park lascio Black libero, con un filo di imprudenza, lo ammetto: non so se questa sia una delle aree in cui bisogna tenerlo al guinzaglio a qualsiasi ora. E mentre lui corre gioioso e giocoso, a me vien quasi una botta di commozione a passare tra i prati e gli alberi intirizziti. «Cavolo!», penso, «quanto mi manca la natura». Ho saputo che qui a New York hanno creato questo parco per regalare a quelli di Manhattan & Company una *natura selvaggia*. Ma se penso alle Alte Langhe, mi viene da sorridere per il tentativo...

Lascio due dollari e lo zaino a un baracchino che vende roba calda dalle parti della statua di Andersen, poi faccio un fischio a Black.

Capisce subito. Mi si piazza davanti, si blocca un attimo e poi si lancia al galoppo. Io dietro. L'itinerario lo sceglie lui, persino qui sembra che abbia capito quali sentieri può percorrere. Vedo che grossomodo si orienta, qualche raro runner sfila via o ci passa vicino senza neanche sorridere o fare un cenno di saluto, chiuso nella sua bolla, perché correre sarà anche un piacere inaudito ma, per la miseria!, è una dannatissima fatica.

E ora che riprendo a farlo, con il mio cane, per la seconda volta, non più sulla pesante sabbia di Coney Island ma qui a Central Park, in questa città incredibile, mi accorgo di nuovo quanto mi costi far andare piedi e gambe. Mi sforzo di trovare il ritmo giusto e di respirare dal naso, ma sento il cuore scoppiarmi sui polmoni.

Sono diventato una schiappa! Smetti di correre per un bel po' e diventi una schiappa, ecco cosa succede!

Black se ne infischia della mia "schiapperia", continua a correre, si volta per controllare se lo seguo e io non mi sogno certo di fermarmi. E mi torna in mente quando da ragazzino in Cornovaglia il bisnonno mi faceva correre e mi prendeva il tempo. «Bisogna imparare a non mollare», diceva: «L'uomo preistorico doveva correre per raggiungere le prede se voleva mangiare, correre è un rito e sono gli dèi a correrti al fianco da un albero all'altro...»

E adesso ero lì in quell'angolo verdissimo di Central Park e continuavo a correre con Black davanti, eppure non mi accadeva come nelle Langhe, qui non mi accadeva di sentire gli dèi corrermi al fianco, di sentire il mio corpo farsi gioioso, farsi vento e terra ed erba e alberi. Qui i pensieri non si fanno aerei, trasparenti, lievi, la mente non si sgombra...

Corro stringendo i denti dallo sforzo, che è una specie di morsicata in tutti i muscoli delle gambe. Corro e faccio macinare la mente.

Corro e penso a Nic, magari riusciremo a trovare per lui un bravo coach per non vedenti, e per Black un corso per diventare un cane guida, così da poterlo aiutare.

«Intanto rimettiti a correre tu», mi dico a fior di labbra, «e vedrai che ti tiri dietro anche Nic».

Corro e penso alla liuteria, a due suoi vecchi e affezionati clienti forse disponibili a concedere un prestito, ma da restituire a breve scadenza, soldi indispensabili per pagare gli stipendi. Ma non basta, non basta certo sul lungo periodo...

Corro e non posso fare a meno di pensare a Lia, così lontana da me, penso alle sue parole, quelle che mi ha riferito Pietro. Davvero sono un enigma per lei? Che cosa significa? E lei per me che cos'è? Come la amo le basta? Cos'è questo mio amore, se non il desiderio violento di tenerla tra le braccia? È poco? È troppo? Come si fa a saperlo? Certo, per me è tutto, perché in questo mio desiderio io ci metto l'anima. Sì, l'anima. Insomma, corro tormentato da un nugolo di domande e di pensieri.

Black continua a girarsi e a guardarmi, sembra rendersi conto che non sto correndo bene, proprio per niente. Quando corri non stai lì a rimuginare, pensi a correre e basta. Se no non ci sei, se no non stai correndo, muovi le gambe a casaccio…

All'improvviso si ferma. Con la testa voltata verso di me, in attesa. Rallento e solo quando lo raggiungo mi accorgo che si è fermato davanti alla statua di Andersen, esattamente il nostro punto di partenza. Fine della corsa. Ok, Black.

Il baracchino è sparito ma il mio zaino è stato sistemato tra le gambe di Andersen, seduto sulla panca. Peccato, qualcosa di caldo l'avrei bevuto volentieri. Ho dato appuntamento qui a Nic, ma evito di sedermi accanto ad Andersen, sulla panca gelida, di fronte alla sua oca e cerco di saltellare per mantenermi caldo.

Nic è in ritardo e mentre lo aspetto Black gironzola intorno. All'improvviso si inchioda, tende il muso, rizza la coda. Che cosa ha visto avvicinarsi? È una signora, bella e dall'aria soave, che spinge una carrozzina e mi chiede con gentilezza di mettere il cane al guinzaglio. Sto per risponderle che in questa parte del parco a quest'ora Black può restare libero, ma lei mi precede: «Lo leghi perché se no mangia la mia bestiolina».

Bestiolina? Comunque, la accontento e lo tengo corto per farlo stare fermo. Lui tira come un trattore, vuole a tutti i costi fiutare la carrozzina.

«Guardi che carino, come dorme…», mi invita la signora con un sorriso divertito.

Mi chino a guardare.

«Ma che cos'è?», mi è chiaro che non si tratta di un bambino.

«È Rudy, il mio criceto. Gli piace dormire ma deve prendere un po' di aria buona, le pare?»

Sì, mi pare. E non faccio una piega. In effetti il criceto dorme beato. Tengo a sottolineare che la signora non è affatto matta, ha l'aria di avere tutte le rotelle a posto. Solo qui a New York si vedono frotte di persone che fanno esattamente quanto gli sta frullando in testa, cose del tutto strambe per un europeo, forse per quelli di qui la libertà è anche questo: correre in schettini a dieci gradi sottozero, praticamente in mutande, o andare al supermarket in pigiama, ciabatte e con i bigodini in testa, e queste le ho viste io. Oppure farsi strada con la bici fra le macchine roteando in aria la catena antifurto e tutti gli automobilisti si affrettano a fare manovra per salvarsi la carrozzeria. O anche portare al guinzaglio un'oca o andare in giro travestito da orso, oppure – ma sì – oppure correre a novembre per quarantadue chilometri e rotti, stivati insieme ad altre migliaia di persone pur di partecipare alla più fastosa maratona del mondo. E quale può essere la più fastosa, la più agognata, la più affollata ed eccitante, se non quella di New York?

«Lei si allena per la maratona, vero?», alla signora basta un'occhiata: a quest'ora del mattino per quale altro motivo dovrei mettermi addosso due straccetti, se non per correre?

«Sì, certo», ecco la mia risposta.

Lei si allontana con il suo Rudy e io rimango lì basito, che cosa diavolo ho in testa per risponderle così? *Sì, certo*? Penso davvero che prima o poi mi deciderò a buttarmi in quella fiumana di gente per raggiungere il traguardo?

Ma sì, mi dico, per Nic potrei anche iscrivermi alla maratona... lui e io. Io parto dall'inizio e lui a un certo punto entra, con Black naturalmente. Ammesso di reggere, quanto ci metterei a correre per quarantadue chilometri, dico quarantadue? Dieci ore? Sono andato a controllare il massimo del tempo concesso per arrivare al traguardo, se non sbaglio sono otto ore.

In quel momento mi squilla il cellulare.

È Nic che mi dice di aver cambiato idea: non aveva voglia di venire fino a qui, mi sta aspettando nei giardini di St. Luke-in-the-Fields.

«Guarda, non è vicinissimo, è tra Hudson Street e... ma chi se ne frega, prendi un taxi e vieni qui, è nel West Village».

Io pesco il maglione dallo zaino, me lo butto addosso e gli dico che è davvero lontanissimo. Per quel poco che conosco di questa città, West Village è... ma a lui non interessa: deve dirmi una cosa e vuole farlo lì dove si trova.

Non gli dico che tra non molto ho un appuntamento importante con un mio cliente di una volta, di quando facevo il broker a Londra. Un famoso miliardario che ricco sfondato è dire poco, di cui avevo guadagnato gratitudine e stima ingrandendogli il patrimonio a mille zeri. Ai tempi mi descriveva come il "rabdomante dei movimenti sotterranei della Borsa" e quando ha saputo che avevo mollato il lavoro mi aveva inseguito per mesi. Essendo un appassionato di musica, sembra interessato alla liuteria, ma solo se corro a casa a cambiarmi e infilo il mio costume da *The Wolf* posso esserne sicuro. Ma, come ho detto, questo a Nic non lo rivelo, per non alimentare false speranze.

«Mark, ti sto aspettando. Dài, per favore, raggiungimi. È importante».

Non riesco a dirgli di no, così, con lo zaino di Black sottobraccio e lui al guinzaglio, galoppo verso l'uscita più vicina e arraffo un taxi. Il viaggio pare interminabile. Black è inquieto, come sempre, e non vede l'ora di scendere. Anche io sono sulle spine, perché mi rendo conto che non farò mai in tempo ad andare a casa a cambiarmi: come posso pensare di presentarmi conciato così all'appuntamento? Quell'uomo è anche un gran permaloso, e se dopo averlo fatto aspettare mi presento così...

Il tassista mi scarica nelle vicinanze di una chiesa e mi dice di seguire attentamente le indicazioni perché per raggiungere i giardini di St. Luke-in-the-fields dovrò destreggiarmi in una specie di labirinto e aggiunge: «E ci badi, a questo giardino, ci badi davvero. Lì il tempo si ferma... vedrà!», e facendo una carezza a Black che ritira la testa, diffidente, «e sulla chiesa uno ha scritto una poesia... mai sentita? *La notte prima di Natale*... mai sentita?»

Poi mi guarda le mani sui fianchi e io penso: ma questo non se ne va più? E lui: «*Man*, ma i soldi della corsa? Ce li hai e non ce li hai?»

Mi affretto a pagare. Ho la testa fra le nuvole, sono in ansia per l'appuntamento. Devo assolutamente sbrigarmi.

Altro che labirinto, raggiungere i giardini dove mi aspetta Nic è un autentico casino: devo chiedere indicazioni in continuazione ai pochi passanti che incontro. Uno mi indica un arco e ci passo sotto, poi una tipa mi accompagna attraverso i cortili di una scuola elementare, fino a quando, finalmente, Black fiuta la presenza di Nic.

È lui infine a condurmi, sicuro. Lo seguo e mi guida attraverso aiuole, un paio di cancelli, rasentiamo un teatrino all'aperto, ed eccoci in un viottolo che costeggia l'abside della chiesa, i muri di rampicanti. Black, sempre più agitato, tira ancora più forte il guinzaglio e mi porta proprio da Nic, seduto in fondo su una panchina larga e accogliente.

Nic alza la mano e sorride, ci ha sentiti. Black gli si butta addosso e gli fa le feste, scodinzola, gli appoggia addosso zampe e muso, ma lo fa in modo delicato. Capisce tutto, lui.

«È un angolo di paradiso, vero?»

«Ma tu come ci sei arrivato?», siedo accanto a Nic. Poso lo zaino accanto a me.

«Mi faccio accompagnare qui da Wyn Lu. Poi lo mando via e torna dopo un'ora. Voglio stare da solo. So che qui c'è tanto verde, lo sento, lo respiro. Rifletto. E, poi, senti gli uccelli? Una cosa che invece non riesco a sentire sono le farfalle, mi hanno detto che ce ne sono ancora poche. Ci sono?»

«Sì, qualcuna». Adesso i miei occhi servono anche a lui. Mi guardo intorno, le vedo frullare, bianche e gialle, sui cespugli e penso che davvero questo luogo è un incanto, avvolto in una quiete inusuale per questa rumorosissima città. Aveva ragione il tassista a dire che qui il tempo si ferma, anzi, magari il tempo qui dentro non ci ha mai messo piede. Mi rilasso e si rilassa anche Black, che si accuccia con un sospiro di gioia.

«Sai le farfalle? Lo sai che migrano, coprendo distanze addirittura superiori ai diecimila chilometri fra andata e ritorno?», prosegue Nic. «Questo giardino si trova lungo una di queste rotte migratorie e funziona da scalo per le farfalle… Bello, no? Arrivano a schiere, sorvolano questa New York di vetro e cemento, eppure proprio qui hanno eletto a stazione di sosta questo giardino segreto dove stare tranquille e riposarsi dal lungo viaggio».

Si ferma, muove un poco la testa, come per ascoltare meglio: «C'è silenzio, c'è pace. Si posano tutto intorno e io voglio esserci quando arrivano perché voglio sentire il battito delle loro ali, sono sicuro che lo sentirei, il battito prima di posarsi». E dopo un momento: «Pensa che coraggio migrare per tutti quei chilometri con quelle piccole ali».

«Nic, guarda che io… insomma, ho poco tempo», e penso al mio appuntamento con il riccone impaziente, che oramai di sicuro era già arrivato e mi stava aspettando. Per quanto?

«Ascolta un attimo. Ascolta com'è stare qui. Ascolta anche tu, ti prego. È qui che nascono le grandi idee».

E va bene, penso, anche se quest'ultima frase proprio non riesco a capirla. Rimango in silenzio. Chiudo gli occhi per non vedere niente di quanto ho intorno. Per sentire, solo sentire. Come fa Nic. Ascoltare.

Il canto degli uccelli, il lieve russare di Black, il vento fra i rami degli alberi. Mi scende a poco a poco nel cuore una profonda tranquillità. Sto bene, ecco. Sto bene a tal punto che mi viene da sorridere: magari questo giardino nascosto, luogo ideale per il riposo delle farfalle, ha un effetto spirituale taumaturgico, capace di guarirti la vita. Darti forza. Coraggio.

In quel momento: «Ho deciso di riprendere a correre», Nic dice sottovoce esattamente queste parole. Con voce ferma.

«Scusa?», apro gli occhi e mi volto verso di lui. Non riesco ad aggiungere altro.

«Hai capito che cos'ho in testa, Mark?»

«Sì, vuoi riprendere a correre».

«Ti emoziona, eh? Lo sento dalla tua voce. Avevi ragione tu a dirmelo, di riprendere a correre».

Lo avrei abbracciato.

«Sono venuto tante volte in questo giardino, Mark. Su questa panca. A riflettere, immerso in questo silenzio. E poco per volta ho capito quello che mi si muoveva dentro, quello che volevo fare. Non mi basta il violino. Non mi bastano i concerti. Ho bisogno di ricominciare a correre, di sentirmi vivo in quel modo. A camminare ho reimparato. Ma non mi basta più neanche questo. Voglio correre come mi avevi insegnato tu nelle Langhe. Voglio riuscirci di nuovo».

«Sì...»

«Non potevo dirtelo in un luogo qualsiasi, è una decisione grossa. Qui va bene. È qui che nasce la mia vera ripresa, in questo momento, Mark. Per questo ti ho chiesto di raggiungermi».

«Sì, mi fa immensamente piacere».

Mi si cancella dalla mente qualsiasi altro pensiero, mi sento inchiodato solo a quelle sue parole: *voglio ricominciare a correre*.

«Non ti chiedo se è una follia perché per me non lo è affatto».

«Non è una follia».

«Allora, che ne dici, Mark?»

«Dico che va bene».

«Mi aiuti a ricominciare?»

«Ci prendiamo un coach. Per te io non basto. Ci vuole uno di esperienza. Mi prendo un coach anch'io, sto correndo male. Reimpariamo tutti e due a correre, e lo facciamo bene!»

«Ma, senti, non ho finito...», parla a voce bassa, appena un filo esitante, come se stesse per dire qualcosa di troppo audace, «visto che ho ritrovato il coraggio, se ci alleniamo da matti, se diventiamo bravissimi, di', Mark, che cosa ne dici?, non potremmo tentare la maratona? Insieme? Non mi avevi detto che possono partecipare anche quelli come me? Che dici, ci proviamo?»

«Penso che... sì», non riesco a continuare, mi manca il fiato, neanche stessi facendo una corsa tutta in salita. La maratona? Sta davvero parlando della New York?

«Dobbiamo buttare giù un progetto, un progetto serio, intendo. Un programma di allenamento, anche sul cibo, sui tempi, su tutto», eccolo di nuovo a testa alta, eccolo che ha raccolto la sfida. «Dài, che progetto, Mark!», e ride: «La maratona! Tu parti dallo start, io entro dopo, mi acchiappi, corriamo insieme verso il traguardo, lo trovi assurdo?»

«Ma tu entri con Black», rido anch'io, galleggio con lui a mezz'aria, ed è come se mi scordassi che l'ultimo fra i miei desideri è sempre stato quello di correre la famosissima maratona. E propongo: «Black farà un corso per cani guida. Io ti acchiappo e tu in gara corri con lui!»

«Ci sto!»

Mi tende la mano. Gliela stringo.

Un patto.

Dal fondo del vialetto vedo avanzare Wyn Lu.

«Sta arrivando vero?», domanda Nic. «A casa ti farò vedere tutto, stasera. Vieni a cena, no? Ne ho già parlato con Viola. Non sai come si è data da fare: adesso ho un intero cassetto di opuscoli sulla New York e ho un quaderno in cui lei ha segnato tutto: quanto costa, come si fa a iscriversi, il percorso... e avendo il vantaggio di essere già qui non dobbiamo neanche pagarci l'albergo», sorride ancora. «Adesso, se devi andare, vai».

«Vado».

Mi assicuro che lui sia tra le mani esperte di Wyn Lu prima di scappare.

Con Black al guinzaglio e lo zaino sottobraccio esco da quel giardino indubbiamente magico, dove Nic è risanato... e a me sembra di aver attraversato diverse età per tornare infine alla mia, quella che sono riuscito a custodire nel cuore.

Ripenso commosso alla decisione di Nic. Lui ha bisogno di reimparare a correre, Black ha da diventare un cane guida, e io devo solo convincermi di riuscire davvero a correre la New York. *Dài che ce la fai!*

Mi sembra ancora incredibile. Fantastico.

E realizzabile.

Capitolo Tre

Quando finalmente riesco ad arrivare, il mio miliardario se n'è andato da dieci minuti buoni. Ha lasciato un foglio sulla mia scrivania, negli uffici della liuteria. E con una calligrafia puntuta, che ricordo benissimo, ha scritto il suo iroso addio: «*Fottiti. Il tempo è denaro. Il mio specialmente*».

Il miliardario, che non aveva voluto ricevermi nel suo faraonico ufficio all'ultimo piano di un grattacielo preferendo venire lui *personalmente* a esaminare *de visu* la situazione della liuteria, aveva atteso invano per quarantadue minuti, o almeno così mi hanno raccontato con una certa apprensione i liutai quando sono entrato in negozio. Quarantadue, come i chilometri della maratona, ma non mi pare il caso di sottolineare la coincidenza.

Loro lo hanno sopportato per tutto quel tempo, mentre percorreva da un capo all'altro il laboratorio, fermandosi davanti a ogni violino, con imprecazioni via via più pesanti. E io non mi ero fatto vivo.

A un certo punto aveva sbraitato: «Dite a quella testa di cazzo di Mark James di risparmiarsi la fatica di cercarmi. Nessuno può farmi aspettare!», e se n'era andato imprecando.

«Davanti all'ingresso lo aspettava la limousine, l'autista in livrea gli ha aperto la portiera, poi è risalito e ha messo dolcemente in moto per riportare il re del dollaro nel suo mondo, dove nessuno si azzarda a farlo aspettare», mi ha raccontato Antonio.

E con ciò il mio rapporto con lui può dirsi definitivamente concluso.

«Proprio non ci voleva», sospiro.

Quel tempo trascorso a parlare nel giardino di St. Luke-in-the-fields ci era costato un sacco di soldi. Proprio un sacco. Ma mentre straccio il foglio con quel *fottiti* e lo faccio sparire nel cestino, mi dico che è pur valsa la pena rimetterci il miliardario se il ritardo mi ha regalato l'eccezionale decisione di Nic: lui che riprende a correre! Lui e io alla New York! A dimostrazione di come, nei casi importanti della vita, a darle senso non sia il denaro che si guadagna né quello che si perde. Nel nostro caso a dare senso alla vita è *ricominciare a vivere.*

Però... con la liuteria come si fa, adesso?

«Hai visto, Black?», mi rivolgo a lui, disteso sul tappeto di fronte alla mia scrivania, che mi guarda attento, a orecchie diritte. «Ci siamo giocati una possibilità di finanziamento da leccarsi i baffi. Stop. Adesso dove la trovo un'altra occasione del genere?»

Lui di tutta risposta agita il testone e scodinzola. Scodinzola forte. Come dicesse: dài, non prendertela, che tanto ce la fai lo stesso. Scommetti?

«Beh», e sorrido, «però da quando sei arrivato tu sono già successe almeno tre cose molto positive: per prima cosa sono uscito alla grande dal mio umore nerofumo. Secondo, Nic ha deciso di riprendere a correre. E terzo, abbiamo stabilito di partecipare entrambi alla maratona correndo insieme. Tanta roba, no?»

E lui ascolta e scodinzola.

«Però lo sai adesso con che rogne me la devo sfangare? Con il mio affitto di casa alle stelle, lì in Columbia Street... mica posso pagare tutti quei soldi. E soprattutto: che cavolo di geniale idea posso farmi venire in mente per ancorare la liuteria in un porto sicuro, tanto per dirla come i miei esimi genitori?»

Lui scodinzola più forte, sembra entusiasta.

«Vuoi dire che tutto si risolverà? Che la sfiga sta finalmente distogliendo da noi i suoi occhiacci? Che la ruota della fortuna ha preso a girare per il verso giusto?»

Come se dovesse dirmi una cosa importante, si alza, si scrolla tutto allegro e mi viene vicino. Si appoggia a me, cerca una carezza, sembra sorridere, anzi, sorride senz'altro, mi guarda fiducioso e io gli dico in un fiotto di gioia: «Ma come fa ad andare storta, quando si ha vicino un cane come te? Impossibile... impossibile vero? Che bello averti qui. Sei come in quel film di Tarantino: *Sono il signor Black, risolvo problemi*».

È una mattina di pioggia quella in cui metto al guinzaglio Black e me ne vado a camminare. Non a correre. A camminare.

Oggi niente ufficio, è il mio giorno di vacanza, ho appuntamento con Pietro verso mezzogiorno, ma queste prime ore sono tutte mie. Sotto un cielo basso e grigio, quel cielo color piombo che ho imparato a conoscere, nell'aria che sa di pesce marcio e di birra, infilo i vicoli della parte vecchia di Red Hook, senza affrettarmi. Black si è arreso al guinzaglio, ha capito che qui usa così e non strattona più.

Ho bisogno di riflettere e perciò cammino a lungo in questa New York che mi era sembrata un labirinto in cui perdere anche se stessi.

Ora la vedo con altri occhi, questa strana città. Ci voleva davvero Black perché riuscissi a riprendere fiato e a guardarmi finalmente intorno. Gente che mi passa vicino, un paio di scuolabus, un'auto della polizia che avanza lentamente e poi fa inversione. Mi soffermo davanti a botteghe malmesse che espongono in vetrina oggetti legati alla storia del mare qua fuori: bussole e cannocchiali, mappe nautiche ormai ingiallite, libri di viaggi oceanici e raccolte di racconti di mare e di costa, sestanti e vecchie stampe di navi e velieri.

Costeggio un'infilata di negozi che offrono souvenir per turisti uno più terrificante dell'altro, bar dalle insegne scolorite, altri antiquari; poi cammino senza più guardarmi in giro perché sto ripensando a Nic.

Nelle mie lunghe telefonate con Lia non ho fatto che ripeterle la mia emozione per la decisione di Nic di rimettersi a correre, ma non ho potuto tacerle il mio turbamento, perché non si tratta per lui solo di reimparare a correre… «è la maratona, capisci?»: mi sembra pazzesca l'idea anche solo di iscriversi. Ma lei si sforza di tranquillizzarmi e argomenta per convincermi che ce la possiamo fare. Lia vede sempre il bicchiere mezzo pieno, non ne ho mai dubitato, ma io?

Comunque con Nic passiamo le serate chini su dépliant, opuscoli, autobiografie, insomma tutto ciò che è stato scritto sulla *grande* maratona, la *fantastica* maratona, la *stellare* maratona, e non me li sto inventando io questi aggettivi. Io leggo ad alta voce, Nic ascolta attentamente con le mani intrecciate dietro la testa, come fa da sempre quando è particolarmente concentrato.

«Vedi che aria stanca che ha?», è Viola a domandarmelo, quando la accompagno in cucina a prendere da bere per tutti. «Studia molto, si sta esercitando per il concerto di

Bruch in Sol minore, bellissimo e complesso. Lo suonerà fra qualche mese nel New Jersey. Ogni sera mi dice di avere studiato per molte ore e di essere abbastanza soddisfatto dei risultati. Lo dice con giustificato orgoglio...», dispone i bicchieri sul vassoio, con la cura che ha nel fare ogni cosa. Poi mi lancia uno dei suoi sorrisi gioiosi: «Non so come ringraziarti, perché se ha deciso di correre e fare la maratona... so di doverlo anche a te, Marc».

Torniamo di là, lei con il vassoio, io con un paio di bottiglie. Vino. Vino delle Langhe, ovviamente.

Anche Pietro è sempre presente e ascolta le nostre letture maratonesche. Una sera interviene, non del tutto appropriatamente, domandandomi: «Ma tu, scusa, non eri quello per niente competitivo?»

«Perché? È vietato cambiare idea?», e stendo sul tavolo l'ennesima mappa del percorso. E mi auguro che lui capisca.

Invece no: «Non ti interessavano le maratone. Com'è che hai cambiato idea?»

«Forse è il *mood* di questa città», rispondo sempre pacato e convinto. «Non parlano che della maratona, qui. E più di una volta ho immaginato di correre fra tutta quella gente. Non si era detto che un conto è correre da soli e un altro è correre con gli altri? La faccenda mi ha incuriosito. Se tante migliaia di persone ne sono entusiaste, mi sono detto: beh, andiamo a vedere di che cosa si tratta. Sai che sono un tipo curioso, io». E spero che l'orecchio ultrasensibile di Nic non colga dalla mia voce che non sono sincero al cento per cento.

E subito Nic, secco: «Escludo che tu abbia deciso di fare la New York per farmi piacere. Vero?»

«Senti, Nic», e qui sono assolutamente sincero, «quando mi hai detto che volevi correre la maratona, e correrla con me, io non aspettavo altro, cazzo!»

«Ok ok», sorride, alzando le braccia in segno di resa e poi si rivolge verso Pietro. «Convinto adesso?»

Pietro sa benissimo che la sfida con cui abbiamo deciso di misurarci è gigantesca, ma forse non impossibile. Abbiamo iniziato ad allenarci – se così si può dire – proprio nel parco qui sotto, quello esclusivo. Per il momento facciamo quello che possiamo, ma stiamo cercando due coach esperti, soprattutto per Nic.

«Perché non vieni a vederci?», propongo io. «Invece di andare a zonzo per la città...»

«Non vado a zonzo», sorride Pietro, «anch'io sono curioso... ma verrò a vedervi».

«Mark ha deciso di bendarsi gli occhi», spiega Nic. «Si benda gli occhi per capire meglio come sono messo io, così siamo in due, giù nel parco, a tastare il suolo e a vincere la paura di cadere».

«Sono bravi», afferma Viola. «Sono in gamba... vanno».

«E Black?», Pietro si china a fargli una carezza, Black gli sta accanto, con il muso all'aria, come volesse partecipare alla conversazione. «Ho capito bene? Si mette a lavorare anche lui? Avete deciso che imparerà a fare da cane guida?»

«Sì, tra poco», esclama Nic, «abbiamo già trovato un'ottima scuola dove lui e io impareremo a muoverci insieme. Sarà lui a guidarmi».

Già, Black!

Ora è qui che tira il guinzaglio, impaziente. Mi dirigo verso i prati che danno sul mare e intanto ripenso agli allenamenti con Nic. Ripenso a come mi sento a muovermi con la benda sugli occhi. Come mi sento a camminare senza vedere. Un passo dopo l'altro e ancora e ancora e il primo tentativo di accelerare...

In un primo momento, quando ho messo la benda ho fatto una dannatissima fatica a dominare il panico, ma poi ho pensato a Nic: io quando toglierò la benda ci vedrò di nuovo. Lui no. È questa l'abissale differenza tra il mio modo di muovermi e il suo.

Hai detto niente!

Cammino guardandomi intorno, con Black al guinzaglio. Cammino con i miei bei passi lunghi e sicuri, i passi di uno che ci vede. E risento la voce di Nic quando mi dice: «Che fatica sto facendo...» Una voce che esprime dolore e speranza, e una rabbiosa determinazione.

E continuo a percorrere il lungomare di Red Hook, immerso nell'odore salmastro. Black vuole che io lo liberi, ma qui non posso, così lo trattengo e procedo fra i vecchi laboratori da cui esce un forte odore di legno, un odore diverso da quello della liuteria ma comunque buono, che mi riporta alla mente il laboratorio di Beppe quando lo si andava a prendere, ancora bianco di segatura, per andare a bere insieme.

Costeggio magazzini in disuso, alcuni studi di artisti, ricoperti di graffiti e murales coloratissimi che Nic non potrà mai vedere.

Lascio finalmente Black libero e mi siedo su una panchina, il vento d'aprile qui a New York non è per niente mite e ha un duro sentore di oceano, mentre là in fondo la Statua della Libertà mi guarda con occhi vuoti. È cieca anche lei la Libertà, non stento a crederlo...

Ogni tanto non posso fare a meno di rivivere di nuovo il momento in cui mi sono messo quella benda nera e ho iniziato a camminare: ripenso al panico quando ho provato ad andare più veloce e la sola idea di rimettermela mi fa star male. Non ce la posso fare.

Ma se io non ce la posso fare, perché allora dovrebbe farcela Nic? Forse perché la questione per lui non è una benda da togliere al primo istante di fastidio? Forse perché il suo buio è per sempre? E mi sento un uomo da niente, un ometto che ha paura e non osa.

Incredibilmente, il giorno prima avevamo trovato due coach disposti ad allenarci. Il mio coach è il tassista, quello che mi ha lasciato il suo biglietto da visita, per intenderci. Quello di Nic, invece, è una donna che si occupa di non vedenti, con la fama di essere bravissima. Insieme a loro studieremo anche una dieta adatta, quella specifica per maratoneti insomma.

Ma adesso, su questa panchina solitaria con il mio amato Black che va a fiutare ovunque, adesso pensare di correre alla maratona mi mette una terribile paura. Neanche Lia è riuscita a tranquillizzarmi. Quei quarantadue chilometri mi si continuano a srotolare in testa, formando un nastro d'asfalto che si ingarbuglia e io non trovo più il bandolo. L'accordo è che io faccia i primi trentotto chilometri da solo, trentotto chilometri senza fermarmi; per poi acchiappare Nic e farlo entrare in gara. Lui e Black.

E se invece crollo prima? Trentotto chilometri tutti in una volta sono maledettamente tanti, per non parlare degli altri quattro insieme a Nic.

Ho circa sei mesi per prepararmi, ma basteranno? Oltretutto c'è la liuteria, che mi impegna parecchio. Basterà allenarci con i nostri coach? Non è un'impresa assurda?

Sospiro e mi alzo. Rimetto Black al guinzaglio e mi avvio.

Oggi intanto vado a pranzo con Pietro, ho appuntamento con lui su ad Harlem, devo prendere un taxi perché non ho pensato a portare lo zaino per Black; quindi, niente mezzi pubblici. Questo su cui siamo appena saliti va come un matto e fa uggiolare Black, che ha l'aria di aspettarsi un frontale da un momento all'altro.

Non succede.

Pietro mi aspetta all'angolo dell'Apollo Theatre sulla 125ª. Camminiamo lungo le bancarelle tra chiacchiere, richiami, grida, zaffate di marijuana, musica afrocubana, negozi di manicure e parrucchieri.

Non so perché abbia voluto venire proprio qui, so solo che a un certo punto si ferma davanti a una gigantografia che prende tutta una vetrina: è la famosa foto dei due velocisti afroamericani, Tommie Smith e John Carlos, la testa china e il pugno guantato alzato a braccio teso e rivolto contro la bandiera americana. È la premiazione della finale dei 200 metri piani alle Olimpiadi di Città del Messico nel '68.

Pietro se ne sta lì in silenzio e guarda, assorto, mani in tasca. Infine, si volta verso di me e dice: «Ho visto quello che volevo», un'altra occhiata alla foto, «questi due sì che avevano davvero le palle».

Fa qualche passo, poi si gira ancora a guardare l'immagine dei due atleti, poi guarda me. Ma quando faccio per muovermi: «Aspetta un attimo», dice.

Siamo fermi uno di fronte all'altro.

«Dimmi, Mark», mi guarda pungente ma affettuoso, «com'è questa storia della maratona? Non me la racconti giusta. Bada che io ti conosco bene».

«Cioè?», e mi sento a disagio: Pietro sta per tirar fuori una verità che io non riesco a dire neppure a me stesso? O, come al solito, mi leggerà nel pensiero?

«L'ho capito che la maratona la fai solo per Nic e, sotto sotto, temi che l'impresa sia impossibile. Impossibile per lui perché è cieco e per te perché hai una fottuta paura di non arrivare al traguardo. Questo è ciò che ti rode».

«Oramai parli come un vero americano, che infila un *fuck* ogni tre parole…»

«Non cercare di cambiare discorso, non mi freghi! Tu devi correre per trentotto chilometri, a quanto ho capito, poi acchiappare Nic e tirarlo dentro insieme a Black. Trentotto chilometri di corsa non sono mica pochi… e hai una paura maledetta, perché se crolli tu, Nic nella maratona non ci entra e va tutto al diavolo».

Complimenti! Ha centrato il bersaglio.

«Perché ti sei ficcato in questa faccenda?»

Ci penso su. A lungo. Infine, rivolgo lo sguardo alla foto dei due atleti, poi di nuovo a Pietro: «Senti, ho sempre corso perché mi piaceva, sì, lo sai, mi piaceva un sacco… correre io e Black, noi due da soli, era una gioia… ma quando a Nic è successa la disgrazia mi sono sentito maledettamente egoista. Io potevo continuare a correre. Lui no. E ho deciso che voglio condividere la corsa con lui, perché riprenda a vivere. Non si tratta più di correre solo per me stesso ma di correre con lui e per lui».

«Sì, ma questo che diavolo c'entra? Tra correre e partecipare alla maratona di New York c'è una bella differenza».

«Era il suo sogno, quando è arrivato a New York. Non ha diritto a realizzarlo?»

«Vuoi dire che la *tua* motivazione è aiutare Nic a realizzare il *suo* sogno?», e sottolinea quel *tua* e quel *suo*.

«Sì, sì, è questo», e mi sento liberato dal non avere più addosso quel segreto oppressivo.

«E allora, caro mio, o ci credi sul serio e questa tua motivazione la tempri fino a farla diventare d'acciaio, oppure voi due, tu e Nic, non ce la farete mai. Non puoi vincere questa sfida se continui a essere tormentato dai dubbi. La generosità non basta. Ci vogliono le palle».

Accenna ai due velocisti con il pugno alzato: «Devi crederci sul serio, devi credere maledettamente in quello che fai, in te che lo fai e nell'altro che lo fa con te, come quei due lì... impara da loro, capito?»

Tira il fiato e conclude: «Non fraintendermi, mica ti sto dicendo che sei un pallemosce, so bene che sei sempre stato un tipo determinato. Lo dimostra solo il fatto che a casa, dopo aver lavorato tutto il giorno nei campi, prendi e vai a correre. Ma stavolta è una cosa diversa, ancora più dura, e per farcela devi diventare un vero e proprio *Iron Man*. Altrimenti non arrivi al traguardo».

«D'accordo, ma... scusa, come fai a conoscere *Iron Man*, tu?»

«Ad averci intorno uno come Enea finisci per conoscerli tutti: *I Fantastici Quattro*, *Thor*, *Daredevil*, e ogni tanto ne spunta fuori uno nuovo».

Poi mi pilota attraverso la folla come se sapesse dove andare, lui che non è mai stato prima a New York. Mi porta in un locale talmente sgangherato che ti scordi del tutto il significato del concetto di lusso, e ordina pollo fritto, pesce gatto, polpette di granchio, pane di mais, patate dolci, una roba verde che non riesco a identificare e naturalmente birra.

Tutto squisito! Per via di Black abbiamo mangiato fuori, un tavolo accostato al muro, con lui che si infila sotto il tavolo e ogni tanto gli allunghiamo qualcosa. La gente passando ci guarda nel piatto e commenta, uno ci chiede addirittura di poter assaggiare la torta al cioccolato che Pietro ha ordinato per chiudere degnamente un simile pasto: «Come no? Serviti pure».

Dopo aver bevuto l'ultimo sorso di birra posa il bicchiere e mi dice: «Hai capito che ce la farai a far la maratona solo se la tua motivazione è davvero potente?»

«Capito», dico io.

Poi Pietro vuole tornare a Brooklyn, dice di avere visto su un giornale la pubblicità di un posto che gli interessa, quindi altro taxi con Black che uggiola e Pietro silenzioso. Io ho addosso una strana tristezza che non riesco a capire.

Pietro guarda fuori il paesaggio che gli scorre davanti agli occhi e infine, senza alcun rimpianto nella voce, mi dice: «Io qui non ci verrei a vivere neanche morto e mica perché è fatta così questa città, mica per quello», e non spiega perché non ci verrebbe a vivere. Ma prosegue: «Mi domando quale disperazione abbia spinto gli abitanti di qui ad ammassarsi tutt'insieme all'ombra di queste colate di vetro e cemento».

Il tassista gli lancia un'occhiataccia dal retrovisore: «Non sono colate, sono grattacieli», borbotta scocciato. «Vengono da tutto il mondo ad ammirarli e ce li invidiano».

Pietro stringe le labbra e non ribatte.

Siamo di nuovo in Columbia Street e mentre camminiamo sto ancora riflettendo su quanto mi ha detto Pietro circa la mia motivazione, e su quel paragone con i due atleti afroamericani alle Olimpiadi del '68.

Quei due lì sì che avevano le palle.

«A che stai pensando?», fa lui fermandosi davanti a un negozietto.

«Alla mia motivazione».

«Se la tua motivazione è meno che formidabile, non tirare dentro Nic. Niente delusioni, chiaro?»

Mi fa impressione la frase *non tirare dentro Nic*... mi dà una stretta allo stomaco.

Niente delusioni? Mi sono preso una bella responsabilità...

«Io vado qua dentro», Pietro accenna al negozietto. «Ci impiego un po'. C'è un bar qui vicino, si chiama Jalopy, aspettami lì».

Penso che, zitto zitto, se l'è studiata bene la mappa di New York, sembra saperne più di me. Botteghe comprese.

«Ma...», do un'occhiata all'insegna del negozio e alle immagini in vetrina: tatuaggi d'ogni tipo, soprattutto di balene e sirene, in ricordo del passato portuale di questa zona, un passato che continua a produrre memoria e identità.

«Sei sicuro? Hai visto che cos'è?», e mi domando meravigliato fra me e me: Pietro si fa un tatuaggio? Lui? Il contadino delle Langhe? A quasi ottant'anni? Non è che ha frainteso? E ripeto: «Sicuro?»

«Ne hai di pregiudizi, eh? E sì che sei cresciuto in Inghilterra, non nella *provincia granda*», mi sfotte amichevolmente. «Che c'è di strano? Perché? È solo roba per giovani?», mentre apre la porta del negozio: «Un tatuaggio sulla spalla, sì. La sinistra. Una roba piccola, niente di che, ma vedrai come ci rimarrà la Teresa!», e mi strizza l'occhio sparendo all'interno.

Porca miseria, penso, certe persone possono avere dei lati davvero imprevedibili, e Pietro è una di quelle che riescono a stupirti. Mai avrei immaginato che volesse farsi un tatuaggio. Ho pregiudizi? Sì, un sacco, nessun dubbio. Sono un bacchettone, lo so... ma qualcosa mi dice che sto cambiando. Meglio tardi che mai...

E mi avvio assorto verso il bar. Black mi obbliga a fermarmi ogni momento, siamo entrambi costretti al guinzaglio, lui deve annusare, fiutare, conoscere, io me lo tiro dietro di qua e di là.

Mi fermo davanti al Jalopy: un bar sgargiante di colori affacciato su un tunnel a quattro corsie e sulle gru del porto. E mi incanto davanti alla fila di strumenti musicali appesi al suo interno: violini, viole, chitarre, ukulele e tanto altro. Sto sulla soglia: Black – ti pareva? – non può entrare.

Dico al tipo che sto aspettando un amico e che nell'attesa mi farei una birra. Lui subito mi porta fuori uno sgabello, una birra, e una rivista: «Mentre aspetti», mi spiega con un sorrisone, ha notato il cellulare che tengo in mano: «Con quel coso antidiluviano lì mica puoi passare il tempo con il naso sullo schermo come fanno tutti», e sghignazza come se la cosa gli riuscisse comicissima, «leggiti la rivista». Poi mi spiega che qui ci sono solo cose di *music*, il piccolo teatro lì appresso è il cuore del folk, del country, eccetera. «Torna qui sul tardi, suonano quelli bravi, il cane lo lasci a casa».

«Impossibile», sorrido e prendo rivista e birra, «non lo lascio mai a casa da solo», e siedo sullo sgabello. Black mi guarda, sembra proprio sorridermi, ha capito benissimo quello che ho detto ed è perfettamente d'accordo. Si sistema ai miei piedi, ogni tanto annusa poco convinto il bordo del boccale di birra che appoggio al suolo mentre sfoglio la rivista. Poi si mette a dormicchiare.

La rivista che ho in mano è il «Journal of the Society for American Music», un numero dedicato al pianoforte, e mi trovo sotto gli occhi un articolo che racconta di Wagner, Listz, John Lennon e anche Lang Lang, compositori e artisti tanto diversi per epoca, stile e genere musicale. Eppure, per tutti e quattro la marca del pianoforte scelto era una sola, eccelsa. Via via che scorro le pagine mi faccio più attento. Sempre più attento. Leggo e rileggo di questa celebre ditta di pianoforti che a un certo punto si è trovata in pesanti difficoltà economiche. Leggo e rileggo di come sia riuscita a uscirne grazie a un intervento finanziario davvero molto particolare, un sostegno che nulla ha a che vedere con le banche e le loro condizioni da tagliagole. Leggo e rileggo, mentre nella mia testa prende forma un'idea elettrizzante… e mi dico: *tieniti forte, Mark, che magari stavolta ci siamo!*

Pago la birra, chiedo al tipo se posso tenermi la rivista e lui me la regala, vado ad aspettare Pietro davanti al negozietto del tatuatore. Rileggo l'articolo, in piedi, con Black che strattona come un ossesso. Ne ha davvero abbastanza.

«Fatto», è Pietro che esce in strada.

Abbasso la rivista e lo guardo: «Finito?»

«Sì».

«Soddisfatto?»

«Sì», e in effetti sembra tutto contento.

Poi lui indica la rivista che tengo arrotolata nel pugno: «Che roba è?»

«Vieni», gli dico allora avviandomi. «Andiamo qua in fondo, davanti al mare, dove Black può correre».

«Ma che hai?», mi ferma mettendomi una mano sul braccio e mi osserva. «Che ti è successo? Hai la faccia di uno che ha appena vinto alla lotteria. Ti ho lasciato che sembravi una mummia. Mi vuoi spiegare?»

«Forse ci siamo». Rido. Agito a mezz'aria la rivista e poi mi chino per batticchiarla sulla schiena di Black, che sta volentieri al gioco, forse pensa che sia il segnale della tanto attesa libertà. Sbuffa, ma io lo trattengo, due parole a Pietro adesso devo proprio dirgliele.

«Vieni».

Andiamo a sederci sulla mia solita panca al Valentine Pier. Black corre in giro, libero. Davanti a noi il mare solcato da onde grigie e ostili, il vento scompiglia l'erba alta, là in fondo la Statua della Libertà sembra levare minacciosa la fiaccola contro il cielo. «L'hanno inchiodata sul suo isolotto per impedirle di andare in giro a incendiare l'America», mi ha detto una volta un ragazzo che si era seduto accanto a me sulla panchina. Poi con la coda dell'occhio ha visto che stava avvicinandosi un'auto della polizia e se l'è squagliata.

«Allora?», fa Pietro.

«Mi è venuta un'idea. Un'idea che probabilmente è risolutiva per il destino della liuteria». Apro la rivista, la sfoglio e trovo l'articolo che mi ha folgorato e mi metto a leggerlo dalla prima all'ultima riga. A voce alta, stavolta. Quando ho finito, mi giro verso Pietro, che è rimasto tutto il tempo in silenzio, il colletto alzato per proteggersi dal vento e il berretto sugli occhi.

«Che ne pensi?»

Non mi risponde, rintanato nei suoi pensieri come una talpa in un prato. Ma alza un dito, a chiedermi di lasciarlo riflettere.

«Ci sono», dice infine, estrae di tasca la pipa e se la infila tra i denti. Dopo un momento se la leva di bocca: «Dico che con quelli lì devi andarci a parlare. Black te lo tengo io», e ripete: «Vai a parlarci. E subito».

«Subito, sì».

Capitolo Quattro

Mi è bastato fare una telefonata, spiegare chi sono e chiedere un colloquio, per ottenerlo.

Il mattino dell'appuntamento non vado a correre. Devo essere perfettamente concentrato per andare a segno. Potrebbe non esserci un'altra possibilità.

Il taxi mi porta in una stradina defilata di Wall Street. È qui che devo incontrare il responsabile di un fondo d'investimenti specializzato nel mondo della cultura e della musica. È un edificio severo, di quelli tanto eleganti da saper nascondere il lusso permettendo di intravedere appena gli splendidi giardini interni.

Il dirigente che ha tirato fuori dai guai la famosa azienda di pianoforti lavora qui. Nome e indirizzo erano sulla rivista musicale che il caso mi ha messo in mano quando mi sono fermato al Jalopy. O forse è stato il destino. Forse destino e caso talvolta si mescolano, fino a diventare un tutt'uno. Oppure questi sono pensieri che lasciano il tempo che trovano, ma che adesso mi servono per caricarmi.

Mentre varco il portone mi accorgo di avere il passo di una volta, la falcata sicura di quando ero *The Wolf*.

Fin dal primo colloquio telefonico mi sono mostrato convinto del valore delle mie credenziali e ora so di essere atteso con interesse: infatti alla reception mi basta accennare alla liuteria.

E da quel primo incontro… si comincia!

Nei giorni che seguono tralascio l'allenamento con il mio coach: limito la corsa al mattino presto, con Black, dalle parti di casa mia. L'unico appuntamento a cui non posso rinunciare. Mi dà una sferzata di energia, una formidabile sensazione che non provavo da tempo. E neanche Black può rinunciare a questa corsa, perché poi lo affido a Pietro. Ogni giorno lo porta alla scuola per cani guida, Black sta imparando come si fa a correre guidando un non vedente. L'addestratrice era perplessa all'inizio. Non si addestra un cane guida da un giorno all'altro, è un processo lungo, che inizia fin da cucciolo e non tutti i cani sono adatti. Certo, il fatto che Black sia un labrador non guasta, ma il fatto che abbia quasi due anni non gioca a nostro favore. Ma Black è diverso, io lo so, e alla fine, dopo aver visto la sua tenerezza e la sua determinazione, se ne è convinta anche lei. In pochi giorni ha fatto passi da gigante, come se veramente il destino ci avesse messo sulla strada giusta.

Io ogni giorno esco con una sacca a tracolla zeppa di documenti della liuteria, fatture, bilanci, profili di clienti, eccetera eccetera. Naturalmente indosso la *divisa* da broker: un abito d'alta moda grigio scuro, elegantissimo, comprato al volo sulla Fifth Avenue; camicia azzurra a righe con colletto bianco, cravatta e bretelle rosse. Vesto come tutti i broker, non se ne può fare a meno quando ci si muove in certi ambienti, ma non ho saputo rinunciare a una nota di originalità: la sacca appunto, invece della ventiquattrore.

Me ne vado diritto in quell'edificio di Wall Street, che ormai conosco bene, e ci rimango tutto il giorno. L'uomo con cui ho a che fare mi ha rivelato presto le sue doti imprenditoriali. È intelligente e lungimirante. Lo stimo, e non mi ci vuole molto per rendermi conto che l'apprezzamento è reciproco. Comunque, anche lui, nonostante sia ben più avanti negli anni, è vestito più o meno come me.

Che mondo, eh!

Quanti giorni passo così? Non mi ricordo, ma ricordo il momento in cui chiudo il lungo giro di colloqui con un successo pieno: quello che ne scaturisce è un vero e proprio *gentlemen's agreement*, un "accordo fra gentiluomini" in base al quale il fondo d'investimenti assicurerà la copertura finanziaria per il tempo necessario ma lo farà senza mirare ad acquisire il controllo dell'azienda. Una sorta di prestito d'onore nel nome di valori quali la cultura, la musica e la salvaguardia di quelle capacità artigianali che danno vita agli strumenti musicali.

Insomma: siamo salvi!

Non riesco a crederci per davvero. Mi domando se ho tralasciato qualche dettaglio importante, riesamino tutto il percorso in cerca della curva maledetta che ti fa uscire di strada e schiantarti contro un albero. Invece non c'è nessuna curva maledetta. È davvero andato tutto bene. Ho fatto tutto al meglio!

La sera, a casa di Nic e Viola, sono io a partire con i brindisi.

«Ce l'abbiamo fatta!», in alto i calici. Nic, Viola, la madre di Nic, Pietro e io. E Black, scodinzola ogni volta che qualcuno ripete: *Evviva! La liuteria è salva.*

«Bravo Mark! Hai ridato lustro alla nostra liuteria», dice Nora. «Anzi, a *un'azienda che costituisce una presenza irrinunciabile in campo musicale, a livello sia nazionale che internazionale*», aggiunge, leggendo parola per parola ciò che c'era scritto sull'accordo.

«È ben per questo che il fondo d'investimento che lui è riuscito a scovare si è spinto al di là di una logica meramente economica», conferma Nic. Sorride: «Meno male che una volta tanto la maestria del mestiere e la cultura si sono viste riconoscere il loro peso, e che non ci si è messo di mezzo un algoritmo».

«Sei stato fantastico!», sorriso gioioso di Viola, che alza il bicchiere.

Si poteva sperare di più? No, non si poteva. E vai di nuovo con i brindisi.

«Ma tu adesso rimani, vero?», è la voce imperiosa della madre di Nic, raffinatissima con il suo filo di perle che vale come il tesoro di Ali Baba. «Non te ne andrai, vero?»

«L'accordo con i finanziatori è che io rimanga ancora almeno sei mesi alla liuteria».

«Beh, come potrebbe andarsene, poi?», aggiunge Nic e fa una carezza a Black, «c'è la maratona. Per tutti e tre».

«Certo». Un *certo* bello deciso. «C'è la maratona».

«Quindi almeno fino a novembre rimani qui», mi dice Viola, affettuosa. «Sarebbe bello se Lia…»

Scuoto la testa: «Lia non può muoversi, lo sappiamo». Evito di pensare a lei.

Non adesso, penso, non subito.

Anche i dipendenti della liuteria vogliono festeggiare l'accordo e hanno organizzato una grande cena nel magazzino dei laboratori. Chi non è americano, come Antonio, è arrivato portando le prelibatezze della propria terra e ogni piatto racconta una storia di comunità, di cucine piene di donne di età diversa, di bambini che si rincorrono, di ragazzi e ragazze che si sbirciano…

Poi ancora un brindisi dopo l'altro e molti battimani quando mi alzo per fare un brevissimo discorso, giusto due parole per rispondere ai tanti ringraziamenti.

Quando finalmente sono a casa telefono a Lia. Abbiamo già parlato un paio di volte oggi... adesso ascolto la sua voce, il grido dei rimorchiatori nel buio, tanto per ricordarmi che sono a New York, troppo lontano da lei. Non so dire quanto la desidero, non trovo le parole, ma anche a trovarle non cambierebbe proprio un bel nulla.

Nelle nostre infinite telefonate le ho sempre raccontato tutto: le difficoltà del mio lavoro, non solo il progetto di partecipare con Nic alla maratona. Le ho confidato dubbi, scoramenti, entusiasmi, fantasie, motivazioni che calano o che si rafforzano, esitazioni, decisioni, successo... e ogni volta Lia mi ha ascoltato, con interesse, amore, pazienza.

Lia mi chiede della liuteria, ormai fuori dai guai; mi chiede della maratona, dei nostri allenamenti e di Black, alla scuola per cani guida, e della sua istruttrice, una tipa molto preparata.

«È carina?», fa Lia e la sento sorridere per la domanda.

«Molto».

«Devo essere gelosa?»

«Non lo so. E io? Devo essere geloso?»

«Tu sì!», e ride e poi dice che mi ama.

«E allora ti prego, trovati finalmente un sostituto, salta sul primo aereo e vieni da me», dico d'impeto. E purtroppo aggiungo una frase davvero infelice: «Con un lavoro come il mio io non posso proprio muovermi, e poi ho gli allenamenti».

Silenzio.

«Ma guarda un po'», dice infine lei, e il tono della sua voce è cambiato: è quello di chi ti deve rispiegare l'*abc* per la centesima volta. «Tu non puoi muoverti, ma io dovrei mollare tutto e venire lì? Forse l'hai scordato, ma sai faccio la veterinaria in una zona ricca di allevamenti, c'è molto da fare e trovare sostituti mi è pressoché impossibile. Te l'avevo già detto per caso? Per cui di saltare su un aereo non se ne parla!»

Io muto. Lei fa un'altra pausa.

«Mi pare di aver capito», riprende infine, «che tra liuteria e maratona starai a New York per un altro po'. Sei mesi, giusto?» E con un tono che spero di non risentire mai più: «Quindi ancora sei mesi, giusto?»

«*My goodness*, Lia, scusami», farfuglio. «Non volevo dire che tu non fai niente…»

«Ma no, dài, lo so perfettamente. Non è quello che intendevi, ma lasciamo perdere. Ci risentiamo, Mark. Sto aprendo lo studio e ho la fila fuori», mi saluta con un ciao e riattacca.

Mi rimbombano in testa le sue parole risentite e soprattutto le ultime: ancora sei mesi… un tempo infinito!

Ha assolutamente ragione ad aver reagito così, la capisco… ma mi vien dentro un'agitazione pungente e imprecando tra me e me, del tutto infelice nella mia solitudine, vado ad accendere il condizionatore per affrontare alla meno peggio l'inferno umido delle notti estive di New York.

E intanto penso a Lia. Che faccio? La richiamo?

Saggiamente decido di non farlo. Non adesso, non subito.

E non posso fare a meno di darmi del cretino. Le ho parlato come se il suo lavoro fosse meno pressante del mio, e i suoi impegni più flessibili. Soprattutto riesco a rendermi conto che tra lei e me c'è ben altro… lei non ha mai avuto voce in capitolo nella penosa vicenda che mi ha portato a New York per mesi e mesi, nessuno ha chiesto il suo parere, il suo consiglio… ha subito condiviso generosamente sia le decisioni che ho preso riguardo a Nic, sia l'impegno con la liuteria, sia il progetto di correre la maratona, e la mia assenza interminabile… si è trovata a dover accettare tutto senza fare un *beh*! E in più, come se la cosa andasse da sé, io mi rivolgo a lei per farmi sostenere moralmente: bravo, sei in gamba, ce la fai, complimenti!

My Goodness…

La immagino nel suo studio, a lavorare attenta, sorridente, gentile, empatica, professionale… e si tiene dentro quello che prova per me, adesso. Offesa? Arrabbiata? Delusa? Mi ama ancora o ha voglia di mandarmi a quel paese una volta per tutte?

Black appoggia una zampa sul bordo del letto, come dire: dài che ci sono qua io, ce la faremo, torneremo a casa. Già, penso, tra sei mesi, però. Sei mesi per prepararmi a correre la New York, un impegno che a questo eterno periodo darà per lo meno il sapore d'una seconda sfida.

Riguardo la liuteria ho vinto.

Mi manca la maratona.

Non posso dire che non mi importi più di questa sfida, perché non sarebbe vero. È vero però che in questo momento non me ne importa nulla. Penso solo a Lia. E il pensiero mi porta via il sonno.

Lei non mi ha ritelefonato.

Al mattino Black e io andiamo a correre. Ma presto. Nonostante gli allenamenti con il coach, continuo a volermi ritagliare dei momenti in cui correre con lui, noi due e basta. E ci do dentro. Black capisce e accelera via via, e mentre gli corro dietro penso a quanto gli sono grato per essere qui davanti a me, mio fedelissimo compagno, così intelligente e intuitivo. La sua istruttrice mi ha detto che tra poco potrà iniziare a lavorare con Nic. A fargli da guida.

Appena a casa controllo di nuovo il cellulare: lei mi ha chiamato? No. E allora la chiamo io, non resisto più.

«Lia, sono io», come non lo vedesse dal display, «solo una parola, io...»

Mi interrompe subito: «No, non ti lascio, stai tranquillo, non ti lascio e continuo ad amarti», e la sento ridere della mia ansia. «Ma ogni tanto ci si può incazzare, no? Però adesso ho di fronte a me una capra che sa il cielo che cosa ha mangiato... ci credi che non posso stare al telefono?», ride ancora, mi manda un bacio e chiusa lì.

Non so spiegare il sollievo con cui ho fatto la doccia, mi sono cambiato, e via in ufficio con Black a mugugnare infilato nello zaino. Penso a Lia, alle sue ultime parole, alla sua risata... e il mio cuore vola alto!

Da domani riprenderò a sudare di nuovo tutto il sudabile a fianco del mio coach, Bill, il tassista, un afroamericano che ne ha viste di tutti i colori ma, come dice lui, si è salvato con la corsa. Quando gli avevo telefonato si era messo a ridere, mi aveva riconosciuto. Mi aveva detto subito: ci divertiremo. Nel suo linguaggio significa che i miei muscoli vedranno le stelle e infatti va proprio così. Di un'assoluta bravura nel trasformarmi in un vero runner. Simpaticissimo e implacabile.

Eh, va beh. Io resisto.

«Oggi non hai da fare tardi in ufficio», mi avverte Nic, «stasera usciamo insieme a cena. Ti porto io in un locale che so».

Solo io e lui, senza Wyn Lu, che ormai era diventato la sua ombra. Rimane impassibile quando Nic gli dice che uscirà solo con me, ma l'impercettibile alzata d'un sopracciglio comunica il suo disappunto: saprò stare attento a Nic come sa fare lui?

Stavolta Black non può venire con noi. Niente tavolino in strada in quel locale. Resta con Pietro, che lo porta a correre in un piccolo parco qui vicino a Gramercy Street, dove i cani possono stare senza guinzaglio se hanno la museruola.

Il locale dove andiamo con Nic è poco lontano da Washington Square, la piazza in cui mi sono fermato a giocare a scacchi il mio primo giorno in questa sconcertante città. Si chiama Abigail's Kitchen, meglio noto come Camaje Bistro e si trova nel Greenwich Village. Quando entriamo, Nic si appoggia leggermente al mio braccio. Sta imparando a sviluppare una sensibilità che gli permette di intuire i miei movimenti per seguirli quasi all'istante.

«In questo locale… beh, ho voluto portarti qui perché ora che stiamo intraprendendo questo difficile progetto di correre insieme, qui… ti bendano gli occhi, Mark. Qui si mangia al buio. Tutti mangiano senza vederci. Come se fossi cieco. Mangi come faccio io così mi capisci meglio… ci sono venuto un paio di volte con Viola».

«Ma mi sono già bendato per correre insieme a te. Cioè per camminare e cominciare a correre. Mi sono bendato… no?»

«Qui è diverso. Qui c'è di mezzo il tuo corpo in un modo diverso. Per mangiare devi: trovare le posate di fianco al piatto, scegliere quella giusta, centrare il cibo e portarlo alla bocca, sono quattro operazioni diverse… provare per credere».

Mi bendano. Ci provo, come vuole Nic.

Come descriverei quell'esperienza?

No, non ci riesco a descrivere che cosa significhi.

Davvero, bisogna provare per credere. Ma provarci sul serio e non mollare il colpo all'istante, come verrebbe voglia di fare.

Non puoi mollare. Devi mangiare. La cena non te la levano. Devi imparare. Devi capire.

«Non è semplice...», mormoro. C'è musica di sottofondo. Piuttosto alta. Devo alzare la voce perché Nic mi senta e faccio fatica a ripetere: «Non è per niente facile».

«Puoi capire adesso che ti sei bendato gli occhi anche qui... puoi capire adesso che cosa significhi per me decidere di correre la maratona?»

Non dico niente. Inseguo i bocconi nel piatto. Avrei voglia di smettere all'istante e di togliermi la benda. Non lo faccio.

«Stai cercando di dirmi che rinunci?», lo chiedo pur sapendo bene che Nic non intende questo.

«Figurati se rinuncio! Ho forse rinunciato alla musica? Assolutamente no e guarda che studiare un concerto senza leggere lo spartito non è proprio lo stesso di come facevo prima», ma lo sento sorridere, la voce di uno che sorride, di uno che ce l'ha fatta e ce la farà. «E per quanto riguarda la corsa... beh, correre è una cosa, correre per partecipare a una maratona è un'altra. E io non posso fare a meno di correre la New York e non solo questa, ti assicuro».

«Questa la facciamo insieme».

«Sì. Ma io continuerò a correrne di maratone, Mark. È la bandiera della mia liberazione: perdere la vista non sarà l'ultima cosa che ho fatto in questa cazzo di vita».

Un silenzio.

«Sai che cosa significa per me tutto questo? Significa libertà».

Quella parola, *libertà,* che Nic ha pronunciato con caldo slancio, mi rigira dentro nei giorni seguenti. So bene che anch'io nella corsa rivivo ogni volta uno straordinario senso di libertà... ma per Nic, è diverso. Per lui è molto di più: per lui la corsa è davvero la via di fuga da un buio immobile.

Questa consapevolezza rafforza la mia motivazione. Nessun dubbio ormai mi accompagna più quando, ogni giorno, sto per allenarmi con Bill.

Lo aspetto andando avanti e indietro per lo stesso punto di Central Park benedetto dall'ombra fitta degli alberi, proprio all'inizio di uno dei cinque itinerari di running. Ho Black al guinzaglio, mogio mogio perché non si capacita di come, nell'attesa, non lo lasci correre libero, in giro e sul magnifico prato che si stende verdissimo di fronte a noi.

«La New York?», un ragazzetto ha bloccato lo skateboard, mi si piazza davanti e mi squadra con un sorriso non certo di ammirazione: io con i miei pantaloncini stracciati, la maglia sbiadita e le mie strausate scarpe da corsa so bene di non avere addosso la classica divisa del runner di grinta.

«Sì, quella», annuisco e mi guardo intorno impaziente, il mio coach dalle infinite doti non ne ha una che per me è fondamentale: la puntualità.

«Bravo», fa il ragazzetto. «Ma cominci adesso ad allenarti?»

«Perché? Ho l'aria di uno che comincia adesso?»

«Quelli che si stanno allenando da tanto hanno una faccia diversa», ride, «una faccia da incazzati, lo so, ho due fratelli maggiori, la maratona l'hanno fatta un paio volte, sono fanatici... tu non ce l'hai quell'aria da matto».

«Meglio, no?», faccio io.

«I miei fratelli dicono che se non ti incazzi non vinci».

«Io non corro per vincere. Corro per partecipare».

«Ma va' là», e sghignazza: «Se corri la New York e dici che lo fai per partecipare, significa che faresti carte false per vincere ma, siccome sai di non potercela fare, te la racconti».

«Anche questo lo dicono i tuoi fratelli?»

Fiuta l'ironia nelle mie parole e schizza via con la sua tavola, Black balza su come se volesse buttarsi all'inseguimento. Ma è al guinzaglio.

Bill non si vede ancora.

Seguo il ragazzetto con lo sguardo e mi viene in mente Enea, avranno più o meno la stessa età e anche Enea è specialista nel ficcare il naso negli affari degli altri…

«Ancora qui?», è il ragazzetto con lo skateboard, tornato indietro ben deciso a rompere le scatole: «Scusa, ma che ci fai con il cane?»

«È il mio cane».

«Mica lo fai correre con te».

«Certo che corre con me».

«Qui non si può. Qui ci sono quelli che corrono. Cioè non i cani che corrono. I runner. Se ti vede la guardia, sai che multa? Magari vado io a dirglielo, alla guardia, di non darti la multa, mi conosce, i miei fratelli vengono ad allenarsi qui, sono famosi, loro», spiega pomposo e schizza via di nuovo e di nuovo Black vorrebbe inseguirlo e quasi mi strappa il guinzaglio dalle mani.

Poco dopo sto correndo con Bill al fianco, o più che al fianco corre davanti o dietro di me. Esamina la mia postura, se sono troppo avanti con il corpo o troppo indietro, come mi appoggio sui talloni o come non mi appoggio sui talloni, come uso il piede, la gamba, e anche l'anima, direi, quando corro. Osservazioni continue e io cerco di correggermi ma non sempre ce la faccio. Direi che Bill è più pignolo di Giulio, tanto che certe volte faccio fatica a non immusonirmi. La parola che dice più spesso è: «Riproviamo!»

Ok, riproviamo!

In tutto questo Black rimane al guinzaglio che ho allacciato con un cordino alla mia cintura, e mi segue nella corsa. Bill non ci ha neanche provato a dirmi che il cane dovevo lasciarlo a casa. Non ha aperto bocca, lui sa capire: io corro in allenamento ma o con il mio cane o niente! È stato lui a suggerirmi di legare il cane alla cintura, mica posso tenere in mano il guinzaglio mentre corro!

Legare Black alla cintura significa che fa con me grossomodo quello che sta imparando a fare con Nic alla scuola di cani guida per non vedenti.

È stato relativamente facile fargli capire come adeguarsi al mio passo, i labrador sono micidiali nell'apprendere al volo che cosa vuoi da loro – questo me lo ha detto anche la sua istruttrice. Black sa ormai che deve starmi accanto e non precedermi come fa con Nic – senza dare strattoni in avanti o rimanere indietro e, perché questo non succeda, ha imparato anche con me a tenere conto dello spazio, davanti o dietro, che gli è concesso. Non è ammirevole la docilità con cui ha adeguato il suo ritmo di corsa al mio? Nic mi assicura che anche con lui Black è bravissimo.

E mentre corro con il pensiero gli dico: caro Black, sei eccezionale.

Vedo di nuovo il ragazzetto, quello dello skate e dei due fratelli, lo vedo che sta parlando con una guardia e mi indica. Poi me lo ritrovo a una curva, con il suo skate sottobraccio, che tutto allegro mi urla: «Gli ho chiesto di non darti la multa ma hai ragione tu, qui possono correre anche i cani, basta che siano legati... ma lo sai che corri bene?»

Gli passiamo proprio sotto il naso con le nostre belle falcate ampie e ritmiche e veloci – Bill mi sta insegnando a correre così – e il ragazzetto condiscendente: «Vai proprio bene, dài, corri quasi come i miei fratelli... ci scommetti che arrivi tra i primi venti?»

Bill ride e mi chiede dove l'ho pescato un simile fan. Corro con Black che attento e preciso mi galoppa al fianco e noto che il ragazzetto ci sta seguendo. Poi mi dimentico di lui, sto facendo fatica e devo concentrarmi sul mio corpo, sulle mie gambe ormai bene allenate, e corro sfidando tutti gli accidenti che tormentano i runner: le bolle ai piedi, le contratture, i crampi, le fitte al quadricipite e al piriforme, il muscoletto diabolico che ti fa vedere le stelle.

Continuo a correre perché niente eguaglia la strepitosa bellezza che ti fa scoprire la corsa, una bellezza del tutto speciale che è dentro di te, difficile da spiegare, solo chi corre la sa!

Corriamo e Bill mi parla. Lui è capace di parlare mentre corre, io no, io sono ancora sotto quel famoso limite che avevo condiviso con Giulio. Bill ovviamente è sopra il limite e, parlando come se fosse seduto al bar a farsi un drink, mi sta istruendo su una faccenda che cerco di ascoltare a orecchie tese perché so che quanto mi insegna per affrontare la New York ha un'utilità stellare.

«Ti sto parlando del *self talk*, capito? Parlare a te stesso, devi imparare a parlare a te stesso mentre corri per chilometri, devi farti da sostegno. Guarda, puoi parlarti con il pensiero oppure a voce, io preferisco questo secondo modo, rende molto di più. Puoi dirti frasi come: *dài che ce la fai*, o chiederti quanto manca ancora per finire l'allenamento, o anche: *posso spingere un po' di più*».

Dài che ce la fai. Ecco. Come se non le conoscessi queste parole.

«Ma il *self talk* strategico è il migliore», continua lui, «non è più una chiacchiera con te stesso, è quello che usi quando devi darci dentro, quando devi farcela... parole come: *manca poco al traguardo, ho già fatto tot chilometri*, conta i chilometri ad alta voce, *non mollare adesso*... puoi anche insultarti. Io ho vinto una maratona, quella di Amburgo, dandomi in continuazione dello stronzo... e quando ho tagliato il traguardo, ed ero tra i primi, mi sono detto: stronzo a chi?», e ride mentre siamo all'ennesimo giro e mi pare che anche Black abbia la lingua di fuori.

Bill riprende: «Usa il dialogo, ricordatelo! Parlare a se stessi serve da matti, credimi!»

E continuiamo a correre.

«Ti è addosso, eh?», commenta Bill divertito perché il ragazzetto continua a starci alle costole ed eccolo lì a squadrarmi di nuovo dal bordo del prato proprio mentre il mio coach mi infligge un tipo di allenamento che francamente detesto: un minuto di corsa – ma di corsa proprio! – alternato a dieci *burpees*. Sì, proprio i *burpees* di cui stavano parlando entusiasti i quattro sfegatati runner che avevo incontrato in quel bar dalle parti della stazione del traghetto Ikea. *Burpees* vuol dire che corro, poi passo ai movimenti a corpo libero cioè dal *plank*, al piegamento, allo *squat*, poi corro di nuovo e di nuovo *plank*, piegamento, *squat* e lui, il mio esigentissimo fan con il suo skate sottobraccio, commenta in continuazione tutto quello che faccio.

Ma continuo la faticaccia sotto lo sguardo affettuoso e comprensivo di Black, che durante questo mio odioso allenamento è sotto le abili mani di Bill che invece di star lì a incitarmi si mette a chiacchierare con il cane. Quando glielo dico ride: «Gli incitamenti, non hai ancora capito che devi farteli da solo?», e riprende a promettere a Black che appena possibile sarà libero di correre per conto suo: «Giuro che ti tolgo il guinzaglio».

E io arrivo all'ultimo *squat*, e mi tiro diritto con uno sforzo.

«Bravooo», mi urla con entusiasmo il ragazzetto. Molla lo skate a terra e mi applaude: «Sei di una bravura fotonica, vuoi vedere che ce la fai ad arrivare tra i primi cinquanta?»

Ma non ero tra i primi venti, poco fa?

«Un consiglio», mi sta ancora urlando lui, «mangia meno. I miei fratelli direbbero che sei un po' troppo cicciuto come maratoneta», e finalmente se ne va pilotando a colpi di piede il suo aggeggio, velocissimo.

«*Cicciuto*», e mi fermo mani sui fianchi e mi tasto. Cicciuto? Forse questo rotolino da niente? «Ma che cavolo dice quel rompiscatole? Cicciuto?»

«No, quello no», sorride Bill, «non proprio», e si china a togliere il guinzaglio a Black, «ma daremo un'occhiata alla dieta… c'entra!»

«Guarda che qui i cani non possono correre», protesto con quel poco di fiato che mi rimane, mentre Black, beato lui, nonostante abbia corso come un matto tutto il giorno, inizia a curiosare vivacissimo tra i cespugli. «Ci becchiamo la multa».

«Ma sì, una multa piccola, fa niente… diamoglielo questo premio a Black, ti pare?»

E infatti ci becchiamo la multa. E la vuole pagare Bill, dicendo che l'idea è stata sua. Paga e sotto lo sguardo diffidente della guardia rimette il guinzaglio a Black sussurrandogli nell'orecchio: *Courage!* E infatti andiamo ad allenarci lungo l'itinerario che consente di lasciare i cani liberi. E qui Black riprende tutto contento a galopparmi davanti, come siamo abituati a fare fin dalla prima volta, in Langa.

Corro e cerco di non irritarmi ogni volta che Bill mi prende il tempo, poi devo riprovare spingendo un po' di più e di nuovo lui prende il tempo. Poi invece di un chilometro corro per due chilometri e lui prende il tempo, e via e via.

«Devi spiegarmi perché ti scocci ogni volta che calcoliamo il tuo tempo», mi chiede a un certo punto e io sto lì a scuotere le spalle e con il fiatone – sempre meno pesante, devo ammettere – e rispondo che non so perché ma mi scoccio.

«Corri come se non te ne importasse della tua velocità», aggiunge sempre più perplesso.

«Infatti», e so di avere il muso lungo.

«Bisogna pur avere l'obiettivo di metterci il minor tempo possibile».

«Lo immagino», e muso ancora più lungo.

«Non devi immaginare, devi essere convinto», Bill ha una pazienza infinita, tono di voce calmo, quasi affettuoso, «devi diventare più competitivo».

«Competitivo?»

«E non dirlo con quel tono! A volte dobbiamo essere competitivi per aiutarci a vincere la fatica, soprattutto con noi stessi... nel nostro caso per imparare a essere più veloci».

«Veloci?»

«Beh, non siamo mica tartarughe».

Sbuffo senza rispondere e improvvisamente si scoccia anche lui: «Oh, *man*, non rompere... quanto vuoi impiegarci per fare la New York? Dieci ore? Non dico di essere tra i primi venti, magari anche tra i primi cento, siete in seimila, *goodness*! Se vuoi partecipare devi imparare a far buon uso del tuo corpo... più veloce e meno veloce, ok? Prendila come un gioco, un grande gioco, non è che corri per dimostrare che gli altri non valgono niente, per umiliarli... corri per vedere chi sei tu e cosa sei e come sei... un gioco, capito?», ha parlato in tono veemente.

Tace un momento, ritrova la calma: «La New York è durissima. Molti ti dicono che farla è dimostrare a se stessi di essere in gamba. Io lo faccio perché mi diverte. Mi diverte sapere quanto ci metto, se posso andare più veloce... filar via, insomma. A me diverte. Non so tu».

Alzo le mani in gesto di resa: «Hai ragione. Ogni tanto sono un rompipalle».

«Vero!», ride e ricominciamo, io a correre, lui con il cronometro in mano, Black ad andare avanti e indietro tutto allegro.

«Sei mesi per allenarsi non sono molti, anzi sono pochi, ma possono bastare», e questa è una frase che Bill ripete spesso. «Sì, possono bastare».

Capitolo Cinque

Anche oggi dopo il nostro solito allenamento Bill ed io andiamo da Nic.

Lo troviamo che sta correndo sul tapis roulant. Gliel'ho voluto regalare io, mi aveva detto che gli sarebbe piaciuto mettersi a correre tutte le volte che gli girava, senza dover aspettare il coach, così ho pensato che sarebbe stato l'ideale per lui e lo ha piazzato in una delle tante stanze del suo super appartamento. Lo vedo che corre bello veloce. Pietro accanto a lui. Viola va e viene, ogni volta si ferma un momento accanto al tapis roulant, rimane lì a guardare Nic, come se le sembrasse impossibile vederlo correre, poi se ne va, silenziosa e sorridente.

«Me l'ha dato il coach di Nic questo», e Pietro agita l'opuscolo che ha in mano, «anzi, la *female coach,* visto che è una donna, ti descrive vantaggi e svantaggi del tapis roulant».

«Intanto però io ci do dentro», dice Nic e continua a correre, noto che adesso ha una bella falcata, sicura, e non si appoggia da nessuna parte, proprio come se ci vedesse. «Vado e mi piace andare».

«Stai facendo un sacco di progressi», sono decisamente ammirato, «e hai anche un bel ritmo. Bravo!»

«Sì, proprio un bel ritmo», fa Bill.

Nic mostra un pugno con il pollice alzato e sorride.

«Ma senti qua», Pietro infila di nuovo gli occhiali, e scorre la pagina che ha davanti, «con questo attrezzo abbiamo anche certi svantaggi… state a sentire: il movimento che fai è uniforme perché appoggi sempre allo stesso modo il piede su un fondo che non cambia mai, ovviamente. Così, se hai un difetto di postura, continui a ripeterlo perché scendi sempre nello stesso modo con il piede e naturalmente il difetto lo peggiori. Questo invece non accade sul terreno: il terreno è accidentato, anche l'asfalto in una certa misura lo è, e trovi irregolarità, asperità, piccoli avvallamenti, crepe; quindi, il piede è obbligato ad appoggiarsi ogni volta in modo diverso e se hai un difetto di postura, cambi e ti adatti e sviluppi altre capacità, mi spiego?»

«Sì, però il tapis è comodo», obietta Nic.

«La sua coach ha cominciato a farlo correre al Central Park», mi dice Pietro e butta sul tavolo l'opuscolo. «E come se la cava il nostro Nic! Sono andato con loro, ho visto. Se la cava bene, anche su un terreno diseguale!»

«E guarda qui», Nic allunga la mano sui comandi inseriti nel manubrio, individua il tasto, accelera. «Vedi? Ora sono obbligato a tenere questa velocità e devo darci dentro… volendo, potrei anche inclinarlo, questo coso, e andare in salita…»

Noto ammirato che correndo respira con il naso, la postura è giusta, la schiena morbida ma bella diritta. E brava questa coach!, penso.

«Vorrei fare come te, Mark, che quando corri in salita sei al settimo cielo, e non so come fai. Io lo trovo difficile…

devo allenarmi ad andare in salita, voglio riuscire ad andar su come una piuma… e con la gioia che dici tu».

«Alla New York ci sono molte salite, ormai lo sappiamo tutti», dice Viola, è seduta al tavolo e indica la mappa della città che ha davanti. L'ho vista non poche volte chinarsi su quella mappa insieme a Nic, lui poggiando lievemente un dito sull'indice di lei che seguiva il percorso della maratona dal ponte di Verrazzano a Central Park, mentre a voce alta leggeva i nomi delle strade.

Viola osserva di nuovo il percorso: «Salite ce ne sono fin dall'inizio, nel tratto che percorre Mark…»

«Sì, fin dall'inizio, fin da subito!», Nic corre e parla senza avere il fiato corto, bravo davvero, «e non ti dico quante ce ne sono a Central Park… vero, Viola?», e dopo un momento, «ma scusa, sei ancora qui? Non devi essere in erboristeria?»

«Tra poco. Non subito».

«Ok… comunque con Viola abbiamo esaminato per bene quella mappa», e inizia a descrivermi il percorso della maratona nei minimi dettagli.

Lo osservo correre, lo ascolto e mi stupisco. Da come parla sembra che abbia deciso di correrla tutta, la maratona. Tutta? Tutti i quarantadue chilometri e rotti partendo dal ponte di Verrazzano? Possibile che abbia questo obiettivo? Quarantadue chilometri? Dopo solo sei mesi di allenamento e senza vederci un accidente?

«Ma scusa», e mi giro verso Pietro, sono disorientato, «tu pensi che…»

«…Che se la correrà tutta?», Pietro si siede mentre estrae di tasca la pipa. Come al solito ha intuìto ciò che mi passa per la mente. Si china a carezzare Black, accucciato ai suoi piedi: «E questo qua mi dicono che è sempre più bravo a condurre un podista non vedente, vero?», chiede cambiando argomento.

«Esatto», fa Bill. «Ho parlato anch'io con la sua istruttrice. È molto soddisfatta dei risultati. D'altronde, Black è un labrador, una razza straordinaria in quanto a capacità e velocità di apprendimento, forse la migliore di tutte».

Black si accorge subito che sta parlando di lui, si alza e gli va vicino, socchiude gli occhi alle carezze e ai grattini.

«Questo qui, che animale eccezionale! Questo», continua Bill, «sarà capace di guidare Nic meglio di qualsiasi essere umano. Il vantaggio di Black sugli altri cani guida già allenati è che lui e Nic si conoscono bene e da tanto, questo è il punto vincente. Black gli è affezionato, sa tutto di lui, in questo modo il rapporto è enormemente facilitato, sia per Black sia per Nic».

«Sì, ma la faranno tutta?», ripeto, leggermente in ansia.

Nic schiaccia il pulsante e si ferma. Ansima appena. Si appoggia al maniglione e volta la testa verso di me, come se mi vedesse: «Tutta, che cosa?»

«Mah, da come ne stavate parlando…»

«Vuoi sapere che cosa ne penso?», Viola sottolinea ogni parola. «Questa per Nic non sarà certo l'ultima maratona. Ce ne saranno altre, molte altre, un anno dopo l'altro, e il sogno di Nic di correre la New York potrà proseguire per tutta la vita. Questa è la sua prima maratona, *la prima,* chiaro? E lui la correrà, proprio come ha desiderato. Ma è la sua prima, e quindi…», e fa un gesto come per dire che non c'è altro da aggiungere.

«Giusto», sorride il mio coach continuando a carezzare Black che socchiude gli occhi come se stesse per addormentarsi.

«Proprio giusto».

«Cioè?», chiedo e mi rendo conto che spesso non afferro le situazioni al volo, specie quando mi emozionano. E il fatto di aver creduto che Nic potesse correre *tutta* la maratona, con quello che gli è successo, mi aveva emozionato terribilmente... mi pare del tutto comprensibile, no? E allora insisto: «Cioè?»

«Cioè», Viola riprende e precisa, «mica la corre tutta. È come avevate deciso. Si infila dentro a un certo punto. Con Black, ovviamente».

«Faremo i sopralluoghi necessari a individuare il punto migliore per inserirsi, quando passerai tu», dice Bill. «Studieremo quel punto insieme all'istruttrice di Nic. Dopodiché proseguirete insieme. Perciò Nic correrà solo un tratto di maratona. Per iniziare basta e avanza. Avevamo detto sui quattro chilometri se ben ricordo. Esatto?»

«Esatto», fa Nic. «Basta e avanza, anche se mi piacerebbe far ben di più», ed evita l'aiuto che sta per offrirgli Wyn Lu, finora rimasto fermo e muto accanto al tapis roulant. Nic scende da solo dalla pedana e, ancora da solo, viene a sedersi al tavolo vicino a Viola. Quando lo vedo muoversi così, senza esitazioni, sicuro nel suo buio, mi manca il respiro.

«Sì, mi piacerebbe farla tutta e questo magari succederà l'anno prossimo», Nic sorride, «l'anno prossimo sarò allenato alla perfezione».

«Ragazzi...», fa Pietro dopo un momento. Ci guarda, serio, ma gli occhi sorridono. «Io tra poco devo tornare a casa, le Langhe mi aspettano, e anche chi mi vuol bene. Purtroppo, non vi vedrò correre di persona. In televisione magari. Ma penso proprio che sia una bella sfida, per entrambi. Per te...», mi accenna con il mento, «per darti ancora più grinta, ne hai già molta, ma non è mai troppa... e per te...», con il mento ora accenna a Nic, «per te, Nic, questa bella sfida è il senso del vivere!»

Un silenzio.

Io sono commosso. Black mi viene vicino, si appoggia a me, mi guarda con quei suoi occhi buoni e comprensivi, da sotto in su, mi sta dicendo: dài che ci sono anch'io…

La sera stessa, dopo cena, arriva Astrid, la *female coach* di Nic. È norvegese, coda di cavallo biondissima, occhi lunghi e stretti e piglio da tosta. Ha allenato runner non vedenti che si sono ottimamente piazzati nelle maratone di tutto il mondo.

Nic mi ha detto che correre con lei lo fa sentire sempre più sicuro. A volte gli basta la sua voce – corrono affiancati e legati – per sapere come e dove mettere i piedi. Di lei dice che è di una dolcezza che non finisce più. Adesso siamo qui tutti e quattro al tavolo – anzi tutti e cinque perché c'è anche Pietro – e ho Black accucciato ai miei piedi. Viola va avanti e indietro, offre pasticcini e beveraggi, e Nic e io sotto lo sguardo attento dei nostri severi coach esitiamo a tendere la mano verso i dolci, dato che siamo entrambi a dieta, la famosa dieta del runner!

Astrid ne sta parlando, il suo tono a me pare un po' sferzante – ma l'importante è che sia dolce con Nic – o forse sono io a sentirmi in colpa quando lei alza un pelo la voce per dire: «Niente spuntini fuori pasto!» Il mio coach la ascolta con la sua aria cortese, si conoscono, non mi ha fatto un solo commento su di lei.

«Correte la maratona, mi spiego?», dice Astrid. «Non è uno sport di breve durata. Il corpo ha bisogno di carboidrati, che producono glicogeni. Almeno la metà delle calorie giornaliere deve provenire da carboidrati. Avete bisogno di zuccheri, ma soprattutto è la vostra testa ad avere bisogno di zuccheri. Si corre di testa. La testa nella corsa conta l'ottanta per cento. Se non hai la testa non puoi fare nulla, perché quando corri a un certo punto il corpo si ribella alla fatica, allo sforzo fisico... e voi vorreste fermarvi, vero?», passa da me a Nic il suo sguardo grave, non freddo ma pungente, questo sì. E lei: «Volete fermarvi? E invece no. È la mente che vi ordina di continuare, è la mente che vi fa andare avanti, ma per farlo ha bisogno di glicogeno. Dovete stoccare il glicogeno, mi spiego? Una riserva da usare man mano. Stoccare glicogeno, cioè aumentare il consumo dei carboidrati. Quando parlo di carboidrati intendo frutta, riso, fette biscottate, mi spiego? E non pizza, pasta, pane. La colazione al mattino è fondamentale. Poi, a pranzo, carboidrati facilmente digeribili e per le proteine ve lo diciamo noi come piazzarle nel vostro menu. Poche proteine, per dare energia, tenendo conto che è il glicogeno a fare tutto. Lo spuntino, soltanto uno prima della corsa e uno dopo la corsa», e prosegue con quel tono che mi ricorda la governante del collegio in cui ero finito a un certo punto della mia adolescenza, quella che ci metteva nel piatto delle fettine di torta trasparenti e se qualcuno, non avendo ancora capito come funzionava, osava chiedere un'altra fetta, finiva in punizione: niente torta per una settimana.

Insomma, non sbavo di simpatia per Miss Astrid, ma provo per lei un forte moto di gratitudine quando Nic mi spiega con quanta tenerezza e abilità lei riesca a fargli superare i momenti di scoraggiamento che non mancano durante gli allenamenti. Una volta in cui aveva reagito alle difficoltà del terreno imprecando aspramente e strattonando furibondo la corda che lo legava ad Astrid, lei aveva esclamato: «Finalmente!» E aveva aggiunto: «Incazzarsi fa bene, ma se non tiri fuori tutta la rabbia che hai dentro la scorta di glicogeno va a farsi fottere», e questo lo aveva detto ridendo prima di prenderlo per mano. Poi erano andati a sedersi su una panchina e lei lo aveva invitato a concentrarsi sul canto degli uccelli, in quel parco famoso proprio per i loro gorgheggi.

«Lei è formidabile», dice Nic. E questo ce lo ha detto durante una delle nostre cene. Quella volta c'eravamo solo Pietro e io, e Black, naturalmente. Viola era andata insieme con la madre di Nic a un concerto di Stockhausen alla Park Avenue Armory, un'armeria storica per la Guardia Nazionale dell'Esercito USA trasformata in sala concertistica, nell'Upper East Side di Manhattan.

«Stockhausen non è esattamente la mia passione. Wyn Lu, invece… ho scoperto che adora la musica contemporanea, e così ha accompagnato lui le mie due ragazze», e Nic aggiunse sorridendo: «Avrei voluto invitare a cena anche Astrid, ma aveva uno dei suoi infiniti impegni». Infilzò con precisione sulla forchetta lo spezzatino: «Lo so che mancano ancora diversi mesi, ma l'idea della maratona mi agita. E Astrid ha il potere di tranquillizzarmi».

«Beh, ci stai tantissimo con lei».

«Ah sì, puoi ben dirlo».

«Ma Viola non è gelosa?», e fu proprio Pietro a fare questa domanda inaspettata.

«Di Astrid? Ma dài, come può essere gelosa di Astrid?»

«Beh, è una gran gnocca».

«Ma sei stupido?», e Nic si mise a ridere. «Pietro, tu sembri non avere ancora capito che io non ci vedo. Ti assicuro che rapportarsi con le persone perché le *senti* e non perché le *guardi* è davvero un'altra storia, qualcosa di totalmente diverso!»

«*Boja fauss*», si scusa Pietro. «Sì, sono un idiota».

«E guarda che nessuna donna mi fa *sentire* come mi fa sentire Viola. Nessuna», aveva proseguito Nic. «E ne frequento di donne. C'è un gran viavai da quando ho ripreso a studiare per i concerti, un gran viavai di pianiste, violiniste, violiste e anche cantanti. Proprio un gran viavai e tutte, come dire? Esuberanti...», e ride. Poi, facendosi serio: «Non vedere una donna in faccia è un'esperienza, credetemi. Manda all'aria tutti i canoni maschili. Per capire se una donna ti piace veramente non devi guardarla, non sai il suo viso, non sai il suo corpo, non sai niente di lei, non sai se ha tette, culo, gambe lunghe, non sai niente. Sai solo quello che di lei *senti*. E non sto parlando della voce».

Ho pensato a Lia.

Così quella sera, una volta a casa, dopo essermi addormentato con Black steso ai piedi del letto, l'avevo sognata. E appena sveglio le avevo telefonato. Avevo bisogno della sua voce. Almeno quella. Notte fonda per me. Lei stava lavorando. Mi aveva detto che anche lei mi aveva sognato. E mi stava pensando.

Comunque, per tornare ai nostri due allenatori – visto che adesso la cosa più importante nel nostro cielo è la maratona –, come dicevo, Astrid e Bill han messo giù un piano dieta per me e uno per Nic. Tanta energia.

La birra non è esclusa. Anzi.

E ci stiamo facendo proprio una birra, Pietro e io, a un tavolino fuori da un bar nei pressi dell'aeroporto, sotto un cielo opaco, in un'afa che sa di pesce marcio e cucina cinese, il solito odore di New York. L'ho accompagnato a prendere il volo per tornarsene in Italia. Black accasciato ai miei piedi, stanco, dato che la mattina la corsa è stata particolarmente micidiale, per entrambi. In un certo senso mi conforta il fatto che anche lui, e non solo io, anche lui cane, robusto e giovane, si senta affaticato.

«Mi dispiace un casino che te ne vai», non posso fare a meno di dirlo, benché Pietro lo sappia bene anche senza bisogno delle mie parole. «Non sai che cosa darei per venire con te».

«Un sacrificio grande, il tuo, eh?», mi osserva in quel suo modo attento, «dovevo venire qui per capire davvero quanto è difficile per te».

«A volte faccio un incubo, sai... mi sogno di non poter più tornare, che non riesco a trovare un volo o che lo perdo ed è l'ultimo, che non ci sono più navi dirette in Europa, tutti sogni così... senza ritorno. Lo so che è esagerato, ma mi succede», mi tolgo il maglione, ho caldo, getto un'occhiata a un paio di alberi che hanno l'aria di essere stati piantati per caso in un'aiuola spelacchiata e cosparsa di lattine vuote. «E poi guarda, la primavera qui a New York è quasi finita ma non è primavera, non trovi? Fa caldo ma non è primavera, non so se riesco a spiegarmi...», bevo qualche sorso, e penso che lui, Pietro, sta tornando alla fulgente tarda primavera delle Langhe, lui ci sta tornando, io no. Tra poche ore sarà di nuovo tra meli ormai sfioriti, tra campi e filari di viti e nel profilo delle colline all'orizzonte, sotto quelle nuvole bianche sfilacciate in un cielo pulito. Lui sarà lì. Io no. Lui avrà davanti Lia. Io no.

«Mark, questi mesi passeranno, si tratta di stringere i denti», Pietro si sporge verso di me, parliamo ovviamente italiano e quelli al tavolino vicino hanno subito rizzato le orecchie, curiosi, cercando di capire. «Tira fuori il coraggio. Pensa quanto ne hai avuto quando hai lasciato Londra per le Langhe. Per cambiare completamente vita. Ne hai da vendere di coraggio».

«È che sono innamorato di lei, lo sai», dico a voce bassissima. «E ora che mi ero costruito il mio paradiso in terra, ho dovuto lasciarlo. E sai cos'è che mi spaventa anche? Vedere che niente è conquistato per sempre. Il mio equilibrio? Il mio coraggio? Fragili come cristalli...»

«Guarda che è così per tutti sai? La vita è una continua sfida, e siamo tutti in equilibrio precario. Quando vinci ti sembra di essere avvolto di gloria, ma quando perdi, quando fallisci, ti senti uno che non vale più nulla. Entrambe le reazioni sono sbagliate, soprattutto la seconda, perché ti taglia le gambe: essere consapevoli delle difficoltà, e continuare a lottare, è il coraggio di cui tu hai già dato prova. E poi... la tua situazione è ben diversa da allora, quando arrivasti da noi. Ora hai Lia, hai Nic, noi siamo diventati tuoi amici, la tua nuova famiglia. Non sei più da solo. A questo servono le persone care, a farti da rete quando vai giù. Come tu stai facendo con Nic».

Io zitto. Solo con Pietro avrei potuto dire queste cose, solo lui non mi fa sentire in colpa. Perché sono dannatamente fiero di Nic, e di averlo aiutato, non avrei potuto fare diversamente. Però il sacrificio è davvero grande, anche se mi vergogno a dirlo. Ho capito che è umano.

Ma c'è ancora una cosa che mi frulla in testa, e la dico ad alta voce a Pietro. So bene che anche questo è un po' infantile, ma a lui sento di poter dire tutto.

«Sai, Lia è lì senza di me... è troppo tempo che sono via».

«Troppo? Che significa troppo? Troppo per che cosa?»

«Troppo per non correre il rischio di...», scuoto la testa, non mi va di continuare. Difficile da dire: *per non correre il rischio di dimenticarmi.*

«Fammi capire. Il rischio di che cosa?», sorride, «Dài, che tanto ho capito benissimo. Ma sbagli, Mark. Lia non ti dimentica, sta' tranquillo».

«Secondo me non ha mai preso un aereo per fare un salto qui perché...», esito.

«Dài», fa lui, bonario. «Continua, dilla la tua stronzata».

«Ma sì, perché ce l'ha un po' con me».

«Ah sì?»

«Ma sì, me ne sono andato di punto in bianco. Preso un aereo e sparito. Al suo posto... io sarei scombussolato, e molto! Non so se avrei avuto la sua stessa capacità di comprendere. Anche se a causa di Nic o per un'altra degnissima e santissima ragione», e ho un nodo di amarezza che va su e giù, ci bevo sopra un paio di sorsi di birra. «È che io me ne sono andato come se lei non contasse, ecco», muso lungo e altro sorso di birra. «E magari, tanto per toccare il fondo, magari c'è pure qualcuno che le sta dietro, magari lei si sente sola e ha ragione. Non sono certo l'unico ad avere gli occhi e so che le stanno dietro in tanti e io dove sono? Non ci sono». Muso lunghissimo. «Io sono qui, con un oceano di mezzo: una donna può anche sentirsi sola, no?»

«È ancora lunga o la finisci qui?»

«Non mi pare tanto difficile da capire. Io ci sto male».

«Anche lei ci sta male, povera stella. Ci sta malissimo. Devo dirti quante volte è venuta a cercare conforto da noi, parlo di me e Teresa? O questo ti fa stare peggio? Viene a pigliare un caffè, senza dir nulla ma con un faccino segnato dalla tristezza, dalla nostalgia... cose da donna innamorata, non da una che se ne frega».

Io zitto. La conosco quella nostalgia feroce.

«Dài, smollati, ragazzo! Hai sistemato la liuteria. Devi solo lavorarci ancora un po' e intanto hai anche tirato Nic fuori dai guai e ti fai la maratona di New York, insieme con lui. Hai detto niente? Stringi i denti. Poi torni».

Lo guardo.

«Smettila di tormentarti. Lei non è una che le passa perché sei lontano. Tranquillo. Possibile che tu non la conosca ancora abbastanza da sapere che per Lia non esiste *lontano dagli occhi lontano dal cuore*?»

«Okay ma come faccio ad avere la sicurezza che continui ad amarmi?»

«Che cosa, scusa?»

«Ma sì, hai capito».

«Sicurezza? Parli di sicurezza?», Pietro si mette a ridere, ma senza cattiveria, anzi affettuosamente. «Una cosa è *capire* che lei ti ama. Un'altra è cercare sicurezze», si alza. «Pensaci… e adesso andiamo se no resto a terra».

E prima di andarsene mi abbraccia.

E io resto qui con Black.

'Sta cosa, la differenza tra capire e cercare sicurezze, mi rumina in testa di continuo, per giorni.

Cammino per Brooklyn con Black al guinzaglio, cammino e rimugino, rimugino e cammino. È il tramonto. Sono scappato via dalla liuteria, ero in ufficio e sento Nic in laboratorio studiare il concerto per violino in Mi minore di Mendelssohn. Sto lì ad ascoltare per un po', poi prendo su Black e scappo via. Quel concerto ha sempre avuto un brutto effetto su di me, portandomi una malinconia immensa. È talmente struggente da mandare a rotoli il cuore quando si ha un folle desiderio di chi non c'è o di chi non c'è più.

Mi ferma un tipo in canottiera e mi mostra un *quarter*, una moneta da venticinque centesimi, che tiene fra due dita, sorride: «Scambio, eh? Qui niente per niente, io ti do questo e tu mi dai una sigaretta», ma gli spiego che non fumo e lui agitandomi la moneta sotto il naso mi dice di non dire balle, con la faccia da attore che mi ritrovo mi sparerò senz'altro fior di canne, mi dà una manata su una spalla e se la fila tra la gente. Continuo a camminare come niente fosse, dopo tutti questi mesi a New York, niente è più capace di sorprendermi.

Vado a sedermi su un gradino, guardo la folla che mi passa davanti, sotto questo cielo pesante, e col caldo, tanti sono in calzoncini o neanche, una folla vestita alla meno peggio, ma c'è musica qui all'angolo. A New York c'è sempre musica e suonano in tanti per la strada, qui ce ne sono tre con chitarra, basso e batteria, fanno un buon *funky*. Più in là vedo dei bambini che hanno aperto un idrante dei pompieri e si fanno la doccia, strillando… intorno è tutto un lago, arriva gente, due poliziotti, tutto normale…

Il cielo, ormai, si è tinto di rosa.

Black è accucciato tutto composto accanto a me e segue con lo sguardo alcuni ragazzi che circondano i tre del *funky* e si mettono a ballare, seguiti subito da altri. Infine, alza il muso interrogativo come a chiedermi: ma quanto dobbiamo ancora stare qui inchiodati? Non andiamo a correre?

«Ehi, *man*», con uno slancio agile qualcuno mi si siede accanto. È Bill, con il suo largo sorriso. Inaspettatamente mi fa un maledetto piacere vederlo in questo momento. Black fa subito un sacco di feste entusiaste, uggiola e scodinzola.

«Stavo per entrare a farmi una birra qui di fronte, poi ti ho visto, ma che faccia, hai guai?», e gira la testa per guardarmi, con tutto il suo calore umano addosso. E, davanti al mio silenzio, continua: «Dai, *man*, sono contento che ci siamo incontrati qui per caso, togliamoci da questa folla, andiamo più in là, vieni, e possiamo anche liberare Black».

Ci incamminiamo e io gli propongo di bercela lì insieme quella birra e lui: «Magari! A New York non ci si può portare una birra in strada, non si può proprio bere per strada, sai che pacchia per gli sbirri beccarti a farlo… già fumare è un problema», e ride e mi indica il tipo, sempre lui, quello in canottiera, che continua a girare da una persona all'altra con il suo quarto di dollaro tra le dita e lo tiene inutilmente in alto.

Ci sediamo nell'erba accanto a uno dei moli, Black corre libero qui intorno, la baia davanti a noi sembra trattenere il respiro sotto i colori violenti del tramonto.

«Allora, Mark, che ti succede?»

«Niente, non voglio rovesciarti addosso il mio *spleen*...»

«Il tuo che?»

«È come i francesi chiamano la malinconia. *I've got the blues*, sono giù di morale. È che vorrei tornare a casa». E dopo un momento: «Ho una donna, lì».

«Ok, ho capito», fa subito lui.

Si alza e va a raccogliere un legnetto, poi siede di nuovo e con il legnetto spiana la sabbia davanti a sé. «So che cosa vuol dire, stare lontani, lo so... ma intanto guarda qua, non pensarci e guarda qua. Ti faccio il percorso, ci stai?»

«Il percorso della maratona, immagino».

Lui ride: «Ma sì, è quello che ti dà la forza, no? Quarantadue chilometri nel minor tempo possibile. Diciamo in quattro ore? Tre ore e mezzo?»

«Ci provo».

«Non esiste provare», e Bill ride della citazione, *«esiste fare o non fare»*.

«Ok», e finalmente rido anch'io, «facciamo tre ore e tre quarti?»

Lui comincia a tracciare una linea nella sabbia: «Lo vedi qui? Siamo al ponte di Verrazzano. Lo sparo della partenza lo sentirai qui, la maratona parte da questo ponte. Lo sparo... e vai e superi il senso di vertigine che ti verrà tra tutta quella gente che ti sta addosso... ti districhi dalla folla, gran folla, eh? Due anni fa erano cinquantamila... devi farti spazio, deciso, non sarà facile... ma vedrai che poco dopo sarete molti di meno. Quindi senti lo sparo di partenza, tu vai. Acceleri piano piano e ti trovi all'inizio del ponte che va subito in salita, poco più di un chilometro e mezzo... in salita, capito? A te la salita piace un casino, te la farai come niente. E sai quante salite ancora, quando arriverai con le tue super falcate a Central Park?», e mi lancia un'occhiata che trabocca fiducia, «e sai quanti mesi mancano alla maratona? Ancora un po', eh? Continueremo ad allenarci come matti, guarda, ho perfezionato il programma, e anche la coach di Nic ci sta dando dentro... ma tu che te la fai tutta, fin da adesso pensa al fatto che inizierai godendoti subito una bella salita. Questo ti tira su l'entusiasmo. La salita guadagnata correndo è una gioia per te, vero?»

«Vero». Sorrido. Gli avevo raccontato dell'itinerario che avevo corso nelle Langhe, quello delle panchine giganti, con i dettagli di quei giorni fantastici, e soprattutto quanta gioia provassi a slanciarmi su per quelle colline che sono tutte, ma tutte, una salita... le mie bellissime colline!

«Ma sì...» Improvvisamente l'umor nero mi è passato. «Ma sì... la gioia di correre in salita... eccome!», e mi torna in mente ogni dettaglio di quelle salite delle Langhe, e mi ricordo i nomi delle località che ho toccato in quel mio faticosissimo percorso: cinque giorni di corsa, dormendo qua e là, sfruttando la generosità degli amici di Pietro. Mi ricordo con quanta ammirazione Lia segnava sulla carta topografica il passaggio da una panchina all'altra, con le rispettive altitudini, depennava le panchine a una a una. E quando sono arrivato in cima, a Mombarcaro, la mia ultima tappa, ed ero esausto... Lia era lì, ad aspettarmi, del tutto inattesa.

Ci conoscevamo solo da qualche mese. Dormiva da me ogni tanto. Facevamo l'amore. Ma eravamo già innamorati, certo.

Me la rivedo davanti con il suo sguardo riflessivo, quel suo socchiudere gli occhi quando sto per baciarla e d'un tratto, non so come mai sotto quel cielo di New York sanguigno e immenso, e con Bill accanto chino sul tracciato della maratona, d'un tratto *capisco* che Lia, anche se è lontana da me, anche se non ci vediamo da tanto, mi ama davvero. E non smetterà di amarmi.

Di amarmi. Sì, Lia è questo.

Ha ragione Pietro, non è questione di essere sicuro. È questione di *capire*, e capire chi ami vuol dire aver stretto un patto nel profondo del cuore.

«Allora?», mi riscuote Bill, «si parlava della maratona… ci sei? La gioia di correre in salita?»

«C'è tutta, vedrai».

È questa la mia verità, ormai lo so.

Parte quarta

Capitolo Uno

L'inno americano.

Nessuno fiata. Siamo in migliaia, accalcati e muti. Nella prossima foto della partenza, sul muro del bar, ci sarò anch'io.

Sono maledettamente emozionato, come tutti, mi sembra impossibile essere qui, alla partenza della maratona di New York. E invece è vero.

Sto gelando dal freddo nei miei vecchi pantaloncini e indosso una pettorina – obbligatoria e pagata circa seicento dollari – con un numero che testimonia la mia presenza alla gara. Ho davvero freddo sotto questo cielo ventoso che minaccia pioggia: oggi, 5 novembre.

Tremo. Forse è l'agitazione. Quarantadue chilometri, penso. Ce la farò? Arriverò da Nic?

Dài, che ce la fai.

L'ultima nota dell'inno.

Silenzio.

Lo sparo del via.

«*Boja fauss*», sussulto. Mi esce di bocca l'esclamazione neanche fossi uno di Langa capitato chissà come alla New

York. Sussulto come se lo sparo mi avesse preso di sorpresa, eppure lo aspettavo. Mi rintrona nelle orecchie, sono io il bersaglio e mi muovo alla svelta neanche dovesse arrivarmi addosso un secondo sparo o non so quanti ancora, come se fossi la lepre che gli amici di Pietro inseguono per le colline.

Lo sparo.

Inizio a correre. Sono quasi davanti a tutti – mi sono fatto largo nella calca prima dello start –, ma ce li ho ancora addosso, uomini e donne. Non sono mai stato così serrato in una folla che comincia a correre. Mi sento diventare una cellula delle migliaia e migliaia che formano quest'unico corpo massiccio, brulicante, colorato: un gigantesco bruco ansimante che saltella su migliaia di gambe arrancando verso il ponte di Verrazzano e sa di avere di fronte quarantadue chilometri e centonovantacinque metri da percorrere.

Per un momento mi travolge un senso di vertigine. Non mi sento più io, sono intrappolato, è una sensazione molto sgradevole, come se stessi soffocando…

Con il cuore in gola aumento leggermente l'andatura, cerco il mio ritmo, la mia corsa, e subito sto meglio.

Infilo il famoso ponte.

Il primo chilometro è in salita. Tutti si lamentano della durezza di questa maratona proprio perché inizia subito con una salita, ma per me la faccenda è del tutto diversa.

Nel momento in cui attacco il ponte mi travolge una specie di ebbrezza perché quando corro in salita mi ritrovo subito saturo di energia, di forza vitale… salgo! E ormai fa niente se in tanti mi saltellano davanti, dietro, ai fianchi… fa niente.

Mi inebria l'immenso spazio che mi si apre intorno, un orizzonte blu di fiume, di mare, di oceano, e aria e cielo, vento… Questo ponte è una ragnatela di cavi, è una lunga pennellata sull'acqua, vedo laggiù una piccola barca a vela bianca, poi un'altra, e continuo a salire correndo e finalmente... *ecco la gioia*.

Mi sento come se volassi su per questa prima salita della favolosa maratona di New York. In realtà sono ben piantato sulle mie gambe, salde e sicure, e me la godo: la gioia di correre in salita mi restituisce a me stesso!

Continuo a salire e rido tra me. Accidenti se mi è servito correre sulle colline delle Langhe! Sta' a vedere che senza saperlo mi stavo allenando a superare il primo duro ostacolo della maratona più famosa del mondo: quella che ho deciso di correre per Nic.

Rido tra me e corro e mi dispiace solo che in questa gioiosa salita Black non sia qui a precedermi. Black è con Nic, sono insieme, pronti a entrare... e non vedo l'ora di arrivare da loro!

Sono quasi in cima al ponte di Verrazzano e mi ritrovo tranquillo, lucido, sento il respiro che va bene, come anche il cuore. Tutto il corpo ora ha dentro un'armonia che mi sorprende, un sincrono spettacolare, e continuo a correre e continuo a sorridere. Ci voleva questa gara per farmi sentire maledettamente padrone di questa città, che da questo ponte si distende spettacolare davanti a me. Finalmente la prendo per il collo ed è la prima volta da quando sono a New York che provo una sensazione del genere.

Eccomi in discesa, facilissima. Potrei guadagnare qualche secondo ma non forzo. Sto attento a non andare troppo veloce. Siamo appena all'inizio, bisogna badare a non forzare se no la pagherò intorno al trentesimo chilometro, quando le gambe inizieranno a farsi sentire: è lì che crolla la maggior parte di quelli che strafanno. Quante volte me lo ha ripetuto Bill?

Va' che vai bene, mi dico. Trattengo lo slancio, corro bello sciolto, senza accelerare; e non so come, quando entro in Brooklyn mi ritrovo tra gli urli e il casino di una folla eccitata e coloratissima, schierata ai lati. Una folla che incita e applaude e la musica mi cade addosso da ogni parte. E di nuovo, inspiegabilmente, mi prende forte il desiderio non di battere gli altri, ma di riuscire a coprire tutto il percorso – il *mio* percorso – non dico in quattro ore ma qualcosa di meno. Esagero?

Ne avevamo parlato con Bill, no? So che quattro ore è un tempo onorevole, ma meglio sarebbe qualcosa intorno alle tre ore e mezzo. Quarantadue chilometri in tre ore e mezzo... non è affatto male!

Se usi la testa e non strafai ci riesci, mi dico. E mi diverte accorgermi che ho raccolto una sfida che prima non avrei neanche mai preso in considerazione.

Dài, che ce la fai.

Dialogo con me stesso come mi ha insegnato Bill, mi ha detto di non star lì a rimuginare sulla *performance*, ma di lasciar correre la mente, lasciarla andare a pensieri positivi... positivo? Io?

Non so che cosa significhi pensare positivo, è un'espressione che mi ha sempre vagamente dato ai nervi – e intanto corro attraversando Brooklyn lungo un falsopiano, con qualche minima salita. È un tratto tranquillo.

Cade un po' di pioggia.

Guardo davanti a me un tipo alto e grosso, pantaloncini e maglia verde, va come un demonio, lo vedo filar via e perdersi fra gli altri. Io invece continuo col mio bel ritmo rilassato e costante, e lascio vagare lo sguardo su questo guazzabuglio di case di Brooklyn, nel vento che qui sa di pesce marcio e di salsedine e di immondizie. Mi sembra di vedere per la prima volta questa città in tutta la sua violenta stranezza, questa città in cui batte un cuore duro e impietoso... è così? Duro e impietoso?

Non lo so. So solo che qui se molli, crolli.

«Occhio a non spomparti».

«Vai che vinci!»

«Vinci che stasera ti porto a casa mia».

Urla, risate, incitamenti, sfottò.

Adesso che sto correndo la maratona tra queste due ali di folla, questa New York in cui sia Nic che io siamo riusciti a non mollare e a non crollare, adesso, questa città mi appare straordinaria nella linea metafisica dei suoi grattacieli, in bilico sul suo mare blu. Corro a lunghe falcate e mi dico di pensare ad altro, non ai piedi, non alle gambe, non ai muscoli...

Mi torna in mente la telefonata dei miei genitori, un paio di giorni fa. «Auguri per la gara», mi ha detto mia madre e ha aggiunto: «Sarà bellissimo anche se piove» – e infatti piove – e ha continuato: «Goditi questa città assolutamente deliziosa». E mentre sto attraversando il Queens ripenso a quando ho rivisto i miei, circa un mese fa.

Quel giorno ero arrivato con Black al molo 11, il molo nel piccolo porto turistico della North Cove Marina, proprio accanto al mio parco prediletto in fondo a Manhattan, il Battery, dove andavamo a correre. I miei genitori erano venuti a trovarmi dalla Florida e quando, fra le altre all'àncora, ho riconosciuto la loro barca a vela, una magnifica barca a vela d'epoca dove vivono da sempre, ho provato una inattesa commozione... loro mi hanno visto avanzare sul molo e sono scesi a terra, venendomi incontro.

Lei, mia madre, magra come un'acciuga nella sua tuta bianca strafirmata, elegantissima come la ricordavo, abbronzata e con un sorriso scarlatto e lo sguardo nascosto dietro a occhiali da sole griffati, e lui, mio padre, solido come sempre e con quello sguardo ironico che da piccolo sembrava sempre pronto a giudicarmi. Rivedendolo adesso, mio padre, con il viso asciugato dagli anni e dal sole, non mi fa più soggezione, e il suo non mi è sembrato più uno sguardo di sprezzo ma quasi filosofico.

Entrambi, disinvolti, mi avevano abbracciato come se non avessimo fatto che abbracciarci in tutti questi anni in cui in realtà ci siamo visti ben poco. Io ero in imbarazzo. Non mi abbracciavano da bambino e adesso che sono adulto sì?

Mentre ci salutavamo, Black era rimasto fermo, attento a osservarli, studiarli, annusarli. Erano davvero amici o doveva proteggermi? Poi scodinzolò, e mio padre e mia madre lo carezzarono, e lo riempirono di complimenti. «Anche noi adoriamo i cani, ma sai», mi dissero, «in barca a vela meglio non averne, no?»

Per anni avevano detto: meglio non avere bambini.

E va beh.

«Ripartiamo domani all'alba», esordì mia madre al tavolino del bar all'aperto a cui ci eravamo seduti. Poi aveva schioccato le dita verso il cameriere che stava sonnecchiando facendo scorrere il dito sullo schermo del telefono, «qui c'è un servizio pessimo». E senza chiedere né a me né a mio padre che cosa volessimo ordinò tre Martini Fiero e tre toast al salmone. Si chinò a fare una carezza a Black: «Metà del mio toast ti va?»

«Stai facendo carriera a New York? Non ti bastava Londra?», domanda di mio padre, come se si rivolgesse ancora all'esperto di finanza che ero stato. Non aveva capito la ragione per cui avevo lasciato le Langhe. Eppure, nelle nostre rare telefonate avevo raccontato loro della liuteria, delle difficoltà affrontate per rimetterla in sesto, e anche di Nic e che ci eravamo iscritti alla maratona entrambi.

«Carriera?», ripeté.

«Oh, lui sa quello che fa!», mia madre rispose prima che io potessi dire qualcosa. Sorrise a mio padre e appoggiò una mano sulla mia, si tolse gli occhiali da sole, e mi rivolse un sorriso affettuoso, direi amorevole, gli occhi splendenti. Non la ricordavo così...

«Tu sai essere in gamba, Pinko, l'ho sempre saputo. Sei uno che ce la fa». *Pinko,* il mio soprannome da piccolo.

Tra un collegio e l'altro, quei pochi giorni che eravamo insieme, mi chiamavano Pinko. Solo il bisnonno mi aveva detto: «Qui con me niente soprannomi, qui vale il tuo nome, quello vero, è con quello che ci metterai la faccia nella vita. Con il tuo nome, Mark».

E così è stato, sempre.

«Noi ce ne andiamo subito», continuò mia madre, mentre dimezzava il suo toast e una metà era finita nelle fauci di Black, entusiasta di quel trattamento di favore. «Ce ne andiamo perché questo porto è assolutamente invivibile, servizi pessimi, polizia zero, un sacco di brutta gente che ti gira intorno... basta!»

«Tu non sai», proseguì mio padre, accigliato, «questa dovrebbe essere la magnifica marina di New York... e invece c'è un tale viavai di navi e traghetti, giorno e notte, che non facciamo che sobbalzare, ondate che non ti dico, un uragano nel bel mezzo del Pacifico ci fa penare molto meno».

«Ma volevamo vederti, dopo tanto tempo, e portarti questo», e mia madre tolse qualcosa dalla grande borsa di tela blu che aveva con sé.

Così, portato in giro come se fosse normale portarselo in giro per così dire nudo e crudo, comparve un acquerello di Paul Signac.

Una marina di una bellezza aerea e delicatissima, ma che valeva una solida montagnola di soldi. Certo che era autentico: lo riconobbi subito! Era un pezzo della galleria di famiglia, un sopravvissuto delle tante opere collezionate dai nostri avi e che i miei genitori – unici eredi – avevano placidamente fatto fuori poco per volta.

Lo guardai, lo appoggiai diritto sulle mie ginocchia e ricordai le parole del bisnonno quando mi mostrava il catalogo delle raccolte d'arte di famiglia, e nel catalogo c'era anche questo.

«È tuo», disse mia madre.

«Mio?», alzai lo sguardo e la fissai.

«In tutti questi anni ci hai sempre mandato dei soldi, ci hai regolarmente aiutati, non hai mai saltato un mese. È giusto che almeno una di queste opere sia tua».

«Sì, è giusto», mio padre approvò vigorosamente.

«È uno dei più belli… e vale una bella sberla», concluse mia madre ridendo mentre mi consegnava una busta contenente i documenti relativi all'autentificazione, il passaggio di proprietà eccetera. Rise anche mio padre e quindi anch'io. Poi mi chiesero di Lia, e di Nic, e della maratona, ma soprattutto fecero un sacco di coccole a Black.

«Possiamo portarcelo via con noi? Lo portiamo in crociera», domandarono scherzando, al che io: «Fate pure, tanto lui salta giù dalla barca e torna da me».

Ci abbracciammo di nuovo, a lungo, e poi se ne andarono.

Il quadro lo affidai alla madre di Nic, affinché lo mettesse nel caveau della sua banca, subito disponibile in caso di emergenza. Quando lo raccontai a Lia, per poco svenne.

E quando le immagini dei miei genitori e della loro barca a vela e dell'acquerello di Signac scompaiono dalla mia mente, mi rendo conto che sono arrivato a metà gara... capito? *Metà gara.*

E non sono crollato!

Anzi, le mie gambe stanno andando come fossero diventate magiche, per nulla pesanti, quasi senza fatica.

Avevo studiato infinite volte con Bill il percorso e sapevo che quello che si stava avvicinando era il Pulaski Bridge, il ponte che collega Brooklyn al Queens e che, appunto, sta circa a metà gara. Bill me lo aveva detto e ripetuto.

Mi prende una specie di euforia, perché il cronometro mi dice che ci sono arrivato in 1 ora e 46′ e 35″, un ottimo tempo se voglio stare sulle 3 ore e 30′. Magari potrei persino accelerare un pochino, sì ma senza tirare. Se no non arrivo in fondo. Quarantadue chilometri sono tanti, ma nel mio dialogo interiore mi dico: «Ce la faccio, sono bravo, lo so perché con Bill abbiamo fatto un ottimo allenamento, prima con i cinque chilometri, poi con i dieci, che sono riuscito a correre in trentotto minuti e una manciata di secondi, e poi di nuovo allenamento con i venti e ancora con i cinque... estenuante ma utilissimo».

Mentre supero il ponte da sinistra dove non c'è la grata di ferro – come Bill si era raccomandato di fare – corro bello sciolto badando a non contrarre le braccia. Penso a Nic, che mi sta attendendo all'ingresso del Central Park, penso alla sua emozione, e a Black.

Come reagirà vedendomi arrivare fra gli altri runner? Quando era al guinzaglio con Nic, quando gli faceva da guida, aveva imparato a restare impassibile di fronte a ogni evento o imprevisto e, se io gli fossi capitato davanti, non avrebbe dovuto reagire. Aveva imparato anche che gli era vietato scodinzolare e farmi le feste, doveva *sempre* badare a Nic, *solo a lui*. Ci eravamo già esercitati su questo, e con successo.

Intanto mi sto avvicinando al ponte di Queensboro. Di nuovo una salita che quasi tutti temono. Si estende per ottocento metri in lunghezza e quarantadue in altezza.

Ed eccomi che comincio di nuovo a salire e ho di traverso un fastidioso vento che spazza l'East River. Non è incredibile che ogni salita sia per me un invito a nozze? Quante volte ho corso fra le mie colline arrampicandomi su pendii anche più ardui? Non mi sono forse tirato il collo per passare dall'una all'altra di quelle panchine giganti poste ognuna in cima a un bricco e davanti a un panorama di strepitosa bellezza?

Adesso che sono sull'*isola delle colline,* com'è soprannominata New York, grazie alle mie faticacce nelle Langhe posso affrontare senza paura anche questo punto della gara che stronca la maggior parte dei concorrenti. Sento arrivarmi nelle gambe una certa stanchezza muscolare, ma non mi perdo d'animo...

Corro in salita e vedo i runner diradarsi intorno a me. Ho ribeccato anche il tipo in verde che sembra arrancare. Sul ponte di Queensboro non ci sono spettatori. Nessuna folla che applaude e che ti manda in circolo la scarica di adrenalina. Per un'associazione di idee mi viene in mente il famoso film di Attenborough, *Quell'ultimo ponte,* ma quella volta andò malissimo, fu il disastro di Arnhem; quindi, forse non è il momento giusto per pensarci. Allora mi concentro su *I ponti di Madison County,* ecco, questo va già meglio, anche se lo struggente finale mi riporta alla mente Lia.

Ma, del resto, cos'è che non mi riporta a lei?

Vedo che qualcuno sta mollando il colpo, si accascia ai bordi, mentre io continuo a salire e mi prende di nuovo quella mia personalissima estasi di quando corro in salita. Eppure, è dura, me ne accorgo che qui è dura, tutti i chilometri che ho già nelle gambe mi mordono i muscoli. Ma corro e cerco di immaginare Black che mi precede. Per alleggerire lo sforzo me lo vedo galoppare qui davanti, così salgo e salgo.

Penso al povero Black e a tutte le cose che ha dovuto subire da quando è arrivato a New York: le restrizioni nei parchi, il guinzaglio perenne, la museruola; per non parlare di tutte le volte che ho dovuto infilarlo nello zaino. I caldissimi mesi estivi passati ad allenarsi con me e gli sbalzi di temperatura quando lo portavo nella metropolitana affollata, quando con i suoi grandi occhi espressivi e la lingua di fuori mi guardava come per dirmi: perché mi infliggi sempre questa tortura?

Corro e penso a lui, alla sua infinita pazienza. Ormai mi manca poco per arrivare in cima alla salita, l'importante è che la mente sostenga la fatica del corpo pensando ad altro. Così riprendo a pensare a Black, alla fortuna che mi ha portato da quando è entrato nella mia vita. Infatti, da quando è arrivato lui a New York, la sorte è girata a mio favore: a parte la liuteria, ho anche risolto il problema dell'affitto aumentato a dismisura: parlando con una mia vicina, che da vera portoricana la sapeva lunga su New York, lei mi ha informato che siccome la casa in cui abitiamo in Columbia Street è stata costruita prima del 1974, per via di una certa legge tuttora in vigore a New York, rientra fra quelle a canone stabilizzato, cioè il proprietario non può aumentare l'affitto come gli pare. «*Know your rights!*», aveva concluso baldanzosa lei, *conosci i tuoi diritti*.

Il proprietario certo non immaginava che fossi informato sulla cosa, ma quando per l'affitto gli ho consegnato la solita cifra invece di quella da lui richiesta, ha dovuto ingoiare il rospo.

Affronto con calma la lunga discesa dal ponte. Non accelero, rimango misurato e continuo a pensare a qualcosa che sta al di fuori del mio corpo, proprio come mi ha raccomandato Bill…

Così mi ripasso mentalmente una delle interminabili spiegazioni di Nino sulla potatura delle olive, e con le sue parole ancora nelle orecchie finisco di percorrere la discesa e imbocco con un buon ritmo la grande curva che entra a Manhattan.

Lì la voce di Nino viene coperta prima da un brusio, poi da un vociare e infine esplode in un boato assordante: sono gli spettatori assiepati ai lati della nostra corsia, una folla immensa, che urlano incoraggiamenti d'ogni genere in una miriade di gerghi e lingue. Mi elettrizza questo fragore di voci, mi aiuta davvero.

Infilo la First Avenue, un rettilineo di cinque chilometri che ho studiato attentamente sulla mappa con Bill, rettilineo sì ma in un continuo saliscendi capace di fiaccare anche i più bravi. Bill mi ripeteva sempre: «Stai attento a non forzare in questo punto, amministra bene le energie…»

Corro e comincio a superare decine di podisti, vedo molti che vanno in crisi, stanno per mollare, hanno mollato. Ritrovo di nuovo il tipo cicciuto vestito di verde di fronte a me, lui non molla e io neanche.

Mentre corro lancio un'occhiata verso gli arroganti grattacieli che ci svettano addosso, poi di nuovo la folla di spettatori. Ci incitano e agitano bandierine e ci tendono la mano per battere il cinque. Noto anche che dalla strada alle loro spalle sono stati cacciati via gli *homeless*, non ci sono più ubriachi o strafatti o morti di fame stesi negli angoli o seminascosti nelle scatole di cartone. Ce n'erano un'infinità l'ultima volta che ero passato di lì.

Devo ammettere che il saliscendi della First ti sega davvero le gambe e per un breve ma terribile momento, dopo essermi sciroppato circa trentun chilometri, conosco la paura di non riuscire a continuare. Ho paura di crollare, di non riuscire ad arrivare fino al punto in cui mi aspetta Nic e poi insieme a lui fino al traguardo…

È solo un attimo, ma pesante.

Reagisco infilandomi subito a destra in uno dei posti di ristoro: cessi, docce, bibite, cibo, c'è di tutto. Mi prendo un secondo per tornare nella mentalità giusta e poi rientro nella corsa, ricerco il ritmo della mia bella falcata e di nuovo una punta di dolore mi sale dai talloni e vibra crudelmente su per le gambe, più la sinistra che la destra. «Cazzo, non pensare al tuo corpo», mi dico, «non badargli, concentrati su qualcos'altro».

Rivedo Lia giù in cortile vicino ai tigli, con indosso una camicia a fiori che le lascia scoperte le spalle, mentre io, affacciato alla finestra della cucina di casa nostra, nelle Langhe, la osservo mentre gioca con Black e ride come una bimba.

Continuo a correre e mi par di risentire quella risata, rivedo quelle spalle appena abbronzate. Corro e ripenso alla sua voce, la telefonata che mi ha fatto uno o due giorni fa: «Scusami se non ti chiamo il giorno della gara…», e la nostalgia me la rimette davanti agli occhi, «vado a lavorare per due giorni in un posto dove il telefono non prende, un posto da lupi… hanno un allevamento, c'è troppo da fare…»

Corro e penso che tra poco saremo di nuovo insieme, le dico che con questa maratona metto la parola *fine* al mio esilio, torno da lei.

Corro e penso a lei quando si sveglia di notte perché la sto abbracciando e la riabbraccerò presto, e tornerò ad addormentarmi stretto al suo amato corpo.

E corro, corro infilando le strade del Bronx, corro e supero altri podisti, entro ad Harlem e adesso ho davanti sei o sette chilometri piatti, senza difficoltà, prima di entrare a Manhattan e raggiungere l'ingresso di Central Park, dove Nic mi sta aspettando.

Nic non ha mai avuto alcun dubbio: è sempre stato sicuro che sarei andato sparato dal ponte di Verrazzano fino al punto d'incontro con lui e Black, senza incertezze.

Anche questa sua sicurezza mi va bene per trovare la forza di reggere. Oramai vale tutto!

Corro e penso che correvo per me stesso, mentre ora sto correndo per Nic; o meglio, *anche* per Nic. Sto correndo insieme a questi altri sconosciuti che sono riusciti, anche loro, a farcela fin qui, me li sento compagni, fratelli, uniti in questa sfida, in questa faticaccia di maratona che ti insegna un'infinità di cose.

Continuo a correre – mancano solo pochi chilometri – e sono nel centro di Manhattan, cerco di nuovo di svagare la mente, devo togliermi dalla testa il pensiero dello sforzo che mi trapassa i muscoli, penso a quello che ho attorno e con la coda dell'occhio, oltre la folla urlante degli spettatori, intravedo un ristorante di lusso dove ero stato a una cena di lavoro, e mi riesce di ricordare il momento in cui dalla porta si è affacciato un tizio che alzava a mezz'aria un dollaro e subito i camerieri gli hanno portato un cestello col cibo, in cambio del dollaro, e mi hanno spiegato che quella era *la cena del pellegrino*. Fanno così qui a New York, a un certo punto arriva uno che ha solo un dollaro per mangiare – *il dollaro del pellegrino* – e il ristorante gli dà da mangiare per quel dollaro.

Corro e mi ricordo la faccia del tipo, un viso scarno e intelligente sopra un vestito stazzonato e mi chiedo come ha fatto a finire in quel modo. L'uomo che dovevo vedere, uno dei papabili ricconi che avevo contattato per la liuteria, mi aveva detto che qui a New York vai su in fretta, se vuoi, ma precipiti alla svelta se comincia ad andarti storto. *Se vuoi*... basta volerlo?

Al diavolo, penso, e passo oltre e adesso mi accorgo di essere emozionato, molto emozionato: sto per acchiappare Nic.

Lo troverò proprio all'ingresso del Central Park, lui e Black, all'altezza della Novantesima.

Non è stato facile districarsi fra i regolamenti per ottenere dal Comitato Organizzatore il permesso di far entrare eccezionalmente agli ultimi chilometri della maratona il famoso violinista diventato improvvisamente cieco e poi, ottenuto questo primo permesso, c'era da strappare anche quello per Black. Beh, non è stato affatto facile, ma alla fine ce l'abbiamo fatta!

Quanto manca ancora?

Non siamo più tanti ormai a infilarci nell'ingresso del parco, e io sono l'unico, credo, a cui si stringe la gola perché adesso qualcosa di struggente mi strappa le lacrime...

Sì, corro e piango perché so di stare arrivando al mio traguardo, al mio personalissimo traguardo, quello per cui da mesi fatico come un pazzo, per cui ho ribaltato la mia vita per la seconda volta.

Eccolo lì!

È Nic con i suoi occhiali scuri, la sua pettorina che lo conferma partecipante a questa corsa, alla maratona di New York. Nic che ha realizzato il suo sogno e con lui Black, il mio specialissimo Labrador, che ha imparato a fargli da guida in tempi record. Black, inchiodato al suolo, spasmodicamente punta il muso verso di me che avanzo. Mi ha visto, lui, lo so che vorrebbe volarmi addosso ma non scodinzola neanche, rimane immobile come gli hanno insegnato. Rimane in attesa insieme a Nic.

«Eccomi!»

Avanzo verso quei due, una falcata dopo l'altra, ed è come se tutti i chilometri che mi sono lasciato alle spalle per arrivare fino qui li avessi incisi dentro di me, felicemente, dolorosamente. E per sempre.

«Sei grande!», prorompe Nic, i due addetti alla maratona che gli stanno alle spalle, insieme a Bill e ad Astrid, gli hanno dato il via. «Sei grande», e mi corre al fianco, sfiorandoci di gomito appena appena, come abbiamo fatto innumerevoli volte in allenamento. «Sei grande», ripete per la terza volta e ride o forse anche lui ha il suo bel daffare con le lacrime, non riesco a capirlo dagli occhiali scuri. Le mie lacrime continuano a scorrere: lacrime per Nic, che sta volando come se ci vedesse; per me, che faccio una fatica boia a continuare a correre, e anche per Black, perfetto nella guida, che è riuscito a fare come se non ci fossi e mi ha lanciato solo uno sguardo, il *suo* sguardo: dài, che ce la facciamo...

La fatica mi stronca, e ci sono ancora quattro chilometri da correre.

Percorriamo i cinquecento metri in pianura che passano accanto al Reservoir, il tremolante lago grigio sotto questo pesante cielo e con i grattacieli che si sporgono dietro gli alberi, poi risaliamo dietro il Metropolitan Museum, e affrontiamo tutti e tre insieme i centoventi metri di salita.

«Forza, Nic, dài che ce la fai», e lui mi risponde con un «Sì!», esultante. So che conosce il percorso, l'ha fatto tante volte con Astrid e Black, ma ora è in maratona e deve tenere il suo tempo, deve arrivare al traguardo...

Scendiamo in forte pendenza per altri duecento metri, costeggiamo Cat Hill, il gattone in pietra acquattato sulle rocce. Nic non lo vede ma sa benissimo in che punto del percorso si trova, e lo sa anche Black che infila preciso un'altra lieve salita al termine della quale, lo so, siamo al quarantesimo chilometro.

Ancora due chilometri e centosessantacinque metri! E non bado alle lacrime giù per la faccia...

Nic sta correndo con belle e sicure falcate, e sto correndo anch'io e ce la faccio, *boja fauss*, ce la faccio.

Di nuovo in discesa, alcuni ci superano. I giganti della corsa, i supercampioni, quelli che se la fanno in due ore e mezzo, sono già passati, mentre noi tre manteniamo il nostro bel ritmo.

Scendiamo per una ripida pendenza, altri quattrocento metri circa, e: «Qui usciamo all'altezza dell'Hotel Plaza, vero?», è Nic, capace di parlare mentre corre... ha imparato anche questo!

Siamo agli ottocento metri in falsopiano prima di girare a destra per rientrare in Central Park. Io sono allo stremo: questi ultimi saliscendi hanno su di me un effetto micidiale. Sono sfinito, ma con uno sforzo supremo mi faccio venire in mente la figlia di un amico di Pietro, che da piccola giocava a fare la farfalla, volava qua e là e a un certo punto diceva: «Adesso sono un po' stanchina, non volo più», e me la rivedo davanti. Riesco a sorridere!

Continuiamo a correre.

E a un tratto ansimo: «Cazzarola». È un filo di voce il mio, il sospiro di un morente.

Nic capisce che sto per schiattare: «Resisti! Ancora neanche un chilometro e ci siamo. Dài, che ce la fai».

E ancora una volta la formula magica funziona.

«Ci siamo!», urla qualcuno.

Anche Nic si mette a urlare, mi contagia, urliamo e ridiamo e piangiamo e corriamo questi ultimi metri.

Il traguardo è lì, fermo, ha smesso di allontanarsi.

E Nic: «Vai, Mark, prima tu», grida, sa esattamente dove siamo.

Ma io gli do una spintarella leggera: «Vai, Nic!»

Il traguardo lo tagliano Black e lui, lo tagliano loro due, per primi. Nic tende le braccia al cielo, è la sua vittoria.

Abbiamo corso la maratona di New York, e ce l'abbiamo fatta!

Ci abbracciamo, sudati fradici, ci abbracciamo e ridiamo e ride anche Black, la lingua di fuori e mi guarda e non mi salta addosso perché è ancora la guida di Nic, ma ride e scodinzola, adesso sì!

«Grande...», Nic mi abbraccia ancora, «sei stato grande, Mark... grazie!», e subito, fra tutta quella gente, ci sono addosso anche gli altri, Bill e Astrid, la madre di Nic e Viola. Nic la bacia, si stacca da Black e me lo consegna. Mi inginocchio, lo circondo con le braccia: «Ciao Black», gli mormoro all'orecchio, «grazie».

E ricomincio a piangere, di gratitudine questa volta. E giù altre lacrime, mentre intorno tutti urlano, ridono, si abbracciano, in un clamore assordante.

Mentre mi tiro in piedi con Black appoggiato alle mie gambe, il tipo vestito di verde mi si ferma accanto fradicio di sudore, ride anche lui, mi rifila una manata sulla spalla: «Tre ore e ventiquattro minuti... complimenti, sei arrivato prima di me, ti ho cronometrato», un'altra manata, «ma, senti un po', che premio ci danno per questa faticaccia assurda?»

«Ah, non lo so», faccio io, ridendo e accarezzo Black. Lo sento agitato, agitatissimo e qualcosa, una specie di colpo al cuore, mi fa voltare la testa.

«Allora?», fa il tipo vestito di verde. «Qual è il premio?»

«Non so tu...», balbetto, «non so tu, ma io, il mio di premio...», e non riesco a continuare. Black uggiola e tira il guinzaglio come un matto.

Sì, è lei.

«Adesso lo sai perché non ti ha telefonato», Viola mi stringe un braccio, «era sull'aereo. Stava venendo qui».

Lia.

È lei che mi sorride, lei in jeans e giaccone, capelli sugli occhi, il suo viso adorabile, lei che mi fa ciao con la mano...

Lia.

Sono stato saldo per quarantadue chilometri e centonovantacinque metri, ma ora barcollo come un ubriaco mentre mi avvicino.

«Non so se dirti che sei bravo», e si asciuga rapida le guance bagnate di lacrime, «oppure che ti amo tanto», e ride. Ride abbassando la testa in quel suo modo incantevole. Carezza Black, poi mi guarda di nuovo, emozionata, quasi incredula di avermi davanti.

Ho sulle labbra due parole, poi verrà tutto il resto. Adesso solo due parole.

«Amore mio».

Sì, poi verrà tutto il resto.

Indice

Finito di stampare nel mese di dicembre 2024
da Grafica Veneta S.p.A., via Malcanton, 2
Trebaseleghe (PD)